گونگے کا خواب

(افسانے)

طارق بلوچ صحرائی

سنگِ میل پبلی کیشنز، لاہور

891.4393 Sehraei, Tariq Baloch
Goongay Ka Khawaab/ Tariq Baloch Sehraei.- Lahore : Sang-e-Meel Publications, 2017.
188pp.
1. Urdu Literature - Short Stories.
I. Title.

2017ء
افضال احمد نے
سنگ میل پبلی کیشنز لاہور
سے شائع کی۔

ISBN-10: 969-35-3013-6
ISBN-13: 978-969-35-3013-1

Sang-e-Meel Publications
25 Shahrah-e-Pakistan (Lower Mall), Lahore-54000 PAKISTAN
Phones: 92-423-722-0100 / 92-423-722-8143 Fax: 92-423-724-5101
http://www.sangemeel.com e-mail: smp@sangemeel.com

حاجی حنیف اینڈ سنز پرنٹرز، لاہور

شُکر کے

سارے

اِنتساب

اللہ رب العزت کے نام

5

فہرست

6

گونگے کا خواب

ہمارے ہاں عرصہ دراز سے ادبی تنقید میں ادب کی تعریف کا موضوع بھی زیر بحث رہا ہے۔ اس سلسلے میں ایک نقطہ نظر یہ بھی پیش کیا جاتا رہا کہ ادب کا کام معاشرے کی اصلاح کرنا ہرگز نہیں ہوتا بلکہ ادب کا کردار آئینہ ساز کے جیسا ہوتا ہے جس معاشرے میں ادب تخلیق کیا جارہا ہو اس کا عکس آپ کو وہاں کی ادبی تحریروں میں دکھائی دینا چاہیے۔ گویا اگر کسی ادیب کی تحریروں میں اصلاحی پہلو نمایاں ہوگا تو اسے ادب کے دائرہ کار سے خارج کر دیا جائے گا۔

میرے خیال میں اس طرز کی رائے مشرق اور خاص طور پر اردو ادب کو سامنے رکھ کر پیش کی جاتی ہے ورنہ اگر عالمی سطح کی صورتِ حال کو پیش نظر رکھ کر دیکھا جائے تو لاتعداد مثالوں کو بیان کرنے کے بجائے صرف دوستوفسکی کے ناول ''برادران کروموزوف'' کو ہی پیش نظر رکھنا کافی ہوگا۔ جس میں موجود تبلیغی بیان اور اس کی اور بہت سی تحریروں میں اصلاحی نقطہ نظر موجود ہونے کے باوجود کوئی بڑے سے بڑا نقاد بھی اسے ادب سے خارج نہیں کرسکتا۔

ممتاز مفتی کی ''لبیک'' اور اشفاق صاحب کا پروگرام ''زاویہ'' جو کتابی صورت میں موجود ہے ان تحریروں میں تبلیغی انداز بیان تو نہیں اپنایا گیا، مگر اصلاح کا پہلو بہت نمایاں ہے۔ چنانچہ صرف اصلاحی ہونے کی بنا پر انہیں غیر ادبی تحریریں نہیں کہا جاسکتا۔

طارق بلوچ کی تحریروں میں ادبی قرینہ اور سلیقہ کے ساتھ ساتھ اصلاحی پہلو بھی نمایاں ہے مگر وہ کوئی طویل سفر طے کر کے یہاں تک نہیں پہنچا بلکہ اس نے تو آغاز ہی یہاں سے کیا ہے۔ احمد رفیق اختر، بابا عرفان الحق، سرفراز شاہ، جیسے بڑے لوگوں سے طارق بلوچ کا طرز سخن اس حوالے سے مختلف ہے کہ وہ اپنی فکر کو افسانوی لبادے میں پیش کرنے کا فن بخوبی جانتا ہے۔

''گونگے کا خواب'' جو اس کی دوسری کتاب کا نام بھی ہے۔ اس افسانے میں جس مقدار میں شاہکار جملے موجود ہیں اس سے ہم طارق کی ادبی بلند قامتی کا بخوبی اندازہ لگا سکتے ہیں۔ اس کی تحریروں میں معاشرے میں اجتماعی طور پر پائی جانے والی روحانی بیماریوں کی نشاندہی بھی موجود ہے اوران کا حل بھی پیش کیا گیا ہے۔ اس کا کمالِ فن یہ ہے کہ حل پیش کرتے ہوئے اس کا انداز بیان تبلیغی ہرگز نہیں ہوتا ادبی ضابطہ کار کے اندر رہ کر وہ بڑی سلیقہ مندی سے اپنا اصلاحی نقطہ نظر پیش کرتا ہے۔

اللہ تعالیٰ آپ کو اور ہم سبھی کو آسانیاں عطا فرمائے اور آسانیاں تقسیم کرنے کا شرف بخشے (آمین)

بانو آپا

داستان سرائے

ماڈل ٹاؤن، لاہور

معاصر فکشن کے مطالعے کے بعد جب طارق بلوچ صحرائی کے افسانوں کا مطالعہ کریں تو یوں محسوس ہوتا ہے گویا۔ اک دبستان کھل گیا۔

طارق صاحب کے افسانوں کی مخصوص فضا اور اس فضا سے متعلق مخصوص کردار ہیں۔ ایسے کردار جو صرف طارق صاحب کے افسانوں ہی میں ملیں گے کسی اور افسانہ نگار کے ہاں نہیں۔ طارق بلوچ کے افسانوں میں اخلاقیات کا ایک خاص نظام ملتا ہے ایسا نظام جس کی ہمیں بھی ضرورت محسوس ہوتی ہے طارق ملا بن کر وعظ نہیں کرتا نہ اسے تقریر کا شوق ہے۔ اور نہ ہی اخلاق سدھار کے لیے وہ لوگوں کے سر پر لٹھ لے کر سوار ہونے کی کوشش کرتا ہے اس نے جن اخلاقی نکات کو اجاگر کرنا ہوتا ہے وہ انہیں افسانے کے موضوع، فضا اور کرداروں کے ذریعے ہمارے سامنے لاتا ہے یوں کہ یہ محسوس ہوتا ہے گویا یہ بھی میرے دل میں تھا آج کے دور میں طارق بلوچ جیسے افسانہ نگار کا دم غنیمت ہے کہ وہ ہمیں ہر دم آئینہ دکھاتا رہتا ہے یہ آئینہ اگر مسخ نقوش دکھائے تو یہ طارق کا قصور نہیں ہمارا قصور ہے۔ اسی لئے ہر باشعور قاری کو طارق بلوچ کے افسانوں کا مطالعہ کرنا چاہئے۔

ڈاکٹر سلیم اختر

طارق بلوچ صحرائی کے افسانے

میں جب طارق بلوچ صحرائی کا افسانہ پڑھتا ہوں، گردوپیش کی دنیا سے غافل ہو جاتا ہوں۔ میرے حواس خمسہ باہری دنیا سے قطع تعلق کر لیتے ہیں اور باطن کی آنکھ روشن ہو جاتی ہے۔ یہ بالکل سادہ سی حقیقت ہے کہ خارج کی دنیا کو سمجھنے کے لیے ظاہری علوم اور داخل کی دنیا کو سمجھنے کے لیے باطنی علوم کی انگلی تھامنا پڑتی ہے۔ طارق صحرائی کے افسانوں سے صحیح معنوں میں حظ اندوز ہونے کے لئے ضروری ہے کہ اس کے روحانی تجربات سے رشتہ استوار کیا جائے۔ ہمیں کسی کا دکھ تبھی سمجھ میں آتا ہے جب ہم خود اس دکھ اور کرب کے تجربے سے گزر چکے ہوں۔ اکیسویں صدی کی مادہ پرست دنیا میں روحانی تجربات کی بازیافت کے لئے جس جرأت رندانہ کی ضرورت ہوسکتی ہے۔ وہ طارق بلوچ صحرائی میں بدرجہ اتم پائی جاتی ہے۔ اس کے افسانے پڑھتے ہوئے اکثر یہ خیال آتا ہے کہ اسے سمجھاؤں کہ خلوت کی باتیں، خلوت میں ہی رہیں تو انسان سکھی اور شانت رہتا ہے۔ خلوت کی باتوں کا جلوت میں بیان سراسر خسارے کا سودا ہے۔ مگر میں چاہنے کے باوجود اسے سمجھا نہیں پایا۔ جس طرح میں دور افتادہ جنگلوں، بیابانوں اور انسانی چاپ سے محروم

ساحلوں کے نم کناروں پر کھلنے والے پھولوں سے نہیں پوچھ پایا کہ تم کیوں کھلتے ہو؟ اور کس کے لئے کھلتے ہو؟ اسی طرح میں صحرائی سے بھی اس سوال کا جواب نہیں پوچھ پایا۔ طارق بلوچ صحرائی، گونگے کی پلکوں پر خواب سجا دیتا ہے۔خوابوں کی کرچیاں تو بینا و نابینا سبھی کی بصارتوں میں لہو گھول دیتی ہیں مگر گونگے کا خواب زیادہ اذیت ناک ہوتا ہے، خواب تعبیر کا تقاضا کرتے ہیں۔تعبیر بتانے والا تفصیل مانگتا ہے۔ گونگا، خواب اور تعبیر کے مابین معلق ہو جاتا ہے اور گونگے کا خواب اندھا، بہرا اور گونگا ہو جاتا ہے۔ گونگے کا خواب ایک علامت ہے۔ ایک زہر ناک علامت۔ ایک زہر خند سوال جو علامت کے تاریک جنگل سے طلوع ہوتا ہے اور انسانی آبادیوں سے گزرتے ہوئے کسی اور تاریک جنگل میں کھو جاتا ہے۔ ن م راشد کے ''اندھے کباڑی'' کے خواب کی طرح طارق بلوچ صحرائی کے گونگے کے خواب کا بھی کوئی خریدار نہیں، کوئی پالن ہار نہیں........۔

قدیم داستانوں میں مرکزی کردار کی مشکل کشائی کے لیے کوئی سبز پوش، کوئی بزرگ، کوئی درویش، کوئی گدڑی پوش موجود ہوتا تھا، یہ سبز پوش بزرگ، چولا بدل کر کبھی اشفاق احمد کے ''گڈریے'' کے روپ میں جلوہ گر ہوا اور کبھی بھیس بدل بدل کر ہماری روحانی زندگی میں تموج پیدا کرتا رہا۔ طارق بلوچ صحرائی کے ہاں یہ ''لارنس بابا'' کے روپ میں ظاہر ہوا۔اس کی مسکراہٹ میں گوتم بدھ کا نروان بولتا ہے اور اس کی باتوں میں امن اور شانتی ہے۔ وہ فاختہ کے گھونسلے کا محافظ ہے۔اس کی شب بیداری کے باعث ہی لوگ گھروں میں چین کی نیند سوتے ہیں۔

جس طرح ہر بندے کا اپنا سچ ہوتا ہے۔اسی طرح ہر حساس اور سوچنے سمجھنے والے بندے کا ایک بابا ہوتا ہے۔اشفاق احمد نے جن بابوں کو اپنے خارج میں دریافت کیا تھا وہ سارے بابے ان کی اپنی شخصیت کی بوتل میں بند تھے۔منصور کے باطن میں بھی ایک بابا آباد تھا۔ میر و غالب، اقبال، فیض، منٹو، راشد، میراجی، ممتاز مفتی، سب کے اندر کوئی نہ کوئی

بابا ضرور موجود تھا۔ روح کی بستی میں معرفت کے گلاب نہ کھلیں تو کوئی بڑا تخلیقی کام/علمی معجزہ رونما نہیں ہوسکتا۔

طارق بلوچ صحرائی کے باطن میں بھی ایک بابا موجود ہے۔ یہ کبھی اس کے باطن میں سوز گھولتا ہے کبھی اس کے خارج میں رنگ بکھیرتا ہے۔ آپ میں سے کوئی اس بابے کا مشاہدہ کرنا چاہے تو باوضو آنکھوں سے اسے اپنے اندر تلاش کریں۔ جب خدا کا عکس دل کے آئینے میں تلاش کیا جاسکتا ہے تو یہ بابا تو اوپر والے کی تجلی کا ایک چھوٹا سا اظہار ہے۔ اس بابے سے دوستی لگائیں۔ اپنائیت کا احساس دلائیں تو یہ بابا آپ کو بتائے گا:

''پتر سنو!

دنیا کبھی بازار میں نہیں ملتی

جاؤ! اپنے رب سے اخلاص اور جنون کے سِکّوں سے قرب الٰہی خریدو، رب دنیا ''جھونگے'' میں دے دیا کرتا ہے۔''

طارق بلوچ صحرائی کے باطن میں آباد ''لارنس بابا'' سے میری دست بستہ درخواست ہے کہ طارق بلوچ کو سمجھائے کہ خلوت کی باتیں، جلوت میں نہ پھیلائے۔ یہ سراسر خسارے کا سودا ہے۔ دکھ کا کاروبار ہے۔ مگر میں چاہنے کے باوجود طارق بلوچ صحرائی کو یہ بات نہیں سمجھا پایا کیوں کہ وہ معاصر اردو سفرنامے میں خسارے کا بیوپاری ہے اور اسے اس خسارے میں چھپی منفعت کا مکمل ادراک ہے۔

ڈاکٹر محمد کامران

پروفیسر/صدر شعبۂ اردو

پنجاب یونیورسٹی اورینٹل کالج، لاہور

اردو شعر و ادب کے حوالے سے ہر سال سیکڑوں کتابیں شائع ہوتی ہیں لیکن سوال یہ پیدا ہوتا ہے کہ کیا ہر کتاب اپنی اشاعت کا جواز رکھتی ہے؟ اور کیا شائع ہونے والی ہر کتاب اس قابل ہے کہ اسے ایک بار پڑھنے کے بعد دوسری بار بھی پڑھا جا سکے؟ جو کتاب دوسری مرتبہ پڑھنے کے لائق نہ ہو وہ پہلی بار پڑھنے کے لائق بھی نہیں ہوتی اور اپنی اشاعت کا جواز کھو بیٹھتی ہے۔ طارق بلوچ صحرائی کا نیا افسانوی مجموعہ ''گونگے کا خواب'' اپنے اندر اتنی توانائی اور جواز رکھتا ہے کہ اسے مکرر پڑھا جا سکے۔ گونگے کا خواب ایک طویل سوال ہوتا ہے جو نہ تو کسی پر ظاہر ہوتا ہے اور نہ ہی تعبیر آگاہ۔ طارق بلوچ خاموشی کے کلچر کے ہمیشہ خلاف رہے ہیں۔ زیرِ نظر مجموعہ سے پہلے ان کے افسانوں کا مجموعہ ''سوال کی موت'' شائع ہو چکا ہے۔ یوں اگر دیکھا جائے تو ''گونگے کا خواب'' ایک طرح سے ''سوال کی موت'' کی توسیع ہے۔

طارق بلوچ صحرائی کے موجودہ مجموعے میں کہانی سے زیادہ فکر پہ توجہ دی گئی ہے۔ انہوں نے علامتوں کا ایک جہان آباد کیا ہے۔ لیکن اہم بات یہ ہے کہ یہ علامتیں لفظوں میں نہیں بلکہ جملوں کی صورت میں ہیں۔ ان کا ہر جملہ اپنے اندر ایک علامتی جہت رکھتا ہے اور پڑھنے والے کو مطالعے کے دوران ذرا ٹھہر کر، ذرا رک کر کچھ سوچنے پر مجبور کرتا ہے۔ کہانی اور فکر آمیز علامتوں کا یہ اتصال ایک نیا تجربہ ہے جو طارق بلوچ سے مخصوص ہے اور آئندہ انہی کے اسلوب سے شناخت کیا جائے گا۔

ڈاکٹر طارق عزیز

طارق بلوچ صحرائی یوں تو ایک افسانہ نگار ہے۔ اس دور کا افسانہ نگار جب دنیا بھر میں کہانی ختم ہو گئی ہے۔ دکھ اور درد کرب اس قدر زیادہ ہیں کہ کسی شخص کی زندگی کا احاطہ کرنا مشکل ہوتا ہے۔ وہ ایک لمحہ موجود جس میں وہ المیہ وقوع پذیر ہو رہا ہوتا ہے اسی کا کرب اور اس کے درد کی جہتیں اتنی ہوتی ہیں کہ آدمی ان سے باہر ہی نہیں نکل پاتا ہے۔ لیکن طارق بلوچ کا کمال یہ ہے کہ وہ کہانی ایسے رکھتا ہے کہ دنیا بھر کی کہانیاں اس کے استعاروں میں ضم ہونے لگتی ہیں۔ اس کی ہر کہانی کا آغاز ایک ایسے فقرے سے ہوتا ہے جو انسان کو اپنے سحر میں لے لیتا ہے۔ اس کا یہ فقرہ اپنے اندر اتنے تلازمے اور اس قدر استعارے لئے ہوتا ہے کہ یوں لگتا ہے کہ بھرپور زندگی بولنے لگی ہو۔ مثلاً ''جب راستے ہی سفر چھپانا شروع کر دیں تو قدموں کے کارواں بے توقیر ہو جایا کرتے ہیں''، یا پھر ''غلام قوموں کا مقدر بھی عجیب ہوتا ہے، ادھوری باتیں، ادھوری کہانیاں، ادھورے لفظ اور ادھورے خواب''۔ یہ دونوں فقرے اپنے اندر معانی کا ایک جہان رکھتے ہیں اور ہر فقرہ آپ کو بے شمار کہانیوں اور افسانوں کے جہان میں لے جاتا ہے۔ طارق بلوچ کبھی کبھی مجھے ایک بگڑا ہوا فلسفی لگتا ہے جو فلسفے کی خشک اور بے آب و گیاہ سرزمین سے تنگ آ گیا ہو اور اس نے افسانے اور کہانی کے میدان میں اپنے خیالات کے گھوڑوں کو سرپٹ دوڑایا ہو۔ لیکن اس کا یہ سرپٹ دوڑانا لاحاصل نہیں رہا۔ اس کی کوکھ سے ایسے افسانوں نے جنم لیا ہے جو آپ کو سحر میں گرفتار کر لیتے ہیں۔ آپ دنیا سے یوں لگتا ہے کٹ گئے ہوں اور ایک ایسے جہان میں جا نکلے ہوں۔ جہاں کوئی فلسفی یا صوفی چوکڑی مارے کہانی کہہ رہا ہو اور لوگ ہمہ تن گوش۔

اوریا مقبول جان

برف پہ لکھی تحریر

میری ذات کے ساتھ کئی المیے وابستہ ہیں میں پتھر کی آنکھ میں آنسو دیکھنا چاہتا ہوں میں آدمی کو انسان دیکھنا چاہتا ہوں میں موم آنکھوں سے سورج کے خواب دیکھنا چاہتا ہوں۔ میں وہ محبت دیکھنا چاہتا ہوں جو الہام بن جاتی ہے۔ میں جھوٹ بولنا چاہتا ہوں کہ انسانیت کو زوال نہیں مگر جب میں ناموں کو عہدوں کے ساتھ دیکھتا ہوں تو نادم ہو جاتا ہوں۔ میں رب کو انسانوں کے درمیان دیکھنا چاہتا ہوں مگر میرا بابا کہتا ہے جھلیا ''تنہا'' تو تنہائی ہی میں ملتا ہے۔ میں برف پہ لکھی کوئی لافانی تحریر دیکھنا چاہتا ہوں مگر وقت کا جون سب کچھ مٹا دیتا ہے۔

میری زندگی کی منڈھیر پر بیٹھے محبت کے بھوکے پنچھیوں کا شور مجھے سونے نہیں دیتا پرندے مجھ سے کہتے ہیں اشرف المخلوقات سے کہنا زندگی سے جب اخلاص اور محبت ہجرت کر جائے تو زندہ لوگ عذاب قبر میں مبتلا کر دیئے جاتے ہیں۔

سچ تین مراحل سے گزرتا ہے پہلے مرحلہ میں اس کا مذاق اڑایا جاتا ہے دوسرے مرحلے میں اس کی متشدد طریقے سے مخالفت کی جاتی ہے اور تیسرے مرحلے میں اسے یوں

تسلیم کرلیا جاتا ہے جیسے اس سچائی کو کبھی ثبوت کی ضرورت ہی نہیں تھی۔ مجھے نہیں معلوم میرا یہ ''گونگے کا خواب'' کس مرحلے میں ہے مگر میں اتنا جانتا ہوں الحمد واللہ پاکستان کے سچ کا تیسرا مرحلہ شروع ہو چکا ہے۔ پاکستان میرا مذہب اور دین اسلام ہے۔ میری دعا ہے یہ دھرتی ماں کسی سے نہ روٹھے۔

مائے میتھوں رُسیا نہ کر
رب فیر مینوں منہ نہیں لاندا

میں ڈاکٹر عبدالقدیر خان (محسن پاکستان) سمیت تمام احباب خصوصاً سلطان خان صاحب قاسم علی شاہ صاحب اور عطا الحق قاسمی صاحب کا مشکور ہوں جنہوں نے میری پہلی کتاب ''سوال کی موت'' کو پسند کیا اور پذیرائی کی۔

زندگی اللہ کا انعام ہے اور انعامات تقسیم کرنے کیلئے دیئے جاتے ہیں زندگیاں بانٹیں اور آسانیاں تقسیم کریں۔ فطرت کا یہ قانون ہے جس کنویں سے لوگ پانی بھرنا چھوڑ دیں وہ سُوکھ جاتا ہے۔

جب میں اپنے اندر جھانکتا ہوں اور اعمال کی سیاہی دیکھتا ہوں تو دل سے یہی دعا نکلتی ہے اے رحمت العالمین کے رب میرا نامہ اعمال برف پہ لکھ اور اس پر اپنی رحمت کے سورج کو چمکتا رکھ اللہ آپ کا اور میرا حامی و ناصر ہو آپ کی آرا کا منتظر رہوں گا۔

طارق بلوچ صحرائی
0333-4281551
SEHRAEI@hotmail.com
720 Hum Block Iqbal Town LHR

گونگے کا خواب

گونگے کا خواب اُسے بڑی اذیت دیتا ہے خواب تعبیر کا تقاضا کرتے ہیں۔ تعبیر بتانے والا تفصیل مانگتا ہے۔ گونگا جب بتا نہیں سکتا تو اذیت کا شکار ہو جاتا ہے۔ وہ خواب دیکھنے سے بھی خوفزدہ رہنے لگتا ہے۔ فرعون کو خاموشی کے مجرم اچھے لگتے ہیں یا وہ مائیں جو گونگے بچوں کو جنم دیتی ہیں۔

میں بھی عجیب ملک میں رہتا ہوں جہاں سوچنے والے کا سر اُس کے جسم کا حصہ نہیں رہنے دیا جاتا۔ اگر دربار اور کلیسا کی رفاقت بہت پرانی ہے، تو ملوکیت اور ملائیت بھی دو جڑواں بہنیں ہیں اقتدار کے ایوانوں میں اگر ان کا رقص طویل ہو جائے تو طاقت سچ کا نعم البدل بن جاتی ہے۔ لوح و قلم کی بولیاں لگنا شروع ہو جاتی ہیں نوشتے انسان لکھنا شروع کر دیتے ہیں اور بولنے کی اجازت صرف دستار والوں ہی کو ملتی ہے ایسے گھٹن اور حبّس زدہ موسم میں صرف مامتا کی سسکیاں ہی سنائی دیتی ہیں۔ فضا خاموش ماتمی دُھنوں سے گونجنے لگتی ہے جنازے اتنے پڑھنا پڑتے ہیں کہ لوگ جوتا پہننا ہی بھول جاتے ہیں کفن مہنگے اور تابوت نایاب ہونے لگتے ہیں۔ علم کا نور پھیکا

پڑنے لگتا ہے مذہب کو دنیا کے لیے استعمال کیا جانے لگتا ہے اور لوگ فلم کی کامیابی کے لیے قرآن خوانی کروانے لگتے ہیں اور پھر اس ملک کا دانشور یہ سمجھنے لگتا ہے کہ تندور ایجاد کرنے سے بھوک کو دفن کیا جا سکتا ہے اور پانی میں نمک ملانے سے سمندر تخلیق کیا جا سکتا ہے مگر میرے قلم کا وجدان تو کہتا ہے اس کرۂ ارض کی سب سے بھاری چیز تابوت ہُوا کرتی ہے۔

میری زندگی کی مثلث میں میری ماں کے علاوہ بابا لارنس بھی شامل ہے مجھے نہیں معلوم ان کا نام کیا ہے مگر لارنس گارڈن کے حوالے سے میں نے ان کا نام بابا لارنس رکھا ہے میں نے سدا اُسے لارنس گارڈن کی پہاڑی کے اوپر برگد کے نیچے بنچ پر آنکھیں بند کیے کچھ سوچتے ہوئے دیکھا ہے یہاں سے بابا ٹرت مراد شاہ کا مزار صاف نظر آتا ہے۔

مجھے اب بھی یاد ہے جب میں پہلی دفعہ بابا لارنس کے ساتھ والی بنچ پر جا کر بیٹھا تو انھوں نے ہلکی سی آنکھیں کھولیں پھر مسکراتے ہوئے آنکھیں بند کر لیں پھر ایک لمبے عرصے کی خاموشی کے بعد بابا لارنس بولا:

صحرا نورد قیامت کے انتظار میں بیٹھے ہو؟ جاؤ جا کر سو جاؤ جب تک فاختہ کا گھونسلہ محفوظ ہے۔ قیامت نہیں آئے گی۔ بابا لارنس مجھے کبھی بھی اجنبی نہیں لگا میری ماں کہتی ہے اجنبی لوگ نہیں لہجے ہوا کرتے ہیں شاید اسی لیے مجھے یہ اپنوں کا دیس بھی اجنبی سا لگنے لگ گیا ہے۔

میں نے اپنے باپ کو نہیں دیکھا میری ماں کہتی ہے وہ بچپن ہی میں ہمیں چھوڑ کر چلا گیا تھا۔ میں نے ہمیشہ اپنی ماں کو اُن کا نام بڑے احترام اور عقیدت سے لیتے دیکھا۔ جب بھی ذکر کبھی میرے باپ کا ہوتا میری ماں کی آنکھوں کا کاجل پھیلنے لگتا۔ وہ جب تک اس کی یاد کی نماز ادا کرتی رہتیں اُن کی آنکھیں باوضو رہتیں میں نے ہمیشہ اُن کی آنکھوں کے محراب پر اپنے والد کے چراغ کو روشن دیکھا بابا لارنس کہتا ہے ”رب

کا قرب حاصل کرنا چاہتے ہو تو مخلوق خدا کو ماں کی نظر سے دیکھو۔"

مجھے میری ماں سے صرف ایک بات پر اختلاف تھا جو شخص میری فرشتہ صفت ماں کو چھوڑ کر چلا گیا اور کبھی واپس لوٹ کر بھی نہیں دیکھا کیا وہ کوئی اچھا انسان ہو سکتا ہے۔ ایک میری ماں تھی کہ اب بھی اس کا ذکر نہایت ادب و احترام سے کرتی تھی مجھے اس بات پر بہت غصہ آتا تھا مگر میں ماں سے لڑنا نہیں چاہتا تھا بابا لارنس کہتا تھا مائیں بچپن کے اجلے پن اور معصومیت کی وجہ سے انعام کے طور پر عطا کی جاتی ہیں اور جوانی کے کھٹے پن، خود غرض، سخت اور شفقت سے عاری رویے پر سزا کے طور پر واپس بلا لی جاتی ہیں۔

یہ مائیں بھی عجیب ہوتی ہیں بچوں کے بغیر شامیں اُنھیں کاٹنا شروع کر دیتی ہیں شام کو جب تک بچے گھر نہ لوٹ آئیں مائیں کرب میں مبتلا رہتی ہیں مائیں بچوں کے بغیر تنہا ہوتی ہیں چاہے ایک ہجوم ہی اُن کے ساتھ کیوں نہ ہو بابا لارنس کہتا ہے رب کو اِن ماؤں سے بہت پیار ہے ماں دنیا میں بھیجا گیا رب کا ایک چھوٹا سا روپ ہے۔ رب تمام جہانوں کا پالنے والا ہے ماں اپنے بچوں کو پال کر سنت رب پوری کر رہی ہے رب کائنات کا سب سے زیادہ خدمت کرنے والا ہے ماں بھی ہر لمحہ اولاد کی خدمت میں لگی رہتی ہے۔

رب نہ کھاتا ہے نہ پیتا ہے نہ سوتا ہے ماں بھی خود کو بھوکا رکھ کر اپنے بچوں کو کھلاتی پلاتی ہے جب تک بچے نہ سوئیں ماں نہیں سوتی میں نے تمام عمر اپنی ماں کو سوئے ہوئے نہیں دیکھا جب میں سوتا تھا تو وہ کاموں میں مصروف ہوتی تھی اور جب میں اُٹھتا تھا وہ نماز سے فارغ ہو کر گھر کے کاموں میں مصروف ہوتی تھی۔ جنت ماؤں کے پاؤں کے نیچے ہے یہ نہیں کہا گیا کہ مسلمان ماں کے پاؤں کے نیچے جنت ہے۔ ماں کی دعا تو سات ولیوں کی دُعا سے بڑھ کر ہے۔

میں جب بھی فارغ ہوتا بابا لارنس کے پاس جا کر بیٹھ جاتا وہ مجھے موجود پا کر ہلکی سی آنکھیں کھول کر مجھے دیکھ کر مسکراتا اور پھر سوچوں میں گم ہو جاتا جب اس کا دل چاہتا کوئی فقرہ بول کر خاموش ہو جاتا میں اس سے سوال کرتا جب اس کا دل چاہتا جواب دے دیتا کبھی مسکرا کر خاموش ہو جاتا۔

میں نے ایک دن پوچھا بابا اس ملک کی تقدیر کب بدلے گی یہ ملک کس کی ذمہ داری ہے۔

لمبی خاموشی کے بعد وہ مسکرایا اور بولا:

اے صحرانورد اپنی ذات سے جو کشید ہو سکتا ہے اس ملک کے نام کر دو عجیب سادہ لوگوں کا نگر ہے ہر آدمی گنتی کرتے ہوئے خود کو شمار نہیں کرتا۔ گنتی میں خود کو شمار کرنا پڑتا ہے، ورنہ تمھیں گننے کے لیے کوئی باہر سے آئے گا۔ اللہ سے مانگا کرو مخلوق سے مانگنے میں صرف بھیک ملتی ہے۔ پاکستان تو ایک راز ہے پراسرار راز۔ نہ سمجھ آنے والا راز۔

پھر وہ اُداس ہو گیا۔

لمبے وقفے کے بعد وہ بولا:

اے صحرانورد (وہ مجھے ہمیشہ آشر ارمانی کے بجائے صحرانورد ہی کہتا تھا) اس ملک میں سب سے زیادہ جرم خاموشی کا ہے۔ ظلم کو دیکھ کر خاموش رہنا ظلم کی مدد کرنے کے مترادف ہے۔ رب کو خاموشی کے مجرم اچھے نہیں لگتے وہ انھیں سزا کے طور پر بے حس بنا دیتا ہے بے حسی انسانی صفات میں شامل نہیں ہے یہ حیوانات کی خاصیت ہے۔ شیر جب ریوڑ پر حملہ کرتا ہے تو ریوڑ سے الگ کر کے ایک بھیڑ یا گائے کو شکار کر لیتا ہے۔ ریوڑ کچھ دیر بھاگنے کے بعد دور کھڑا اپنے ساتھی کو دیکھتا ہے اور پھر اپنے ساتھی کے سانحے کو چند لمحوں میں بھول کر پھر سے گھاس چرنا شروع کر دیتے ہیں اسے بے حسی کہتے ہیں بے حس انسان سے اشرف المخلوقات کا اعزاز واپس لے کر اُسے چوپائیوں کی

صف میں شامل کر دیا جاتا ہے۔

کبھی کبھی بابا لارنس کی باتوں میں اُلجھ سا جاتا ہوں میری ماں مسکراتی ہے کہتی ہے بیٹا یہ دنیا بڑی تھکا دینے والی اور Complicated ہے۔ اس کو صرف پاکیزگی ہی سے فتح کیا جا سکتا ہے۔ میں جب بھی کہتا ماں وقت کہاں گیا اب تو کسی کے پاس وقت ہی نہیں ہے۔ بڑے شہروں میں تو بالکل ایک دوسرے کے لیے وقت ہی نہیں ہے۔ ماں کہتی پتر زیادہ نہ سوچا کر۔ فاصلے زمین کے ہوں یا دلوں کے وقت کو کھا جاتے ہیں۔ میں سوچتا ہوں میں عجیب شہر میں رہتا ہوں جہاں دن کو رات سو جاتی ہے مگر رات کو دن نہیں سوتا۔ ہم صحرائی لوگ موسموں کا جبر سہتے سہتے اپنوں کا جبر سہنا بھی سیکھ جاتے ہیں ہم اکثر اپنے بدن کے صحرا میں جھلستے رہتے ہیں ہم اندر سے ایک نامعلوم لمبی مسافت میں رہتے ہیں ہم سفر بھی روز کرتے اور جانا بھی کہیں نہیں ہوتا۔

بابا لارنس کہتا ہے جب تم بلا وجہ خوش ہو تو سمجھ لینا تمھاری ماں تمھارے لیے دعا گو ہے۔

اُس دن زندگی میں پہلی بار میں اپنی ماں سے اونچی آواز میں بولا تھا۔ ماں تم اُس شخص کے لیے آنسو بہاتی ہو جو تمھیں چھوڑ گیا جس نے تمھیں عمر بھر پلٹ کر نہیں دیکھا جس نے اپنے بیٹے کا بھی خیال نہیں کیا، کیا ایسے خود غرض آدمی کے لیے اپنی زندگی کو اذیت دینا کہاں کی عقلمندی ہے۔

ماں نے غصے سے میری طرف دیکھا اور پھوٹ پھوٹ کر رونے لگی تم سچ سننا چاہتے ہو ناں تو سنو۔

تمھارا باپ مجھے چھوڑ کر نہیں گیا اسے ایک اندھی گولی نے شہید کر دیا تھا مرنے سے پہلے اُس نے مجھے کہا تھا مجھے خوشی ہے میں نے ہمیشہ سچ لکھا میں خاموشی کا مجرم نہیں ہوں۔ میں گونگے کے خواب کی طرح اذیت میں رہنا نہیں چاہتا تھا ہو سکے تو میرے

بیٹے کو بھی اسی راستے میں ڈالنا گونگے کا خواب بڑا دکھ دینے والا ہوتا ہے، اور پھر وہ اس جہاں میں چلا گیا جہاں صرف سچ ہی سچ ہے وہاں کوئی گونگا نہیں ہے۔ پتر میں بے حوصلہ عورت تھی مجھے اچھا نہیں لگتا کوئی اسے مرا ہوا کہے۔ جب کوئی اسے مرحوم کہہ دے تو میں ایک ہفتہ سو نہیں سکتی میں اسی لیے کہتی ہوں وہ مجھے چھوڑ کر چلا گیا۔

میں لارنس آ کر بابا لارنس کے پاس بہت رویا تھا بابا میں زندگی میں پہلی بار اپنی ماں سے اونچی آواز میں بولا ہوں، میرا باپ میری ماں کو چھوڑ کر نہیں گیا بلکہ شہید ہوا ہے وہ سچ کے راستے کا مسافر تھا وہ گونگے کا خواب نہیں بنا وہ خاموشی کا مجرم نہیں بنا اس لیے موت کو شکست دے گیا۔ میری ماں کو اچھا نہیں لگتا کوئی اُسے مرحوم کہے۔

بابا لارنس پریشان ہو گیا میں نے اسے زندگی میں پہلی بار پریشان دیکھا تھا کہنے لگا بھاگ کر واپس جا اپنی ماں سے بھی معافی مانگ اور اپنے رب سے بھی اے صحرانورد رب کو مائیں بڑی پیاری ہوتی ہیں، یہ تتلی کے پروں سے بھی زیادہ نازک ہوتی ہیں کوئی اُن سے اونچی آواز سے تو کیا اُف بھی کہے اللہ برداشت نہیں کرتا وہ انعام واپس لے لیا کرتا ہے ماں سے رب کی محبت کا اندازہ لگائیں ماں اپنے بیٹے کے لیے پانی کی تلاش میں دوڑ رہی ہے ماں کی اس محنت اور اس جذبے کا رب العزت نے اتنا احترام کیا کہ صفا و مروہ کو اپنی نشانی قرار دے دیا وہ سعی جو بی بی حاجرہ نے کی اُس کو حج و عمرہ کا رُکن بنا دیا۔

میں بھاگ کر اپنے گھر پہنچا ماں زندگی کی آخری سانسیں لے رہی تھی میں نے کہا ماں مجھے معاف کر دو میں کبھی آپ سے اونچی آواز میں بات نہیں کروں گا میں کبھی اُف بھی نہیں کہوں گا۔ ماں واپس لوٹ آؤ مجھے تمھاری ضرورت ہے۔ میرا اس دنیا میں تمھارے سوا کوئی نہیں۔ یہ دنیا پہلے سنگ پرست تھی اب سنگ دل ہو گئی ہے۔

ماں نے میرا ہاتھ اپنے ہاتھ میں لے لیا بولی پتر رب کو مائیں بہت پیاری ہوتی

ہیں یہ تتلی کے نازک پروں سے بنی ہوتی ہیں کوئی اُن سے اونچی آواز میں بولے رب برداشت نہیں کرتا پتر تم سے غلطی ہوگئی۔ سزا کے طور پر وہ اپنا انعام واپس لے رہا ہے۔ یاد رکھنا تمھارا باپ سچا تھا، سچ سے پیار کرتا تھا، اسے یقین تھا زندگی اور موت صرف اللہ کے ہاتھ میں ہے سچ سے گریزاں لوگ گونگے کے خواب کی طرح اذیت میں رہتے ہیں پھر ماں نے کلمہ پڑھا اور مٹی کی مہمان بن گئی۔ ماں باپ سے اونچی آواز میں بات کرنے والا عمر بھر اس کا تاوان ادا کرتا رہتا ہے۔

برسوں بیت گئے ماں کو جدا ہوئے برسوں سے خود کو اذیت دے رہا ہوں زبان گنگ ہوگئی ہے گونگے کے خواب کی طرح صرف اذیت ہی اذیت ہے۔ بے بسی لاچاری اور تنہائی ہے جیسے گونگے کا خواب۔

OOO

عاجزی کا تکبر

اُس کی آنکھوں کی غاریں ماضی کے بنجر پہاڑ پر جم گئیں جس کے گرد افلاس اور محرومیوں کے تپتے صحرا کے علاوہ کچھ بھی نہ تھا۔شاید میرے سوال نے اس کی اُداسیوں کی تمازت میں اور اضافہ کر دیا تھا۔

وہ میری طرف متوجہ ہوا اور بولا:

گونگے بہرے اُستادوں سے جب کوئی بچہ تختی لکھنا سیکھے گا تو وہ پہلا لفظ دکھ اور دوسرا سناٹا لکھے گا مگر تم ان باتوں کو نہیں سمجھ سکتے اس لیے کہ تم سونے کا چمچ لے کر پیدا ہوئے ہو ایسے بچوں کا المیہ یہ ہوتا ہے کہ اُن کے ماں باپ اپنی اولاد پر دولت کا کفن ڈال کر اُن سے یہ امید کرتے ہیں کہ وہ مردہ لوگوں پر زندہ شعر کہیں، قحط سے اُجڑی بستیوں کو نخلستان لکھیں یاد رکھو دولت کا کفن بچوں کے اندر صحرا جیسی دہشت اور جنگل جیسا خوف پیدا کر دیتا ہے۔

میں جو کہ ہمیشہ ایک انجانی سی انہونی کے ڈر سے سہما رہتا ہوں جھنجھلا گیا یار تم بھی عجیب آدمی ہو فدا خان میں تم سے سوال کیا کرتا ہوں اور تم جواب کیا دیتے ہو میں

نے تو تم سے یہی پوچھا ہے کہ تمھاری گلابی آنکھیں اور سرخ ہونٹ شکوے شکایت اور جھوٹ سے آشنا کیوں نہیں تم عام لوگوں سے اتنے مختلف کیوں ہو؟

وہ مسکرایا اور بولا:

مجھے سرخ ہونٹوں سے سفید جھوٹ بولنا اچھا نہیں لگتا دیکھو عدنان طارق گونگا اگر بولنا سیکھ جائے گا تو بہرہ خود بخود ہی سننا سیکھ جائے گا، ہوا کے پاؤں باندھو گے تو مقدر میں حبس اور گھٹن کے سوا کیا ملے گا۔

میں اب بھی کچھ نہیں سمجھا یار!

دیکھو عدنان میرے جواب غلط نہیں ہوتے پوری قوم کی طرح تمھارے سوالوں کی اور سوچ کی ترتیب غلط ہوگئی ہے۔ یہ تو ایسے ہی ہے جیسے کوئی مرید پہلے ہی دن اپنے مرشد سے یہ سوال کردے کہ روحِ عصر سے کیا مراد ہے یا اللہ تعالیٰ کے اسماء ظاہر و باطن کو فلسفہ ہمہ اوست اور ہمہ ما اوست کی روشنی میں واضح کر دیجیے ترتیب کے غلط ہونے کی وجہ سے ہی ہم بحیثیت قوم Confusion کا شکار ہیں ہم منصور حلاج کی طرح وہ کتاب پہلے پڑھنا چاہتے ہیں جو کتاب سب سے آخر میں پڑھنی چاہیے۔

مثلاً؟؟

دیکھو عدنان قوم یہ سمجھتی ہے کہ اگر حکمران ٹھیک ہو جائیں تو ملک کی کایا پلٹ جائے گی اور ملک ترقی کی شاہراہ پر گامزن ہو کر خوشحال اور ترقی یافتہ ممالک کی صف میں شامل ہو جائے گا مگر ایسا نہیں ہوا کرتا۔ پہلے فرد خود اپنی اصلاح کرے گا۔ Self Development اور Self Grooming کرے گا تو معاشرہ بدلے گا۔ Society کے بدلنے سے حکمران بھی اپنا رویہ بدلیں گے اپنی اصلاح کر کے خود کو Improve کریں گے۔ یاد رکھو حکمرانوں کو سیدھا ہمیشہ اُن کی عوام رکھتی ہے، اس کی مثال امریکہ اور یورپی ممالک ہیں۔ ڈاکوؤں کا سردار کبھی درویش یا ولی نہیں صرف ڈاکو

ہی ہوتا ہے۔ اسی طرح دوسری ترتیب یہ غلط ہوئی کہ ہمیں یہ یقین دلا دیا گیا کہ ملک سے پہلے کرپشن، رشوت، چور بازاری، جہالت، بدعنوانی، غربت، اقربا پروری، نا انصافی اور دہشت گردی ختم ہوگی تو ملک ترقی کرے گا یہ بھی سچ ہے مگر ترتیب یہ ہوگی کہ پہلے قوم کے اندر جذبہ حب الوطنی بیدار کیا جائے۔ غلامی کے جہنم اور آزادی کی نعمت کے متعلق عوامی شعور بیدار کیا جائے اور ان کو یہ باور کروایا جائے کہ عالمی سطح پر بھی جرم ضعیفی کی سزا مرگ مفاجات ہی ہوا کرتی ہے۔ Nationalism ہوگا تو ہر فرد وطن کو اپنا گھر سمجھے گا اور اس گھر سے محبت کی وجہ سے نہ کوئی بدعنوانی کرے گا اور نہ ہی اقربا پروری، رشوت، نا انصافی، دہشت گردی اور جہالت وغیرہ جیسے جرائم کا شکار ہوگا ملک کو own کرنے والا اس کے نقصان کا سوچ بھی نہیں سکتا اور نہ ہی ذاتی مفاد کو قومی مفاد پر ترجیح دے کر غداری جیسی لعنت کا شکار ہوگا۔

اسی طرح ہماری ایک اور ترتیب غلط کر دی گئی کہ ہمیں بتایا گیا کہ پہلے عبادت، ذکر، نماز، روزہ، حج زکوٰۃ جیسے نیک کام کرو گے تو جنت ملے گی مگر حقیقت یہ ہے کہ اگر صرف رب کا تعارف کروا دیا جائے کہ ہمارا رب کتنا مہربان اور رحیم وغفور ہے جو ستر ماؤں سے بھی زیادہ پیار کرنے والا جو رحم مادر میں بھی بن مانگے رزق عطا کرتا ہے جو رحمت العالمین جیسی عظیم ہستی کا بھی خالق ہے جو کسی پر اس کی برداشت سے زیادہ بوجھ نہیں ڈالتا مگر اس کی اوقات اور ظرف سے زیادہ سکھ ضرور دیتا ہے جو مانگنے والے کو دیکر خوش ہوتا ہے جو توبہ کرنے والے کی توبہ کو بخوشی قبول کر کے آسمان پہ جشن کرتا ہے۔ جس کا تعارف رحمان ہے۔ رب کے تعارف سے اس عظمتوں والے اور اس کائنات کو پالنے والے رب سے ہمیں محبت ہو جائے گی اور صالح اعمال کی توفیق خود بخود عطا ہو جائے گی۔

تم شہر چھوڑ کر گاؤں واپس جانا کیوں چاہتے ہو حالانکہ شہر تو ایک عرصے کے بعد

انسان کے اندر بسنا شروع ہو جاتے ہیں۔ میں نے اُداسی سے فدا خان سے سوال کیا۔

تم صحیح کہتے ہو عدنان مگر شہروں کی آبادی ایک حد سے بڑھ جائے تو وہاں بلائیں اترنا شروع ہو جاتی ہیں۔ اب روز میرے شہر میں بلائیں اترتی ہیں اور خون میں لت پت لاشیں چھوڑ جاتی ہیں۔ باپ اپنے بچوں کو تعلیم کے زیور سے آراستہ کرنے کے لئے اُن کی کتابیں خریدنے گھر سے نکلتا ہے مگر جہالت کی اندھی گولی علم کے چراغ کو بے نور کر دیتی ہے۔ میرے یار میرا مقدر شیشے کا ہے اب میں مزید اس پتھر کے شہر میں نہیں رہ سکتا۔ ویسے بھی پرندے جو ہمارے اُستاد مقرر کیے گئے ہیں وہ اب شہروں سے ہجرت کرنے لگ گئے ہیں۔ بارود کے شہر سے پرندے اور برکت دونوں ہجرت کر جایا کرتے ہیں ویسے بھی شہر اب فطرت سے دور ہو کر مصنوعی زندگی کی علامت بن گئے ہیں کاغذ کے پھول لاکھ خوبصورت سہی مگر نزاکت اور خوشبو جیسی نعمت سے محروم رہتے ہیں پرندے اب پستی کی طرف نہیں آتے بلکہ بلندی پر اُڑتے ہیں۔ گناہ گاروں کی بستی میں پرندے بھی اپنا گھونسلا نہیں بناتے یاد رکھو عدنان حکمرانی کا شوق اور نفرتیں حد سے بڑھ جائیں تو روشنیوں کے شہر جنازوں کے شہر میں تبدیل ہو جایا کرتے ہیں۔

فدا خان اپنے گاؤں واپس چلا گیا اور میں یاد کے جلتے صحرا میں تنہائی کا بوجھ لئے خاک اور بارود کے اندھیرے میں وقت کے قافلے کے ساتھ سر جھکائے چلتا رہا۔ فدا خان مجھ کو مجھ سے چھین کر لے گیا تھا اور میں اکیلا بیٹھا ماضی کی کھوئی ان تصویروں کو دیکھ کر روتا رہتا جن میں ہم اکٹھے پڑھے لکھے اکٹھے کھیلے اور اکٹھے ہنسے اور روئے تھے، فدا خان مصنوعی زندگی سے فطری زندگی کی طرف لوٹ گیا تھا۔ اس دور کا المیہ یہ ہے کہ یہ دنیا اب فائبر آپٹک کیبل کی قید میں ہے وہ فائبر آپٹک کی زنجیر توڑ گیا تھا۔

ماضی کی برف پگھلنے لگی دور کسی آبشار کے گرنے کی دُھن بج رہی تھی سال نو کے کہرے میں لپٹے سر سبز پہاڑ اپنی زندہ آنکھوں میں مردہ خواب لیے کسی روشن تعبیر کے

سورج کے طلوع ہونے کے منتظر تھے مگر میری آگہی کے آتش دان میں اب بھی ایک سلگتا ہوا سوال بے گور وکفن پڑا ہے۔ دُنیا مجھے ایک نیک اور مذہبی آدمی کے طور پر جانتی ہے۔ ماں باپ کی وفات کے بعد میں کافی عرصہ Depression میں رہا والدین کی بے تحاشا دولت کا میں واحد وارث تھا پھر میں نے مذہب کی طرف رجوع کیا تو مجھے بہت سکون ملا۔ صوم وصلاۃ کا پابند، ہاتھ میں تسبیح لمبی داڑھی سفید کپڑوں میں ملبوس میں جب بھی بازار سے گزرتا ہوں لوگ دور ہی سے مجھے سلام کرنے عقیدت سے کھڑے ہو جاتے۔ میری ایک رفاعی تنظیم بھی ہے میرا نام ایک بڑی سماجی اور مخیرّ شخصیت کے طور پر پہنچانا جاتا ہے اخبارات اور ٹی وی پر میری سخاوت کے چرچے ہوتے رہتے ہیں۔ بعض دوست مجھے ایدھی جونیئر کے لقب سے بھی پکارتے تھے۔ محلے میں بڑے بوڑھے آپس میں باتیں کرتے کہ اتنی دولت کے باوجود بھی اس کی شخصیت میں کتنی عاجزی ہے۔ مگر وہ سلگتا ہوا سوال مجھے اب بھی پریشان کرتا ہے کہ اگر یہ سب کچھ ٹھیک ہے تو اندر سے گواہی کیوں نہیں ملتی۔ دل کا شیشہ گدلا کیوں ہے وہ کون سا خلا کون سی کمی ہے جس کا مجھے ادراک نہیں۔

فداخان کے پاس نہ دولت تھی اور نہ وہ بظاہر مذہبی آدمی تھا مگر وہ ایک مطمئن شخص تھا وہ چھوٹی چھوٹی باتوں پر بڑی بڑی خوشیاں تراش لیا کرتا تھا اس کی ایک عادت تھی کہ وہ اپنی ہی کہی بات پر ہنسی سے بے حال ہو جایا کرتا تھا اس کی زندگی کی ریل گاڑی صرف دو ہی اسٹیشنوں پر رکتی تھی اُن میں ایک اسٹیشن کا نام صبر اور دوسرے کا شکر تھا وہ کہتا تھا صبر دراصل شکر ہی کا دوسرا نام ہے۔ کتنا عجیب تھا میں عمر بھر اس سے بے انتہا محبت بھی کرتا رہا مگر اس کی زندگی سے جلتا بھی رہا میں بیک وقت اُس کا حلیف بھی تھا اور رقیب بھی۔

ساحلِ سمندر پر سیر کرتے ہوئے میں نے اسے کہا فداخان میں تو ایک عاجز سا

بندہ ہوں ایک دنیا میری عاجزی کی قدر دان ہے اس لیے کہ میں نے اپنے اندر سے انا اور ''میں'' کو نکال کر باہر پھینک دیا ہے۔

وہ مسکرایا اور کہنے لگا:

عدنان طارق نہ تو تم خود سے بیزار ہوئے ہو اور نہ تم اپنے اندر سے 'میں' کو نکال سکے ہو De slef ہونا یہ راستہ آسان نہیں۔ یہ کانٹوں بھرا ملامت کا راستہ ہے تم صرف اور صرف خوش فہمی یا غلط فہمی کا شکار ہو اس کا ثبوت یہ ہے کہ تمھارے گھر میں آئینہ موجود ہے۔ کہنے لگا ہمیشہ یاد رکھنا سر کی پگڑی یا تاج بننے کے لیے پہلے Foot mat بننا پڑتا ہے۔ پھر وہ خاموش ہو گیا، کافی دیر چپ رہنے کے بعد بولا: عدنان اگر تم کسی بھولے بھٹکے مسافر کی کہانی لکھنا چاہتے ہو تو اماوس کی تاریکی میں سرِ راہ چراغ ضرور رکھنا۔

مجھے اب بھی یاد ہے عید کی ایک اُداس شام کو میں نے فدا خان سے پوچھا یار تمھاری زندگی میں Change کیسے آیا۔ تمھارا رب کے ساتھ تعلق کیسے مضبوط ہوا۔ ایک مذہبی آدمی ہونے کے باوجود مجھے ایسے تعلق کی توفیق کیوں نہ مل سکی۔

وہ مسکرایا!

جس دن مجھے پتہ چلا کہ میں رب کا ہم نشین ہوں۔

ہم نشین؟؟ میں سمجھا نہیں۔ وہ بولا:

جس دن میں بابا عرفان الحق کے پاس گیا تو انھوں نے بڑی عجیب بات کی کہنے لگے۔ یار فدا خان ہم کتنے خوش نصیب لوگ ہیں جو رب کے ہم نشیں ہیں۔ میں نے حیرت سے بابا جی کی طرف دیکھا۔

بابا جی مسکرائے اور فرمایا:

جھلیا کملیؐ والے کے دل میں یا تو رب رہتا تھا یا اُس کی اُمت اس حساب سے تو ہم رب کے ہم نشیں ہوئے ناں۔ یار عدنان جب مجھے اس اعزاز کا علم ہوا تو میں تشکر

سے مہینوں روتا رہا۔ ہم نشیں سے محبت ہونا فطری سی بات ہے ناں!

وقت کا قافلہ چلتا رہا میں خواہش کے باوجود صحرا میں لگے اُس برگد کی طرح کبھی نہ بن سکا جو نہ صرف بھولے بھٹکے مسافروں کو راستہ دکھاتا ہے بلکہ اُن کو دھوپ، بارش اور طوفانوں سے بھی محفوظ رکھتا ہے میں شہر میں اُگے اس شیشم کے پیڑ کی طرح بے آبرو ہی رہا جس کی چھاؤں میں نہ کوئی فقیر بیٹھا نہ کوئی جھولا پڑا اور نہ کسی پنچھی نے گھونسلا بنایا۔

جب ہجر کی سیاہ ناگن راتیں مجھے ڈسنے لگیں تو مجھے وصل کے تریاق کی اہمیت کا اندازہ ہوا جب دل بہت اُداس ہوا تو میں فداخان سے ملنے اس کے گاؤں چلا آیا فداخان اپنے سرسبز کھیتوں پر کاشتکاری کر رہا تھا۔ شہر کی مصنوعی زندگی سے چھٹکارہ پانے اور فائبر آپٹک کی قید سے آزادی کے بعد اس کے چہرے پر رونق اور تازگی میں اور اضافہ ہو گیا تھا۔ وہ اپنے بیوی بچوں کے ساتھ بے حد خوش تھا، اُس کی پہلی اور آخری محبت جواب اس کی شریک سفر تھی وہ بھی گاؤں میں بہت خوش تھی۔ دونوں اتنے خوبصورت، خوب سیرت اور خوش شکل تھے کہ میں نے دونوں کی موجودگی میں آئینے کو حالت سجود میں دیکھا تھا۔ مجھے اچانک سامنے دیکھ کر وہ بچوں کی طرح خوش ہو گیا۔ میں گاؤں میں ایک ہفتہ رہا ہم نے خوب باتیں کیں دوستوں اور ان کی باتوں کو خوب یاد کیا میں نے اس سے بہت سے سوال کیے اس نے ہر سوال کا جواب دیا مجھے نہیں معلوم اسے ہر سوال کا جواب کیسے آتا تھا۔ نہ جانے اُسے اتنا علم کیسے عطا ہوا تھا میں نے کہیں سنا تھا جب رب بندے سے راضی ہوتا ہے تو اسے علم کا تحفہ عطا کرتا ہے۔ جب اُس نے شہر کے حالات پوچھے تو میں خاموش ہو گیا۔ فداخان کی آنکھوں میں آنسو آ گئے کہنے لگا عدنان مجھے لگتا ہے تیرے شہر کی اکثریت دنیا دار ہو گئی ہے سنو دنیا ایک مردار ہے اور ازل سے ہی مُردار ہمیشہ کم ہوتا ہے اور اس کو کھانے والے کتے ہمیشہ زیادہ رہے ہیں اسی لیے تو لڑائی ہوتی ہے۔

مجھے اچانک کراچی واپس آنا پڑا۔

وہ مجھے چھوڑنے پیدل ہی اسٹیشن تک آیا۔ مجھے رخصت کرتے ہوئے وہ بچوں کی طرح بلک بلک کر رونے لگا۔

اپنے آنسو پونچھتے ہوئے وہ بولا میری بات غور سے سنو عدنان نہ جانے کب اجل کی ٹرین آجائے۔

تمھارے سوال پوچھنے کی ترتیب ہمیشہ غلط رہی آج میں تمھارے آخری سوال کا جواب دیتا ہوں جو تم نے مجھ سے سب سے پہلے پوچھا تھا۔

جواب تلخ ضرور ہے مگر تشنگی سے بہتر ہے۔

سنو میرے یار!

رب نے آج تک کبھی رحم کی اپیل رد نہیں کی بشرطیکہ یہ سچے دل سے کی گئی ہو رب نے انسانوں کو دنیا میں بھیجنے سے پہلے جنت میں رکھا اُسے یہ سمجھانے کے لیے کہ دنیا کو جنت کی طرح خوبصورت بنانا ہے مگر دل میں صرف اور صرف جنت بنانے والے کو رکھنا ہے، اختیار اسباب کو کرنا ہے مگر بھروسہ صرف مسب الاسباب پر کرنا ہے۔ کچھ لوگ Depression میں جا کر مذہبی ہو جاتے ہیں مگر میں سمجھتا ہوں دین سے یہ مجبوری والا تعلق انسان کو زیب نہیں دیتا۔ رب کی عبادت اس لئے کرو کہ وہ لائق عبادت ہے۔ اعمال تو مخلوق کی طرح ہوتے ہیں اور مخلوق پہ بھروسا ایک طرح کا شرک ہے دنیا اور آخرت کی کامیابی صرف اللہ کے فضل سے مشروط ہے۔ نیکی اور تکبر میں بال برابر فرق ہوتا ہے، وہ بڑا بدقسمت ہے جو خود کو نیک سمجھنے لگے نیک سمجھنے سے توبہ کی توفیق چھن جائے گی جس سے توبہ کی توفیق چھن گئی اس سے شرف انسانیت چھن گیا جس ذکر، عبادت اور نیکی میں اخلاص نہ ہو اس ذکر، عبادت اور نیکی سے تکبر پیدا ہوتا ہے جسے عاجزی کا تکبر کہتے ہیں۔ یہ سب تکبروں سے برا تکبر ہے۔

میں نے آسمان کی طرف دیکھا اور دیکھتا ہی رہ گیا میں نے پہلی دفعہ آسمان کو اتنا حیران اور پریشان دیکھا تھا نہ جانے زمین نے اس سے کیا سوال کر دیا تھا۔ پھر اچانک ایک انتہائی خوشگوار خوشبو ہمارے اردگرد پھیل گئی دور ریل کی کوک سنائی دے رہی تھی۔ فداخان کا ہاتھ اس کے سینے پر تھا اس کی آنکھیں بند ہو رہی تھیں مجھے یوں وہ اس بچے کی طرح لگا جس کی ماں اسے گود میں لٹائے لوری سناتے ہوئے اس کے بالوں میں انگلیوں سے کنگھی کر رہی ہو اور اس کی پلکوں پر نیند کی پریاں اُتر رہی ہوں میں نے لپک کر فداخان کو اپنی بانہوں میں سمیٹ لیا۔ فداخان زندگی کو مقروض کر کے میری بانہوں میں ابدی نیند سو گیا۔

فداخان کی قبر کے ساتھ ہی میں نے ایک گڑھا کھودا اور اس سلگتے سوال کو بھی دفن کر دیا جو میرے آگہی کے آتش دان میں بے گور و کفن پڑا تھا۔ شاید جواب کا پل صراط پار ہو چکا تھا۔

دعا مانگ کر جب میں واپس لوٹ رہا تھا تو میری ہر چاپ سے ایک ہی آواز آ رہی تھی عاجزی کا تکبر...... عاجزی کا تکبر...... عاجزی کا...... تکبر......

OOO

میلی بنیان

یہ مائیں بھی کتنی ظالم ہوتی ہیں، محبت، اخلاص، ایثار اور قربانی کا ایک ایسا معیار جو سمندر سے گہرا اور ہمالیہ سے بلند ہوتا ہے قائم کر کے اور اولاد کو اِن کا عادی بنا کر لوری گنگناتے ہوئے خود مٹی کا کمبل اوڑھ کر کبھی نہ جاگنے کے لیے سو جاتی ہیں اور انسان اسی معیار کو پانے کے لیے جس کا وہ عادی ہو چکا ہوتا ہے زندگی کے صحرا کی خاک چھانتا ہے مگر اس محبت، اخلاص، ایثار اور قربانی کا عشر عشیر بھی حاصل نہیں کر پاتا اور پھر محرومیوں کے صحرا میں آہوں کی ریت پر اپنے خون کے آنسوؤں سے کئی داستانیں لکھتا ہے مگر وقت کی سرخ آندھی اُسے پڑھے بغیر مٹا دیتی ہے۔

گاؤں میں ہمارا چھوٹا سا گھر بہت خوبصورت تھا یہ اُن کچی اینٹوں کا بنا ہوا تھا جو آگ کے جہنم سے نا آشنا تھیں شاید اسی لیے میں نے اپنے گھر میں کبھی نفرت کی آگ نہیں دیکھی اِس کا آنگن شیشم اور بیری کے درختوں اور ان پر لٹکتے گھونسلوں سے سجا ہوا تھا فطرت بھی کیا چیز ہے۔ میں ادب کا طالب علم ہوں مگر زندگی میں آج تک قوس قزح سے اچھی غزل، دریا سے زیادہ خوبصورت افسانہ، درخت سے زیادہ شاہکار نظم اور سمندر

سے زیادہ دلچسپ ناول کبھی میری نظر سے نہیں گزرا۔ اس گھر کی راہداری ہمسایوں، گاؤں والوں اور مہمانوں کے قدموں سے ہر لمحہ آباد رہتی تھی۔ اس گھر کی منڈیر پر بیٹھا کوا جب کائیں کائیں کرتا تو میری ماں خوشی سے جھومتے ہوئے سوچنے لگ جاتی کہ آج کونسا مہمان آئے گا۔ میرا دادا کہتا تھا جس منڈیر کو چپ لگ جائے وہ گھر نہیں رہتا مکان بن جایا کرتا ہے اور مکان صرف مکڑی کے جالوں کے لیے بنا کرتے ہیں۔

میرے اندر کے موسموں میں ماضی کا جون جب بھی آتا ہے میرے اندر یادوں کی گرم لو چلنے لگتی ہے۔ ہڈیوں کا ڈھانچہ، انتہائی کمزور مگر ہر لمحہ مسکراتا میرا باپ جس کی آنکھیں ہمیشہ نیند کی مہک میں لپٹی اور سراپا کردار کی خوشبو سے مہکتا رہتا تھا۔ مجھے اپنے حصار میں لے لیتا ہے میں جب بھی اس سے اپنا خیال رکھنے کا کہتا تو وہ مسکراتا اور میرا ہاتھ اپنے دونوں ہاتھوں کے درمیان رکھ کر میری آنکھوں میں جھانک کر وہ مسکراتا اور کہتا تنویر پتر تعمیر اور تخریب کا فلسفہ بھی عجیب ہے، رُوح کو آباد کرو تو جسم اُجڑ جاتا ہے، جسم کی تعمیر میں روح تخریب کا شکار ہو جاتی ہے۔ کتنی عجیب بات ہے سکھ انسان کو مکمل خوشی نہیں دے سکتا اسی لیے سوز کی آنچ کو ساتھ لے کر چلنا پڑتا ہے مغرب کا مست ہاتھی طاقت کے نشے میں سکھ ہم سے چھین کر لے گیا مگر سوز کی دولت کو نہ چھین سکا کیونکہ سوز کی آنچ کے لیے جس آکسیجن کی ضرورت ہوتی ہے وہ اُن پودوں کے پاس ہے جو صرف مشرق کی مٹی ہی میں زندہ رہ سکتے ہیں۔

میرے باپ نے مجھے کبھی نصیحت نہیں کی اُس کے خیال میں باعمل کا کردار ہی نصیحت ہے اور بے عمل کی نصیحت اثر سے خالی ہوتی ہے۔ میرے بے حد اصرار پر انھوں نے صرف ایک ہی نصیحت کی جس پر میں نے آج تک عمل کیا مگر برسوں اس نصیحت کے پیچھے جو حکمت تھی اس پر سوچتا رہا، اُن کی نصیحت تھی تنویر پتر زندگی میں کبھی میلی بنیان نہ پہننا۔

میرا اور اس کا تعلق بھی عجیب تھا خستہ دیوار کے ساتھ لٹکے ہوئے جالوں کی طرح اُس کا وجود آبادی سے دور جنگل کے قریب ویران، مدتوں سے بے آباد بنگلے کی طرح تھا جس کے بوسیدہ کواڑوں پر خاموشی دستک دے رہی ہو جس کے صحن میں لگے بوڑھے برگد کے بازوؤں کی طرح لٹکتی شاخوں پر بڑی بڑی چمگادڑیں اُلٹا لٹکی اپنے مقدر کی سیاہی پر ماتم کر رہی ہوں اور جس کی ٹوٹی ہوئی کھڑکیاں رات کے کیچڑ میں لت پت اونگھ رہی ہوں اور ایک موٹی کالی بلی اُن میں سے کود کر موت کے سے سکوت کو توڑ ڈالے اور جس کے بارے میں لوگ سرگوشیوں میں ہر آنے والے اجنبی کو دور سے اشارہ کر کے بتاتے ہوں کہ یہ بنگلہ آسیب زدہ ہے اور یہاں ماتم کرتی ہوئی روحوں کا بسیرا ہے۔

ہم زندگی کے دریا میں Status کی الگ الگ کشتیوں کے مسافر تھے جہاں میری سوچ ختم ہوتی تھی وہاں سے اس کا معیار زندگی شروع ہوتا تھا میں ایک معمولی کسان کا بیٹا تھا اور اس کے والد کی فیکٹریوں کا کوئی شمار ہی نہ تھا۔ مگر مجھے نہ جانے یہ کیوں لگتا تھا ہماری منزل ایک ہی ہے مجھے اعتراف ہے میں اس سے بے حد محبت کرتا ہوں شاید محبت بھی اعتراف کا ہی دوسرا نام ہے مجھے نہیں معلوم اسے مجھ سے محبت تھی یا نہیں صرف ایک دن مجھے لگا کہ شاید اس کے دل میں بھی میرے لیے کچھ جگہ ہے جب اچانک ایک دن اس نے بیٹھے بیٹھے مجھ سے سوال کر دیا۔

تنویر چوہدری یہ محبوب کون ہوتا ہے؟

عاکفہ محبوب وہ ہوتا ہے جس سے جیت کر دُکھ اور ہار کر خوشی ہو اُس کے رخسار اور سرخ ہو گئے میں نے اسے اُس دن پہلی بار غور سے دیکھا تھا۔ اُس کے دودھ چہرے پر چاندنی چمک رہی تھی اس کی سیاہ لمبی لمبی زلفیں حیاء کے آنچل میں سمٹی ہوئی تھیں اُس کی نیلی آنکھوں کی جھیل میں خواب تیر رہے تھے اور اس کی پلکوں کی سکھیاں جھولا جھول رہی تھیں۔

میری زندگی بہت سادہ تھی یہ صرف چار چیزوں کا مرکب تھی میرے کھیت،

کتاب، باغ جناح اور عاکفہ۔ میری زندگی کا ایک ہی المیہ تھا مجھے سمجھوتا کرنا نہیں آتا تھا مجھے منافقت سے شدید نفرت تھی۔ میں چاہتے ہوئے بھی جھوٹ نہیں بول سکتا تھا۔ میرے دل و دماغ اور زبان ایک ہی منزل کے مسافر تھے۔ عاکفہ سے ملنے کے بعد مجھ پر انکشاف ہوا Compatibility دوستی کے لیے ضروری ہے مگر محبت کے لیے نہیں، محبت وہ آسمانی تقسیم ہے جو دو لوگوں میں بانٹی جاتی ہے پھر اس تقسیم کا علم کبھی ایک کو اور کبھی دونوں کو دے دیا جاتا ہے۔

عاکفہ کی ذات کے ساتھ کئی المیے وابستہ تھے اس کا والد ہر وقت دولت میں اضافہ کرنے کے لیے کوشاں رہتا تھا اُس کو رشتوں اور محبت سے زیادہ دولت عزیز تھی وہ ہیروں کی تلاش میں پتھر کا ہو چکا تھا جن بچوں کے والدین اپنے بازو اپنے بچوں کے سر کے نیچے سے ہٹالیں پھر اُن سروں کے نیچے سوال آجاتے ہیں۔

ایک دن کہنے لگی تنویر میں نے اپنی زندگی میں اتنے سمجھوتے کیے ہیں کہ مجھے اپنا اصلی روپ بھی یاد نہیں تم صحیح کہتے ہو سمجھوتہ موت کے اجزا میں شامل ہے۔ مجھے اس چیز کے بھی چھن جانے کا خوف رہتا ہے جو چیز میرے پاس ہے ہی نہیں۔ خوفِ زیاں کا ایک دھڑکا سا لگا رہتا ہے مجھے لگتا ہے جیسے میں کسی بہروپ نگر کی شہزادی ہوں۔ اعمال بے ذائقہ اور کبھی کبھی کڑوے بھی لگتے ہیں۔ جھوٹ کا احساس ختم ہو چکا ہے۔ کبھی کبھی میرا دل چاہتا ہے کوئی مجھ سے فیصلوں کا اختیار چھین لے۔ کبھی لگتا ہے یہ آندھیوں کا موسم ہے اور میں ایک پر کٹی چڑیا ہوں کبھی مجھے لگتا ہے میں وہ دیا ہوں جو ہواؤں کے عشق میں گرفتار ہو چکا ہے۔ مجھے سفر کے اُفق پر لفظ لا حاصل لکھا نظر آتا ہے۔ صبح ہوتی ہے تو شام کو بھول جاتی ہوں اور شام کو یہ بھی یاد نہیں رہتا کہ کبھی صبح بھی ہوئی تھی۔ کبھی کبھی مجھے لگتا ہے میں شفاف جھیل میں تیرتا ایک سفید گلاب ہوں اور کبھی مجھے خود سے بھی گھن آنی شروع ہو جاتی ہے۔ تنویر چوہدری میری زندگی میں اتنے تضادات کیوں

ہیں۔ تمھاری زندگی تضاد کا شکار کیوں نہیں کبھی کبھی مجھے لگتا ہے میری زندگی میں تمھارا کوئی کردار نہیں اور کبھی یوں محسوس ہوتا ہے تم میرے لیے آکسیجن کی طرح ہو۔ کبھی کبھی میں ماضی میں بہت دور نکل جاتی ہوں تاریخ میری آنکھوں میں رقص کرنے لگتی ہے۔

کل رات میں خواب میں ہسپانیہ پہنچ گئی وہاں میں نے جامعہ قرطبہ کو دیکھا جس کے داخلی دروازے پر لکھا تھا دنیا صرف چار چیزوں پر قائم ہے۔ عالموں کا علم، اکابر کا عدل، عابد کی عبادت اور بہادروں کی شجاعت۔

یہ سب کیا ہے؟ کیا یہ سچ ہے؟ کیا دنیا واقعی ان چار چیزوں پر قائم ہے تو پھر ہم محبت کو کہاں رکھیں گے کیا محبت کا وجود بے معنی ہے؟ کیا زندگی کے صحرا میں محبت کے گلشن کی کوئی اہمیت نہیں کیا نخلستان کے بغیر صحرا مکمل ہوتا ہے؟

مجھے معلوم ہے تنویر میرے سوالوں کا جواب صرف تمھارے پاس ہے تمھارے پاس اتنا علم کہاں سے آیا کہاں سے یہ سارا کچھ سیکھا، حالانکہ ہماری تعلیم تو ایک ہی ہے۔

دیکھو عاکفہ میں نے آدھا علم اپنے باپ سے، کتابوں سے، اُستادوں سے سیکھا اور باقی آدھا ایک پرانی شکستہ قبر کے کتبے سے میرا باپ بہت بڑا انسان تھا ایک دفعہ میں اور میرا باپ گاؤں میں کھیت کے ساتھ بنی پگڈنڈی پر جارہے تھے کہ اُس کی جیب سے پیسے گر گئے میں نے جھک کر اُٹھانے چاہے مگر میرے باپ نے منع کر دیا حالانکہ اُن دنوں ہمارے حالات کچھ زیادہ اچھے نہیں تھے کہنے لگا پتر دولت جیسی گھٹیا چیز کے لیے جھکا نہیں کرتے عاکفہ یہ دُنیا اِن چار چیزوں پر نہیں محبت پر قائم ہے۔ محبت کے بغیر اس دُنیا کا قصہ اُن تین دوستوں کا ہے جن کو سفر کے دوران اشرفیوں کی ایک تھیلی ملی، انھوں نے لالچ میں آکر ایک دوسرے کو مار ڈالا اور اشرفیوں کی بھری تھیلی وہیں کی وہیں رہ گئی۔ عاکفہ زندگی میں رویے بہت اہم ہوتے ہیں رویے ہی شخصیت کی تعمیر کرتے ہیں یہ رویے جن پر شخصیت کی عمارت استوار ہوتی ہے نہایت ہی چھوٹی چھوٹی باتوں سے

بنتے ہیں۔ مجھے پندرہ سال بعد معلوم ہوا میں ایسا کیوں ہوں میری زندگی منافقت، جھوٹ اور تضاد سے دور کیوں ہے یہ بات میرے باپ نے سفرآخرت شروع کرنے سے چند گھنٹے پہلے بتائی جو میں پندرہ سال تک سوچتا رہا تھا۔

جس رات وہ ہم سے جدا ہوئے اس شام کو ساون کی پہلی بارش نے ہسپتال کے سارے شیشے بھگو دیے تھے۔ انھوں نے میرا ہاتھ پکڑا اور پیار سے بولے پتر مجھے پتہ ہے تم پندرہ سال سے ایک الجھن کا شکار ہو میری زندگی کا چراغ گل ہونے میں زیادہ وقت نہیں ہے اَجل کی آندھی کو میں اپنی طرف آتا دیکھ رہا ہوں تمھیں یاد ہوگا تمھارے بے حد اصرار پر میں نے پندرہ سال پہلے تمھیں ایک ہی نصیحت کی تھی کہ زندگی میں کبھی میلی بنیان نہ پہننا۔ پتر زندگی میں رویے بہت اہم ہوتے ہیں یہ شخصیت کی عمارت کی تعمیر کرتے ہیں۔ میلی بنیان پہننا ایک رویے کا نام ہے یہ اگرچہ دوسروں کو نظر نہیں آتی مگر تمھارے کردار کی سچائی اور شخصیت کو جھٹلا کر تمھارے اندر دوہری شخصیت پیدا کردے گی اور پھر تم جھوٹ کو اپنائے عمر بھر تضاد اور منافقت کا شکار رہو گے۔ جھوٹ حرام سوچوں کو جنم دیتا ہے اور حرام سوچیں داشتاؤں کو جنم دیتی ہیں۔ رزق حرام جزوِ بدن بن کر انسانی جینز میں منفی خصائص پیدا کرنے کا سبب بنتا ہے۔ رزق حرام صرف ایک فرد تک محدود نہیں رہتا بلکہ آنے والی نسلوں تک اپنے ہونے کا احساس دلاتا رہتا ہے۔ رزق حرام شخصیت کی کیمسٹری تبدیل کر کے اسے قعرِ مذلت میں گرا دیتا ہے، رزق حرام کھانے والا راجہ گدھ بن جاتا ہے اور حرام سوچیں انسان کو شاہ گدھ بنا دیتی ہیں۔

اور جس دن میری محبت نے مجھے اپنا ہم سفر بننے کا اعزاز بخشا تو میں نے اُس سے پوچھا اس بڑے فیصلے میں تمھاری کوئی شرط ہے عاکفہ مسکرائی اور زمین کی طرف دیکھتے ہوئے بولی اپنے باپ کی نصیحت پر عمل کرتے رہنا اور کبھی میلی بنیان نہ پہننا۔

OOO

ساحل

رب کو اپنے معجزات سے بہت پیار ہے جو اس کے معجزات سے پیار کرتا ہے وہ اس کو اپنا قرب عطا فرماتا ہے۔ معجزات دوام کی کشتی پر سوار ہوتے ہیں جو آب حیات کے دریا میں سفر کرتی ہے۔ معجزے کا ایک اعجاز یہ بھی ہے کہ اس میں تقسیم نہیں ہوتی صرف ضرب ہوتی ہے۔ معجزہ راہ حق سے ڈرانے والے سب سانپوں کو نابود کر دیتا ہے اور خدائی کے دعویدار فرعونوں کو نشانِ عبرت بنا دیتا ہے۔ حضرت موسیٰ علیہ السلام کا عصا بھی ایک معجزہ تھا اور پاکستان کا قیام بھی ایک معجزہ ہے۔ قیام پاکستان سے لے کر آج تک اپنے اور اغیار سب اس کو لوٹ رہے ہیں۔ مگر تقسیم ضرب میں بدل گئی ہے لوٹنے والوں کی دنیا بھی لٹ گئی اور آخرت بھی مگر یہ معجزہ روز بروز ترقی کی شاہراہ پر گامزن ہے اس کو نقصان پہنچانے والے سانپ اس عصا سے خوفزدہ بیٹھے ہیں اور فرعون وقت دریائے نیل کی تاریخ کو مدنظر رکھ کر دور بیٹھا صرف غرانے پر اکتفا کیے ہوئے ہے۔ کبھی کبھی میں سوچتا ہوں 23 مارچ 1940ء کو قوم کے اندر وہ کیا جوش، عزم اور ولولہ تھا کہ جس کے آگے دشمن غبار اور تاریخ کے ایوان سرنگوں ہو گئے ہیں میں سمجھتا ہوں یہ دیس

کسی اور کے لئے تو کچھ اور ہو سکتا ہے مگر میرے لیے تو یہ میرا ایمان ہے۔

میرے دوست ہجرت تو یثرب کو مدینہ بنانے اور مخلوقِ خدا کو استحصال سے نجات دلانے کے لیے کی جاتی ہے اور تم دنیا کمانے کے لیے ہجرت کرنا چاہتے ہو پیٹ سے سوچتے رہنے سے تو ترتیب غلط ہو جایا کرتی ہے معاش پہلے نمبر پر اور محبت آخری نمبر پر چلے جایا کرتی ہے اور پھر انسان منزل کا پتہ راہزن سے پوچھنے لگتا ہے اور اقتدار کے ایوانوں میں قارون براجمان ہو جایا کرتے ہیں۔

خالد مسعود پھر بھی امریکا چلا گیا حالانکہ ائیر پورٹ پر رخصت کرتے ہوئے میں نے اس سے یہ بھی کہا تھا اس ملک کو تمہاری ضرورت ہے اتنا پڑھ لکھ کر بھی تم وہاں لیبر کلاس والی نوکریاں کرو گے میرے دوست کچے مکان کو بارشوں میں فروخت نہیں کیا کرتے کچھ دام نہیں ملتے دولت اگر اتنی اہم چیز ہوتی تو جس کے ایک اشارے پر اُحد کا پہاڑ سونے کا بن سکتا ہو وہ یہ دعا نہ فرماتے کہ اے میرے رب روزِ قیامت مجھے مساکین میں سے اٹھانا۔ نفس منہ زور ہو جائے تو آدمی خواہشات کے سمندر میں ڈوب جاتا ہے۔ اس ملک کو سب سے زیادہ نقصان مال وزر اور مزید کی خواہش نے پہنچایا ہے یاد رکھو قناعت سے بڑی کوئی دولت نہیں۔

وہ جب رخصت ہونے لگا تو اس کی آنکھیں جھکی ہوئی تھیں میں نے کہا خالد مسعود تم مجھے اور اپنی ماں کو دکھی کر کے جا رہے ہو فطرت کا قانون ہے دکھ دینے والے کو کبھی سکھ نہیں ملتا انسان آرزوؤں کو پورا کرنے کے چکر میں پڑ جائے تو یہ سلسلہ بڑھتا ہی چلا جاتا ہے جس کی کوئی انتہا نہیں میرے دوست انسان کی زندگی ایک کشتی کی مانند ہے اس کے لیے اتنا ہی پانی چاہیے جس میں یہ کشتی با آسانی تیر سکے کشتی تو ندی میں بھی چل سکتی ہے پھر سمندروں کی گہرائی میں جانے کا کیا فائدہ۔ آگ اور پانی کے کھیل میں دھواں ضرور ہوتا ہے۔ سفر کرنا ہے تو اندر کا کرو کیونکہ یکتائی کے ہجر میں بھی وصل کا مزہ ہوتا

ہے۔ میرے بھائی پردیس اس سوتیلی ماں کی طرح ہوتا ہے جس کو راضی کرتے کرتے حقیقی ماں بھی ناراض ہو جاتی ہے مگر وہ پھر بھی راضی نہیں ہوتی۔ پردیس میں ایک انجانا، ان دیکھا خوف ہر انسان کے پیچھے ایک سائے کی طرح لگا رہتا ہے۔ شناخت کی خواہش پالو گے تو حسرت کے سوا کچھ نہیں ملے گا۔ چھن جانے کا آسیب تمہارے اندر بسیرا کرلے گا۔ اور پھر تم بازار میں آویزاں اس مجسمے کی طرح بن جاؤ گے جو دھوپ، گرد اور بارش کی وجہ سے اپنی اصل شکل بھی کھو دیتا ہے اور پھر تمہارا فخر صرف اتنا ہی رہ جائے گا کہ میرے بچے بہت اچھی انگریزی بولتے ہیں کیا میرے دیس میں سب گونگے بستے ہیں کیا چین نے انگریزی کی وجہ سے ترقی کی ہے؟ میری ایک نصیحت ہمیشہ یاد رکھنا۔ اپنے اندر غارِ حرا کو زندہ ضرور رکھنا۔

اسے مجھ سے جدا ہوئے ایک دہائی سے زیادہ کا عرصہ گزر چکا ہے۔ مگر میں نے اس کی یاد سے کبھی ہجرت نہیں کی۔ اس کی یاد کی پائل میرے کانوں میں مسلسل چھنچھناتی ہے اس کے ساتھ گزرا ماضی میرے اندر رقص کرتا ہے۔ وہ پردیس جا کر مجھے بھول گیا تھا اس نے مشرق کی بادِ صبا کو چھوڑ کر مغرب کے ہوا کے بگولے کا انتخاب کیا تھا شاید تیزی اور دولت کا اژدھا اسے بھی نگل گیا تھا۔ مجھے نہیں معلوم لوگ دولت سے کیا خریدنا چاہتے ہیں؟ جو چیز خریدی جاسکتی ہو کبھی ارفع و اعلیٰ ہوسکتی ہے؟ اعلیٰ و ارفع تو صرف انمول ہوتا ہے۔ جس کو خریدا نہ جاسکے وہی قائداعظم ہوتا ہے امریکہ کے باسیوں کے اندر برمودا تکون ہے جس میں ان کے وقت کے جہاز ہر لمحہ غرق ہوتے رہتے ہیں ان کی یادداشت بہت تیز ہے یہ خیبر کی شکست کو ابھی تک نہیں بھولے۔ برمودا تکون تو میرے اندر بھی ہے جہاں اس کی یاد کی کشتیاں میرے وجود کو لیے ہر لمحہ غرق ہوتی رہتی ہیں۔ کبھی کبھی وہ مجھے اس دیو مالائی کہانی کی طرح لگتا ہے جس کا جھوٹ سچ کو مات کر دیتا ہے وہ مجھے کیوں یاد کرتا؟ امریکہ میں تو یاد کرنے کا وقت ہی نہیں ہوتا مگر اس کی یاد

میرے وجود میں اس طرح سرایت کرتی ہے جیسے جاڑے کے موسم میں تاریک جنگلات میں اترتی ہوئی یخ بستہ دھند۔ دریا کے پانیوں میں مچلتی ہوا میرے دل میں اس کی یاد کو محو ہونے نہیں دیتی اور دسمبر کی بھیگتی تنہائی میں اس کی یاد کے کنکر میرے اندر جھیل جیسی گہری خاموشی میں ہلچل مچا دیتے ہیں۔ میری ہر رات اس کی یاد کے خیمے میں بسر ہوتی ہے۔

میرا چھوٹا سا گاؤں دریائے جہلم کے کنارے پر واقع ہے جس کی سرسبز زمین پر لہراتے سبز اشجار گاتے پرندوں کے بغیر اداس ہو جاتے ہیں یہ پودے ان پرندوں سے اولاد کی طرح پیار کرتے ہیں۔ پرندوں کی غیر موجودگی میں پودے ان کی باتیں تتلیوں کو سناتے رہتے ہیں اور جب شام کو پرندوں کے قافلے درختوں پر اپنے اپنے گھونسلوں کو لوٹتے ہیں تو یہ ان کو گود میں لے کر خوشی سے جھومنے لگتے ہیں۔ پھر رات کو یہ درخت نانی، دادی بن جاتے ہیں اور پرندوں کو چندا ماموں کی کہانیاں سناتے ہیں جس کو سننے جگنو بھی پہنچ جاتے ہیں۔ درخت ہمیشہ مسکراتے رہتے ہیں شاید اس لیے کہ یہ ہجرت کے دکھ سے نا آشنا ہوتے ہیں۔

میں اور خالد مسعود پہلی کلاس سے یونیورسٹی تک اکٹھے پڑھے تھے ہم ایک دوسرے کے بغیر ادھورے تھے مجھے اس سے مل کر اتنی خوشی ہوتی تھی جتنی ایک ننھے سے بچے کو اپنے ننھے ننھے پاؤں میں اپنے باپ کا بڑا جوتا پہن کر ہوتی ہے۔ ایم اے کرنے کے بعد اس کا استقبال بے روزگاری نے کیا۔ پھر اچانک اس پر امریکہ جانے اور دولت کمانے کا جنون سوار ہو گیا میرے بار بار سمجھانے کے باوجود بھی یہ بھوت اس کے سر سے نہ اترا کہنے لگا تم بھی میرے ساتھ چلو وہاں پیسہ بھی ہے اور مرضی کی زندگی بھی وہاں ہر آدمی اپنی زندگی خود گزارتا ہے کوئی دوسرے کے کام میں مداخلت نہیں کرتا وہاں آزادی ہی آزادی ہے۔

میں نے مسکرا کر کہا خالد مسعود آزادی اور محبت دو سوکنیں ہیں جو بیک وقت خوش نہیں رہ سکتیں۔ آزادی میں محبت اور محبت میں آزادی نہیں ملتی۔ اور میرے دوست ساحل کو کبھی نہیں چھوڑتے اور یاد رکھو۔

''انسان اسی روز مر جاتا ہے جس دن سے وہ اپنی ذات کے لیے جینا شروع کر دیتا ہے۔''

مجھے یقین تھا وہ ایک دن ضرور آئے گا کیونکہ میں جانتا تھا وہ ان لوگوں میں سے تھا جن کا ہاتھ بجھے چراغ سے بھی جل جاتا ہے۔

کسی کام کے سلسلے میں مجھے لاہور جانا پڑا ایک ہفتے کے بعد جب میں گاؤں پہنچا تو گھر جانے کے بجائے دریا کے کنارے آبیٹھا اور رقص کرتی ہوئی لہروں سے محظوظ ہونے لگا، جو لہروں کے رقص نہ سمجھ سکے وہ اپاہج روح لیے پھرتا ہے دریا کی لہروں میں جنت رقص کرتی ہے میں سمجھتا ہوں انسان کو ہفتہ میں کم از کم ایک روز ضرور دریا کی سیر کرنا چاہئے ایسا کرنے سے دل کو سکون، دماغ کو تازگی اور روح کو بالیدگی ملتی ہے۔ شاید یہی وجہ تھی کہ سکون اور محبت کی دولت بانٹنے والے فقیروں، درویشوں اور سادھوؤں نے دریا کے کنارے ہی اپنا مسکن بنایا جس طرح شادی کے دن دلہن سے زیادہ خوبصورت کوئی نہیں ہوتا اسی طرح دسمبر کی رم جھم میں دریا سے زیادہ خوبصورت منظر کوئی نہیں ہوتا۔

ابھی میں دریا کے سحر میں ڈوبا خواب وخیال کی کشتی میں رواں ہی تھا کہ فتح محمد دوڑتا ہوا آیا۔ رانا صاحب آپ کب آئے لاہور سے آپ کو پتہ ہے خالد مسعود امریکہ سے واپس آگیا ہے مستقل کبھی نہ جانے کے لیے بہت خوش ہے آپ ہی کا بار بار پوچھتا ہے کہتا ہے مجھے نہیں معلوم میں واپس کیوں آیا سب سے یہی سوال کرتا ہے میں واپس کیوں آیا؟ ابھی بھی ماں کی قبر سے لپٹ کر رو رہا ہے فتح محمد نے ایک ہی سانس میں

سب کچھ بتا ڈالا۔

اپنے اندر غارِ حرا رکھنے والے لوگ واپس ضرور آیا کرتے ہیں فتح محمد مجھے یاد آ گیا جس روز خالد مسعود کی ماں سفر آخرت پر جا رہی تھی مجھے غور سے دیکھتے ہوئے کہنے لگی پتر اللہ تجھے کبھی جدائی کا دکھ نہ دے اللہ کسی کو بھی کسی سے جدا نہ کرے روزِ قیامت اللہ کے حضور گواہی دینا میں اپنے بیٹے اپنی آنکھوں کی ٹھنڈک خالد مسعود کو معاف کر کے جا رہی ہوں اے ستّر ماؤں سے زیادہ پیار کرنے والے رب تو بھی اس کو معاف فرما دینا پھر انہوں نے کلمہ پڑھا اور ہم سے جدا ہو گئیں جب میں نے ان کی آنکھیں بند کیں تو وہ رو رہی تھیں مگر بنا آنسوؤں کے مجھے اس دن گیان ہوا جو لوگ خشک اور ویران آنکھیں لئے پھرتے ہیں وہ اندر سے مر چکے ہوتے ہیں۔ یہ مشرق کی مٹی کا خمیر بھی نہ جانے کہاں سے لیا گیا ہے۔ جب میں نے ان کی آنکھیں بند کیں تو ان آنکھوں میں ایک بھی شکوہ شکایت نہ تھا ان آنکھوں کے صحرا میں صرف اور صرف انتظار ہی کی ریت تھی۔

خالد مسعود مجھ سے مل کر بہت رویا ہم رات بھر دریا کے کنارے بیٹھے باتیں کرتے رہے وہ امریکہ میں گزرے گیارہ سال کا احوال سناتا رہا۔ مگر میں اس سے اپنی جاگی ہوئی راتوں کا حساب نہ مانگ سکا۔

ماں وقت کو بھی بچوں کے حوالے سے یاد رکھتی ہے اور میں وقت کو خالد مسعود کے حوالے سے یاد رکھتا ہوں خالد کو واپس آئے دو ساون گزر چکے ہیں اس نے کاشت کاری شروع کر دی ہے کہتا ہے یہ شعبہ فطرت کے سب سے زیادہ قریب ہے۔ ایک دن کہنے لگا میرے لیے دعا کرو میں نیک ہو جاؤں میں مسکرایا کہنے لگا کیا میں نے غلط کہا ہے؟

میں نے کہا خالد مسعود ہمیشہ دعا مانگو اللہ ہمیں پسند کر لے۔ نیک تو پھر بد ہو سکتا ہے مگر جس کو وہ پسند کر لیتا ہے اس کو کبھی ناپسندیدہ نہیں ہونے دیتا نہ اپنے لئے نہ مخلوق

کے لئے ایک دن کہنے لگا یار وہاں لوگوں کی عمریں بڑی لمبی ہوتی ہیں شاید اس لیے کہ وہاں میڈیکل کا شعبہ بہت ایڈوانس ہے مگر کچھ بیماریوں کا علاج ان کے پاس بھی نہیں ہے میری بیماری کا علاج بھی ان کے پاس نہیں تھا مگر میں یہاں آ کر ٹھیک ہو گیا ہوں میں نے اپنے عزیز واقارب اور فیملی سے معافی مانگ لی ہے انہوں نے مجھے معاف بھی کر دیا ہے۔ میں نے امریکہ سے کمایا سارا پیسہ ان میں بانٹ دیا ہے وہ سارے اب بہت خوش ہیں۔

میں نے کہا خالد مسعود عمریں لوگوں کی نہیں قبروں کی ہوتی ہیں انسان کی اصل عمر اس کے مرنے کے بعد شروع ہوتی ہے۔ یقین نہیں آتا تو حضرت عثمان علی ہجویری المعروف داتا گنج بخش۔ حضرت بابا فرید، حضرت میاں میر حضرت بہاؤ الدین زکریا، حضرت شہباز قلندر حضرت علامہ اقبالؒ اور حضرت قائداعظمؒ کی قبروں کو دیکھو صدیوں بعد اب بھی زندہ ہیں باقی رہی مغرب کی زندگی تو معاف کرنا مغرب بھنور کا مسافر ہے۔ بھنور کو زندگی نہیں کہتے زندگی سکون کا نام ہے۔ طوفان اور بادصبا کا فرق تو تم جانتے ہی ہو یہی فرق مغرب اور مشرق کا ہے۔ سوال شور پیدا کرتا ہے اور جواب سکوت مغرب سوال ہے اور مشرق اس کا جواب، کیا آبشار اور آتش فشاں ایک ہو سکتے ہیں؟

امریکہ اور یورپ میڈیکل کے شعبہ میں بہت ایڈوانس سہی مگر بدقسمتی سے ان کے پاس ایک طریقہ علاج نہیں اس طریقہ علاج میں مریض سو فیصد تندرست ہو جاتا ہے۔ اس طریقہ علاج میں مرض الموت اور بڑھاپے کے علاوہ ہر بیماری کا مکمل علاج موجود ہے۔ یہ طریقہ علاج صرف اور صرف مشرق کے پاس ہے۔

وہ کیا؟؟

صلہ رحمی

اس نے حیرانی سے میری طرف دیکھا میں نے کہا۔

ہاں میرے دوست یہ ایسا طریقہ علاج ہے جو لوگ اب بھولے ہوئے ہیں اس طریقہ علاج میں کامیابی کا تناسب سو فیصد ہے۔

تم صحیح کہتے ہو میں بھی اسی طریقہ علاج سے صحت یاب ہوا ہوں مگر لاشعوری طور پر اب میرے صرف ایک سوال کا جواب دے دو۔

کیا؟

تم امریکہ کیوں نہیں گئے اور میں واپس کیوں آیا

یہ ایک نہیں دو سوال ہیں۔

میں نے کہا سنو میں اس لیے امریکہ نہیں گیا کیونکہ میں زندگی کا فلسفہ سمجھ گیا تھا جو تم نہیں سمجھے تھے یہ بات جو میں اب کرنے لگا ہوں میں اس وقت کرتا جب تم امریکہ جا رہے تھے تو تم کبھی نہ سمجھ پاتے مگر مجھے یقین تھا کہ تم ایک دن ضرور لوٹو گے۔

میرے دوست روایت ہے اللہ نے اپنے نور سے ایک نور پیدا کیا جسے روحانیت میں نور المروارید کہتے ہیں اس نور سے رحمت العالمینؐ کی تخلیق کی پھر اس نور المروارید کے قلبی حصے سے ایک اور نور پیدا کیا جسے نور الہدیٰ کہتے ہیں۔ جب نور المروارید سے نور الہدیٰ کو پیدا کیا تو نور المروارید شرم وحیا کے پردے میں چلا گیا جس کے نتیجے میں محبت پیدا ہوئی۔ اس محبت نے پھر تمام چیزوں کو جنم دیا اس لیے کہا جاتا ہے کہ کائنات آپؐ کی محبت کے نتیجے میں پیدا ہوئی اسی لیے آپؐ کو وجہ تخلیق کائنات کہتے ہیں۔ پروردگارِ عالم کی رحمت دیکھیں اس نے سرکارِ دو عالم کی محبت تمام مخلوق میں ڈال دی ہے چاہے وہ مسلمان ہو یا غیر مسلم اسی لیے ہمیں چاہیے جو سرکارؐ سے محبت کرتا ہے ہم بھی اسی سے محبت کریں۔ میرے دوست یہ جو انسانی وجود ہے وہ محبت کی توانائی سے چلتا ہے۔ جتنا اس وجود سے کام لینا چاہتے ہیں اس میں اتنی ہی مقدار محبت کی ڈالتے جائیں اب سوال یہ پیدا ہوتا ہے کہ محبت کو کہاں سے لائیں تو میرے دوست محبت شرم و

حیا کے نتیجے میں پیدا ہوئی ہے تو جتنا شرم و حیا کو بڑھاتے جائیں گے محبت کی مقدار بڑھتی چلے جائے گی۔

اب امریکہ کو دیکھیں وہاں آپ کو محبت نہیں ملے گی کیونکہ محبت شرم و حیا کے نتیجے میں پیدا ہوئی ہے اور وہاں شرم و حیا نہ ہونے کے برابر ہے اس لیے وہاں محبت کی مقدار بھی کم ہے محبت کے بغیر انسان اس مریض کی طرح ہے جس کے سانسوں کا تسلسل Ventilator کا مرہون منت ہوتا ہے محبت کے بغیر دل صحرا میں واقع اس قبرستان کی مانند ہے جہاں جون کی گرمی میں دن کو صرف تنہائی کی لو چلتی ہے اور رات کو خاموشی اور سناٹے کی دھول قبروں کے نشان مٹانے کو کوشاں رہتی ہے۔

اور اب رہا تمہارے دوسرے سوال کا جواب تو سنو

بچپن میں سنی باتیں اور واقعات ہمارے لاشعور کا حصہ بن جاتے ہیں انھی سے ہمارے رویے اور کردار تشکیل پاتا ہے اکثر اوقات وہ الفاظ و واقعات بھول جاتے ہیں مگر ان کا مفہوم ہمارے لاشعور میں موجود رہ کر ہماری پسند و ناپسند پر اثر انداز ہوتا رہتا ہے۔

ہم بہت چھوٹے تھے تو تمہارے دادا نے ایک بات کہی تھی جو تم یقیناً بھول چکے ہو مگر مجھے وہ بات ابھی بھی یاد ہے شاید اس لیے بھی کہ میں تم سے ایک سال بڑا ہوں۔ اسی لئے مجھے اس بات کا مکمل یقین تھا کہ تم ضرور واپس لوٹو گے۔

کیا؟؟ وہ بات کیا تھی میرے دوست! خالد مسعود نے اضطراب اور بے چینی سے پوچھا۔

مجھے اب بھی حرف حرف یاد ہے جب تمہارا باپ تمہارے دادا سے امریکہ جانے کے لیے اجازت مانگنے اور قائل کرنے کی کوشش کرتے ہوئے کہہ رہا تھا امریکہ تو ہم سے سو سال آگے ہے پاکستان تو ایک جھیل کی مانند ہے اور اس کے مقابلے میں امریکہ

ایک سمندر ہے دنیا جہاں کی دولت اور ترقی کی موجیں اسی سمندر میں رواں ہیں۔ پیسے اور کامیابی کے خزانے اسی سمندر میں دفن ہیں۔ وقت کے ساتھ چلنے والے اسی سمندر میں غوطہ زن ہیں۔

اس وقت تمہارا دادا رو رہا تھا اس نے حسرت بھری نگاہ اپنے اکلوتے بیٹے پر ڈالی اور بھرائی ہوئی آواز میں بولا!

پُتر امریکہ ہم سے سو سال آگے نہیں بلکہ چودہ سو سال پیچھے ہے۔ اور یاد رکھو! اگرچہ سمندر میں بے شمار فوائد ہیں مگر سلامتی صرف ساحل ہی پر ہے۔

OOO

فطرت کا علم

عیدالاضحیٰ کے تیسرے دن جب میں گاؤں سے پہلی بار شہر میں تعلیم حاصل کرنے کے لیے گھر سے نکلنے لگا تو میری ماں نے میرا ماتھا چوما، نم آنکھوں اور لرزتے ہونٹوں سے مگر مسکراتے ہوئے بولی پتر گاؤں کے اکثر پنچھی شہر میں جا کر راستہ بھول جاتے ہیں۔ شہر مصنوعی زندگی کا میلہ ہوتے ہیں ''سفید چھڑی'' یاقوت اور ہیرے سے بھی بنی ہو آنکھوں کا نعم البدل نہیں ہوسکتی۔ پنچھی تو فطرت کے سفیر ہوتے ہیں سنا ہے شہروں میں پرندے بکتے ہیں، فطرت کو بیچا نہیں کرتے یہ سبق میں نے فنا کی کتاب سے پڑھا تھا جس کا دیباچہ دیمک نے لکھا تھا۔

پتر درسگاہیں روحانی کعبہ ہوتی ہیں اس کا دل سے احترام کرنا اس میں جوتوں سمیت داخل مت ہونا، اپنے ساتھیوں سے ہمیشہ ایثار اور قربانی کا تعلق رکھنا، پتر سوہنے رب کو قربانی بہت پسند ہے معزز ہونے کے لیے قربانی سے مختصر راستہ کوئی نہیں۔ پروردگار عالم کو حضرت ابراہیم علیہ السلام کی قربانی اتنی پسند آئی کہ اس نے اس کائنات میں بطور انعام تقسیم کو ضرب میں بدل دیا ہے، جتنا اللہ کی راہ میں قربان کرو گے جتنا تقسیم

کروگے اس سے کئی گنا وصول کرلو گے۔

پتر میں آج خوش بھی ہوں اور اُداس بھی خوش اس لیے کہ تو علم کے جہاد پر جا رہا ہے۔فرمان مبارک ﷺ ہے جو طالب علم طالب علمی میں مارا گیا وہ شہید ہے، اُداس اس لیے کہ تو میری نظروں سے دور جا رہا ہے ہجر اور انتظار کا دکھ دیکھنا ہو تو سوکھی ٹہنیوں کی طرف دیکھ لینا، رب نے ماں بھی کیا عجیب ہستی پیدا کی ہے لمحہ لمحہ جیتی ہے لمحہ لمحہ مرتی ہے۔ پتر اُداسی کی آنکھوں میں ہمیشہ گہری شام کے کاجل کی برسات رہتی ہے۔علم کا غرور نہ کرنا غرور اور شعور ایک دماغ میں اکٹھے نہیں رہ سکتے۔علم کی بارش ہمیشہ عاجزی کی کٹیا ہی پر برستی ہے۔رب سے ہر لمحہ مانگتے رہا کرو دعائیں دستک کی طرح ہوتی ہیں جو لوگ دستک کا بوجھ نہیں اُٹھا سکتے ان کے دامن خالی رہتے ہیں اپنے رب سے چیزوں کی ہیئت کا نہیں فطرت کا علم مانگنا۔ جب میں نے دروازے سے پاؤں باہر نکالا تو ماں بولی پتر جب تک دل چاہے شہر میں رہنا چاہے تعلیم ختم ہونے کے بعد بھی، مگر جب شہر کے گنبد بے کبوتر ہو جائیں تو گاؤں لوٹ آنا گنبد پرندوں سے ویران ہو جائیں تو آسمانوں سے بلائیں اترنا شروع ہو جاتی ہیں۔اور پھر انسان کا یہ جنگل کتبوں جیسے چہرے لیے اپنی اپنی قبروں کی تلاش میں چل پڑتا ہے۔سنو!

عطا صرف یقین والوں اور ادب والوں ہی کو کیا جاتا ہے اور عشق بن ادب نہیں آتا۔

اور پھر مجھے عشق ہو گیا

اس کا چہرہ جیسے کسی کھوئی ہوئی شب کا اُداس چاند جس کی جاگتی ہوئی آنکھوں میں نیند سوئی رہتی ہے، موٹی موٹی لازوال آنکھیں جس کی پلکوں کے جھولنے سے صبح شام کا سفر جاری رہتا ہے۔

گونگے بہرے بچوں والی آنکھیں جہاں ہونٹ نہیں آنکھیں بولتی ہیں۔

وہی لاجواب کر دینے والی سوال آنکھیں۔

کبھی کبھی میرا دل چاہتا میں اُسے کہوں اپنے چہرے سے آنکھیں تو ہٹاؤ میں تمھیں دیکھنا چاہتا ہوں۔

مگر ایک انجانا سا خوف کہ

''محبت کی برسات میں اچانک شام ہو جایا کرتی ہے۔''

ہم یونیورسٹی میں ایک ہی کلاس میں تھے۔

ایک دن کہنے لگی:

تنویر مشتاق!

تم دوسروں سے مختلف کیوں ہو تمھارے خواب تعبیر کی بھیڑ میں گم کیوں نہیں ہوتے یہ محبت ہے یا تم نے کوئی فن سیکھا ہے۔

ایمان!

مجھے ایک ادنیٰ سا فن نہیں آتا جو شہروں میں سب کو آتا ہے میری ماں نے مجھے وہ فن سیکھنے سے سختی سے منع کر دیا تھا۔

کیا؟؟

قصیدہ گوئی سلطان

ماں کہتی ہے اگر تم نے یہ فن سیکھ لیا تو تمھیں کوئی اور فن نہیں آئے گا۔ کہتی ہے یہ فن غلام سیکھتے ہیں، غلام آقاؤں کے ہوں یا اپنی خواہش نفس کے، غلام اور غلامی کا کوئی مذہب نہیں ہوتا، غلام قومیں اپنی روٹی کے لیے کشکول کی طرف دیکھتی ہیں اور آزاد قوموں کا رزق نیزے کی نوک پر ہوتا ہے۔ جس کو اپنے پروں پر بھروسا ہو وہ پرندہ آشیانہ نہیں بناتا۔

مجھے اپنے ماں باپ کے متعلق کچھ بتاؤ۔

میں نے اپنے باپ کو نہیں دیکھا اور اپنی ماں کے علاوہ کسی کو نہیں دیکھا۔ میری ماں کہتی ہے جب تو دو سال کا تھا رب نے اسے اپنے پاس بلا لیا تھا۔ وہ اپنی آخری عمر میں ملکی حالات پر بہت پریشان رہتا تھا جیسے ہر تعلیم یافتہ، شریف النفس اور سمجھ دار انسان ایک غیر جمہوری ملک میں اذیت میں رہتا ہے اور میری ماں گاؤں میں رہتی ہے میں اس کی دعاؤں کے حصار میں رہتا ہوں۔ وہ میری جدائی میں اتنی کمزور اور دبلی ہو چکی ہے جیسے پاکستان میں جمہوریت۔

وہ مسکرانے لگی۔

مجھ سے غیر سیاسی باتیں کیا کرو۔

سیاست بری چیز نہیں یہ خدمت کا دوسرا نام ہے۔ راہنما اگر راہزن بن جائیں تو سیاست ایوان اقتدار کی لونڈی بن جاتی ہے۔

تو میں بتا رہا تھا۔

میری ماں پڑھی لکھی نہیں مگر اس کی باتیں سن کر پڑھے لکھے بھی حیران ہو جاتے ہیں اس کے ہونٹ قدیم صداقتوں کے امین تھے، بچپن میں ماں اور میں دونوں سارا دن ڈھیروں باتیں کرتے رہتے تھے مجھے بہت کم باتوں کی سمجھ آتی تھی مگر میرا دل چاہتا تھا میری ماں مجھ سے یونہی باتیں کرتی رہے اور میری عمر بیت جائے میری ماں محبت اور قربانی کا مرکب ہے۔ ایک رات کھلے آسمان کے نیچے لیٹے اَن گنت بے شمار تاروں کو دیکھ کر میں نے ماں سے پوچھا ماں یہ چاند تارے، سورج اور دوسرے سیارے آپس میں ٹکراتے کیوں نہیں ماں مسکرائی اور بولی پتر:

''مرکز ایک ہو تو کوئی بھی کسی سے نہیں ٹکراتا''

میں نے کہا ماں تجھے یہ ساری باتیں کون بتاتا ہے تو تو ایک دن بھی اسکول نہیں گئی۔ ماں مسکرائی اور بولی:

من کا شیشہ صاف ہو تو ساری کائنات نظر آتی ہے۔ مجبور اور لاجواب ہونا ناپاک لوگوں کا مسئلہ ہے۔ پاکیزگی زمان و مکان سے انسان کو آزاد کر دیتی ہے۔ میں پڑھی لکھی نہیں بھی تو کیا ہوا مجھ پر سوہنے کملیؐ والے کا کرم ہے جو سبز گنبد میں رہتا ہے پتر مدینے والا پیغمبروں کی سلطنت کا شہنشاہ ہے جب تیرا باپ اللہ اس کو کروٹ کروٹ جنت نصیب کرے لندن گیا تو وہاں اس نے سب لائبریریاں دیکھیں مجھے کہنے لگا نیک بخت میں نے لاکھوں کتابوں کو ''اُمّی'' کے ایک لفظ کے آگے ہاتھ باندھے شرمندہ کھڑے دیکھا ہے۔ کہنے لگی پتر اب ایک ہی خواہش ہے تیرے سہرے کے بعد رب کا گھر دیکھوں اور سوہنے کا سبز گنبد دیکھوں، کہتی، رنگ بولتے ہیں ان میں صدا ہوتی ہے، نیلا رنگ کہتا ہے سبز رنگ کے غلام بن جاؤ اور سبز رنگ کہتا ہے جو مجھ سے محبت کرے گا رحمت اور فلاح کا حقدار بن جائے گا۔ باپ کا سایہ نہ ہونے کی وجہ سے جب میں دل کے میلے میں موت کا کنواں لگا کر خوفزدہ اور سہما بیٹھا ہوتا تو ماں مجھے دیکھ کر تڑپ جاتی مجھے گلے لگاتی، پیار کرتی، دعائیں دیتی اور پھر مجھ سے اتنی باتیں کرتی کہ میں اُس کی باتوں کی برسات میں بھیگ جاتا اور پھر ساتھ وہ اللہ کا ذکر بھی کرتی جاتی اور میں بڑا ہونے لگ جاتا اور پھر کچھ دیر کے بعد مجھے لگتا میرا قد بادلوں کو چھونے لگ گیا ہے میرے اندر اتنی طاقت اور علم آ گیا ہے کہ میں تنہا ملکہ سبا کا تخت اُٹھا کر لا سکتا ہوں ایک دن میں نے ماں سے پوچھا ماں جب میں اندر سے کمزور ہو جاتا ہوں، تم مجھے لمحوں میں کیسے اتنا بڑا اور طاقتور کر دیتی ہو کیا تمھیں جادو آتا ہے۔ ماں مسکرائی اور بولی پتر یہ جادو نہیں۔

دعا، توجہ، اُمید اور اللہ کا ذکر انسانوں کو بڑا کر دیتا ہے۔ کہتی ہے شکوے کی جگہ شُکر کو لے آؤ اور انا اور تکبر سے بڑا شرک کوئی نہیں۔

وقت کا پنچھی اُڑتا رہا میرے دل کے مندر میں ایمان اور میری ماں کی یادوں کے

بت پڑے ہوئے تھے۔ ماں کہتی ہے جس دن تمھیں یہ معلوم ہو گیا کہ عبادت اور پوجا میں کیا فرق ہے اس دن تم علم والے بن جاؤ گے۔

میری تعلیم مکمل ہو گئی تھی۔ اب میں واپس اپنے گاؤں جانا چاہتا تھا میں دو کشتیوں کا مسافر تھا ایک طرف میرا عشق تھا اور دوسری طرف میری ماں اور میرا گاؤں تھا۔ ماں کہتی ہے: شہر طلسمی اثر میں رہتے ہیں شہروں میں آدمی رفتہ رفتہ بے حس ہونے لگتا ہے بالکل اُسی طرح جس طرح بچہ کہانی سنتے سنتے سونے لگتا ہے۔

ایمان کا اصرار تھا کہ ہم شہر ہی میں رہیں گے ماں جی کو بھی شہر ہی میں بلا لیں گے مگر میں گاؤں کا سرسبز جنگل چھوڑ کر شہر کی آلائشوں کے ساتھ نہیں رہنا چاہتا تھا۔ میرا اور ایمان کا تعلق بھی عجیب تھا نہ اُس نے مجھے قید کیا نہ میں نے رہائی لی۔

پھر میں نے ایک فیصلہ کیا۔

اگرچہ ایمان کی آنکھیں جاگی ہوئی رات کا فسانہ سنا رہی تھیں مگر میں نے بولنا شروع کیا۔

دیکھو ایمان!

چاند کو دن کا سفر اچھا نہیں لگتا مجھے ترقی کا وہ آبِ حیات نہیں چاہیے جو میری ماں کے دکھ کے پیالے میں دیا جائے کل میں نے شہر کے سب گنبدوں کو بے کبوتر دیکھا ہے میری ماں نے مجھے کہا تھا جب تک دل چاہے شہر میں رہنا مگر جب گنبد بے کبوتر اور پرندوں سے ویراں ہو جائیں واپس لوٹ آنا ویران گنبد آسمان کو اچھے نہیں لگتے۔ ہر دور کا اپنا ایک سچ ہوتا ہے اور میرے دور کا سچ جھوٹ ہے فطرت سے دوری جھوٹ کا نام ہے۔ مجھے کاغذ کے پھول اچھے نہیں لگتے۔ بچپن میں اکثر سنتا تھا کسی مزدور کا ہاتھ مشین میں آ کر کٹ گیا پھر مجھے مشینوں سے نفرت ہو گئی شہروں میں یا تو مشینیں ہوتی ہیں یا روبوٹ نما انسان۔ ماں کہتی ہے تو تعلیم مکمل کرنے کے بعد اپنے باپ کی زمینیں کاشت

کرنا۔ مفلسی سے نہیں گھبرانا خزانوں پر تو صرف سانپ بیٹھا کرتے ہیں۔ ماں کہتی ہے جہاں امیر محلات میں اور ساغر فٹ پاتھ پر سوئے وہاں رحمت کب آ سکتی ہے۔ جب سے انسان نے رب کو چھوڑ کر اپنی عقل پر بھروسا کیا ہے اور دولت کو اپنی دانشمندی اور کوشش کا حاصل قرار دیا ہے اللہ نے ان پر شہروں کے عذاب مسلط کر دیے ہیں۔ شہروں میں لوگ نہیں لباس رہتے ہیں لباس بدلتے رہتے ہیں اس لیے یہاں کسی کی کوئی پہچان نہیں ہے، فطرت کو خاموشی پسند ہے مگر یہاں انسانی ضمیروں کا شور حد سے بڑھ گیا ہے۔ اس لیے فطرت پسند یہاں سے ہجرت کرنے لگ گئے ہیں۔ یہاں سفر کی حکومت ہے مگر یہاں ہر راستہ جمود کی منزل کی طرف جاتا ہے۔ یہاں کے آئینے بھی آسیب زدہ ہیں یہاں کسی کو بھی اپنی صورت کا عیب نظر نہیں آتا۔

اور پھر میں گاؤں چلا آیا میری ماں کی خوشی دیکھنے والی تھی کہنے لگی پتر تم نے صحیح فیصلہ کیا، شہروں میں ہر شخص گفتگو کی حسرت لیے عمر بھر اپنی ہی ذات کے حجرے میں معتکف رہتا ہے۔ میری دعاؤں سے تجھے وہ بھی ملے گا جو تو چاہتا ہے۔ میں ماں کو کیا بتاتا ہجر کا ایک ایک سانس سینے میں کنکر کی طرح لگتا ہے۔ سمندر کے ہجر میں صحرا پہ کیا گزرتی ہے مجھے وہ بڑھیا یاد آ گئی جو اپنے بھوکے چھوٹے چھوٹے بچوں کو لیے برسات کی شب اپنی ٹپکتی ہوئی جھونپڑی کی چھت کو دیکھ کر اپنے بیمار خاوند سے پوچھ رہی تھی یہ قیامت جیسی لمبی رات کب گزرے گی۔

ماں کی دعائیں رنگ لائیں اور ایمان اپنے ماں باپ کے ساتھ گاؤں پہنچ گئی اور پھر میری زندگی کے سفر میں شامل ہوگئی۔ دعاؤں میں کتنا اثر ہوتا ہے یہ بات مجھے اب معلوم ہوئی۔ ایمان نے یہاں گاؤں میں اپنا سکول کھول لیا اور میں نے ایک بہت بڑا Goat Farm بنا لیا تھا۔

میری ماں بہت خوش تھی اُس کا ہر دن عید کا دن تھا اور ہر رات شب برات وہ مجھ

سے بھی زیادہ ایمان سے پیار کرتی ایمان اور میرے بچوں کا ایک پل بھی ماں جی کے بغیر نہیں گزرتا تھا۔

اور پھر ایک دن اچانک ماں جی ہمیں سوگوار چھوڑ کر خالقِ حقیقی سے جا ملی پچھلی شب وہ مجھ سے کہہ رہی تھی پتر زندگی اور موت ایک اونٹ پر رکھی دو پالکیاں ہیں۔ وہ ایک پالکی سے دوسری پالکی میں چلی گئی تھی وہ آنکھیں ہمیشہ کے لیے بند ہو گئیں جن کی پلکوں کا آنچل ہمیشہ فرض اور قربانی کی ہوا میں لہراتا رہتا تھا۔ مجھے اُس دن پتہ چلا جب چمن سے خوشبو رخصت ہو جائے تو اسے خزاں کہتے ہیں، مگر جب دنیا سے ماں رخصت ہو جائے تو اُسے قیامت کہتے ہیں، مجھے اس دن معلوم ہوا ماں حیات ہو تو انسان ساکت رہتا ہے مگر سفر جاری رہتا ہے ماں کے بعد انسان بھاگتا رہتا ہے مگر سفر رکا رہتا ہے۔ مجھے اُس دن پتہ چلا ہر مرنے والا فانی نہیں ہوتا کچھ لوگ فنا ہونے کے بجائے فتح یاب ہو کر دوسروں میں منتقل ہو جاتے ہیں۔ میرے بچوں کی ماں اور دادی اب صرف ایمان ہی تھی۔ یہ واحد موت تھی جس میں سارا گاؤں اشک بار تھا میں نے پہلی بار کسی کی موت پر گورکن کو روتے دیکھا تھا۔

ماں کو ہم سے جدا ہوئے دس سال ہو چکے ہیں ماں کے بعد بھی میں عید مناتا ہوں مگر گونگے بہرے بچوں کی طرح میں ماں جی کی تصویر پر لب رکھ کر سارا دن روتا رہتا ہوں۔ مگر زبان سے الفاظ نہیں نکلتے۔ ایمان اور اپنے بچوں کی سوجی ہوئی آنکھوں کو دیکھ کر اندر سے کٹ جاتا ہوں مگر ساعتیں نوحہ گر رہتی ہیں۔

آج عید الاضحیٰ کی شام ہے اور میں ماضی کی کتاب سے بہت سال پہلے کے صفحات کو پڑھ رہا ہوں جب میں تعلیم مکمل کر کے گاؤں واپس آیا تھا اس عید کو میں نے ماں جی کے سامنے خواہش رکھی تھی کہ میں ایک بہت بڑا Goat Farm بنانا چاہتا ہوں ماں جی بہت خوش ہوئیں اور کہنے لگی پتر یہ تو بہت برکت والا کام ہے۔ قدرت کو افزائش

نسل سے بہت دلچسپی ہے اور پھر مجھے گھر کی ساری بھیڑ بکریاں جو ایک درجن کے قریب تھیں ذبح کرنے کا حکم دیا میں بہت حیران ہوا میں نے کہا ماں جی ایک دو کی قربانی کر لیتے ہیں ایک درجن ہی کیوں؟ ماں جی بولی تم فلسفہ قربانی سے واقف نہیں ہو اس لیے کہ تمھیں چیزوں کی فطرت کا علم نہیں میں نے حضرت اسماعیل علیہ السلام کی طرح سر جھکا دیا۔

ماں جی بولیں سنو:

فلسفہ جہاد کیا ہے۔ جو چیز اللہ کی راہ ذبح کی جاتی ہے وہ بڑھ جاتی ہے دنیا میں مسلمانوں کی تعداد جو بڑھ رہی ہے اس کے پیچھے فلسفہ جہاد ہے ورنہ جب سے دنیا میں مسلمان آیا ہے وہ کینیا ہو، فلپائن ہو، ہندوستان ہو، افغانستان ہو، بوسنیا ہو، فلسطین ہو یا عراق، شام ہو یا کشمیر یا کوئی اور ملک مسلمان ہر جگہ کٹتا نظر آ رہا ہے مگر اس کی آبادی آج بھی دنیا میں بڑھنے کو ہے اس کی بنیاد اس بات پر ہے کہ وہ اللہ کے لیے جان دیتا ہے۔

جنگِ بدر کے 313 آج اربوں ہو چکے ہیں فطرت کا اصول ہے جو چیز اللہ کی راہ میں قربان کی جاتی ہے یا ذبح کی جاتی ہے وہ بڑھ جاتی ہے کیا کبھی کسی نے کتوں کے ریوڑ دیکھے ہیں۔ کتا کبھی ذبح نہیں ہوتا حالانکہ اُس کے تو دس دس بچے ہوتے ہیں۔ بکریوں کو دیکھ لیں بکریوں کے ریوڑ ہوتے ہیں جن کو روزانہ ذبح کر کے کھاتے ہیں لاکھوں بکریاں، گائیں، بھینسیں، بھیڑیں عید قربان پر ذبح کی جاتی ہیں وہ سب اللہ کی راہ میں خرچ ہوتی ہیں اس لیے ان کی تعداد میں اضافہ ہوتا ہے۔

میں سوچ رہا ہوں!

ماں تو صحیح کہتی تھی جس کو اشیاء کی فطرت کا علم آ جائے اس کو قربانی کا فلسفہ بھی سمجھ میں آ جاتا ہے۔

OOO

جُھونگا

میں اس وقت مٹی اور مٹی سے بنے کھلونوں سے کھیلا کرتا تھا۔ مٹی کھانا سب سے بڑا جرم ہوا کرتا تھا۔ اس دور میں خون نہیں مٹی کا حوالہ معتبر ہوا کرتا تھا لوگ امتحان دینے سے خائف رہا کرتے تھے کہیں ممتحن پوچھ نہ لے کیا آپ نے مٹی کا قرض ادا کر دیا ہے؟ اس دور میں آبادی کم اور انسان زیادہ ہوا کرتے تھے بونے صرف چھوٹے قد کے ہی ہوا کرتے تھے۔ بھیڑیے صرف جنگلوں میں یا کہانیوں میں پائے جاتے تھے۔ سہمی خوشیوں کا کہیں تصور نہ تھا۔ فاختہ اور زندگی ہم معنی ہوا کرتے تھے۔ شب کی رقاصہ زر کی جھنکار پہ رقص نہیں کیا کرتی تھی۔ دیوار میں چنوائے گئے لوگوں کے سوا ہر کوئی ظلم پہ احتجاج کیا کرتا تھا جس دن ایک آمر نے اپنا ہی ملک ''فتح'' کیا اس دن میری ماں بہت پریشان تھی وہ سہمی ہوئی میرے پاس آئی اس نے میرے ہاتھ سے کھلونا لے کر مجھے قلم اور کتاب تھما کر بولی بیٹا جاؤ قلم جس کی قسم رب ذوالجلال نے کھائی ہے اس کا تقدس اور لفظ کی حرمت بحال کرو، وگرنہ فیصلے یونہی تلواروں سے لکھے جاتے رہیں گے۔

میں نے ماں کی آنکھوں میں شبنم دیکھی تو رونے لگ گیا ماں نے تڑپ کر مجھے

گلے لگالیا مجھے خوب چوما پیار کیااور مسکرانے کی کوشش کرتے ہوئے بولی پُتر ماں زندہ ہو تو اولاد کو رونے نہیں دیا کرتی تیرا ایک آنسو میری آدھی جان نکال لیتا ہے۔ تجھے کبھی گرم ہوا بھی نہ لگے۔ پھر اپنے دوپٹے کے ایک پلو سے آنکھیں پونچھتے اور دوسرے پلو سے بندھے پیسے کھول کر مجھے دیتے ہوئے بولی جا بھاگ کے جا چاچے فتح محمد کی دکان سے چینی اور پتی لا دے میں نے ماں سے پیسے پکڑے اور خوشی سے دوڑ کر گلی میں چاچے فتح محمد کی پرچون کی دکان پر چلا گیا یہ ریناله خورد کی ایک چھوٹی سی بستی تھی جسے بستی رحیم بخش کہتے تھے۔ چاچا فتح محمد ہر سودا خریدنے والے کو ''جھونگا'' ضرور دیتا تھا۔ جھونگے میں عام طور پر کوئی انتہائی سستی چیز عموماً پھیکی پھلڑیاں ہوا کرتی تھیں۔ چاچا فتح محمد سودا سلف دینے کے بعد ہمیں یہ جھونگا دیا کرتا تھا۔ جُھونگے میں ہماری ننھی مٹھی ان پھلڑیوں سے بھر دیا کرتا تھا۔ ان دنوں یہ بے ذائقہ پھلڑیاں جو ہمیں جھونگے میں ملتی تھیں کسی سوغات سے کم نہ لگتی تھیں۔ محلے میں اور بھی دکانیں تھیں مگر ہم صرف چاچے فتح محمد کی دکان ہی پہ جاتے تھے کیونکہ چاچا فتح محمد جھونگا سب سے زیادہ دیا کرتا تھا۔

وقت بدل گیا، موسم بدل گئے، بچپن جوانی میں بدل گیا اقدار بدل گئیں، رشتے بدل گئے میں خود بھی بدل گیا مگر میری زندگی سے جھونگا نہ نکل سکا۔ میں نے جھونگے کو ماضی میں دھکیلنے کی بارہا کوشش کی مگر کامیاب نہ ہوسکا میں نے کئی بار ماضی سے جھونگے کو نکالنے کی کوشش کی کئی بار حال کا در بھی بند کیا مگر ماضی اور جھونگا کہیں سے نکل کر میرے سامنے آن کھڑے ہوتے۔ میں کہیں بھی گیا جہاں سے بھی خریداری کی یہاں تک کہ بیرونِ ملک بھی دل میں یہی خواہش جاگ اٹھتی کہ دکاندار مجھے جھونگا ضرور دے خواہ چاچے فتح محمد کی طرح بے ذائقہ نمکین پھلڑیاں ہی کیوں نہ ہوں۔ عجیب دور تھا وہ بھی زندگی کے تاریک طاقوں میں بھی امید کے چراغ روشن رہتے تھے مشکل کا عذر تاریخ

کی طرح معاشرے نے بھی قبول نہیں کیا تھا۔ واہموں کے سنسناتے دشت اس دور میں نہیں ہوا کرتے تھے۔ لوگوں کی خواہشات آنگن میں لگے پیڑوں کی طرح ایک دو سے زیادہ نہیں ہوا کرتی تھیں۔ آج کی طرح کسی نے خواہشات کا گھنا جنگل اپنے اندر نہیں اگا رکھا ہوتا تھا۔ اس دور میں میں نے کبھی نہیں چاہا تھا کہ چاند پر چرخہ کاتنے والی بڑھیا ریشمی دھاگوں سے میرا مقدر بنے۔ سب جانتے تھے ترتیب بدلنے سے دنیا نہیں بدلتی دن کو انسان اور رات کو حشرات الارض جاگتے ہیں۔

نفس کا دنبہ جب میرے وجود سے قوی ہو کر مجھ پر حاوی ہو گیا تو مجھے صرف اور صرف دنیا کی طلب رہنے لگی میں بیک وقت قارون اور سکندر بننا چاہتا تھا۔ دولت کیسے کمانی ہے، اقتدار کیسے حاصل کرنا ہے شہرت کیسے حاصل کرنی ہے اور گردنوں پر حکمرانی کیسے کرنی ہے، یہی میرا مقصد حیات تھا اس کے حصول کے لیے میں نے بناوٹ کا لباس اور تکبر کا تاج پہنا حسد کے بیج بوئے فساد کی بوٹی جس پر خوشامد کے پتے اور زہر کے پھول تھے اگائی۔

ماں دن رات میرا انتظار کرتی رہتی اور میں دنیا کمانے میں مصروف رہتا میں ماں سے کہتا ماں میرے لیے دعا کرو مجھے دنیا مل جائے میں دنیا کا امیر ترین آدمی بن جاؤں، اقتدار میرے گھر کی لونڈی بن جائے ماں میرے لئے دعا کرو مجھے ایک الجھن سے نجات مل جائے میرے اندر ایک گرہ بندھ گئی ہے وہ ہے ''جھونگا'' بے انتہا دولت کے باوجود بھی میرے اندر یہ خواہش نہیں مرتی کہ جہاں بھی میں خریداری کروں مجھے جھونگا ضرور ملے۔ ماں یہ جھونگا میری جان کیوں نہیں چھوڑتا مجھے لگتا ہے جھونگے کی میری زندگی میں کوئی خاص اہمیت ضرور ہے۔

ماں میرے چہرے کو اپنے ضعیف اور کمزور ہاتھوں میں لے لیتی اور کہتی اللہ تجھے سکون عطا کرے اور پھر کہتی پتر دنیا کی محبت دل سے نکال دے اپنی ذات سے باہر نکل

کر بھی سوچا کر خود پسندی کی دُھند کے اس پار سوہنا رب رہتا ہے۔ بیٹا حیوانات میں مکھی سب سے زیادہ حریص ہے اور مکڑی سب سے زیادہ قناعت پسند، پس اللہ نے مکھی کو مکڑی کی غذا بنا دیا پتر اللہ سے مانگ وہی جو تیرے حق میں بہتر ہے نہ کہ جو تو چاہتا ہے پتر دل غیر سے خالی ہو تو ہر اسم اسم اعظم ہوتا ہے۔ پتر تیرا باپ کہتا تھا جس سونے کی پہرہ داری سونے نہ دیتی ہو اس سونے کو راہِ خدا میں دے کر سو جاؤ بیٹا جوانی میں بڑھاپے کی زندگی نہ گزارو کیونکہ بڑھاپے میں مال کی ہوس بڑھ جاتی ہے۔ پتر دنیا میں تین چیزیں ہیں: جھوٹ، سچ اور حقیقت ضروری نہیں سچ حقیقت بھی ہو۔ اللہ کی راہ میں خرچ کرنے سے مال کم ہوتا ہے یہ سچ ہے مگر حقیقت نہیں حقیقت یہ ہے کہ راہ خدا میں خرچ کرنے سے کئی گناہ بڑھ جاتا ہے۔ پھر کہتی پتر میں تم سے مایوس نہیں ہوں تمہارے رب نے تمہارے اندر ''جھونگے'' کی گرہ لگا دی ہے۔ ہر آدمی دائرے کے اندر بھاگتا ہے۔ جب وہ دائرے کا سفر مکمل کر لیتا ہے تو یہ گرہ خود بخود کھل جاتی ہے اور انسان کی زندگی بدل جاتی ہے اسے منزل مل جاتی ہے۔ میں ایک مکمل دنیا دار آدمی تھا۔ مجھے ماں کی باتوں کی سمجھ نہیں آتی تھی میں ماں کی خدمت بھی اس لیے کرتا تھا کہ وہ خوش ہو کر میرے لیے دعا کرے اور مجھے دنیا مل جائے۔ میں نے کبھی آخرت کا نہیں سوچا تھا۔ ماں کہتی تھی ہر وہ کام جس سے آخرت مقصود نہ ہو دنیا ہے اور اگر آنکھیں روشن ہوں تو ہر روز روزِ محشر ہے۔

جب میں ماں کو اپنے گھوڑوں کے اصطبل لے کر جاتا اور کہتا ماں دیکھو میرے گھوڑے دوڑ اور خوبصورتی میں کسی بین الاقوامی گھوڑوں سے کم نہیں تو ماں کہتی معیت کی صفت منتقل ہوتی ہے گھوڑوں کے ساتھ رہنے والا تکبر سیکھتا ہے بکریاں ضرور پالو اس سے انسان میں متانت آتی ہے۔

میں دنیا کے سائے کے پیچھے بنا دم لیے بھاگتا رہا اور پھر ایک دن ماں میرا انتظار

کرتے کرتے سفر آخرت کے لیے روانہ ہوگئی مجھے اس دن انتظار کے مفہوم کا ادراک ہوا جب میں نے ان کی آنکھیں بند کیں تو مجھے معلوم ہوا کہ انتظار کتنی سخت جان چیز ہوتی ہے۔ بے جان ساکت پتلیوں میں بھی زندہ رہ جاتی ہے۔ ماں کے جانے کے بعد زندگی کا وجود بے معنی اور بے مقصد لگنے لگا جب میں اپنے وجود کے خالی کنویں میں جھانکتا تو اتنا سناٹا ہوتا جیسے چھٹی والے دن کسی اسکول میں ہوتا ہے۔ ایسا سناٹا ہوتا کہ مجھے دیوانے یاد آنے لگتے۔ ماں کی یاد کے ساتھ مجھے گاؤں کے شیشم اور بکائن کے پیڑ یاد آنے لگتے جہاں شیشم کے درخت پر سنہری پھلیاں ہوا کے جھولے پر جھولا جھول رہی ہوتی تھیں۔ شب کی خواب گاہ مجھے سونے نہیں دیتی جب بھی نیند آتی ہے تو خواب میں کالی منڈلاتی چیلیں، گدھ اور مسخ لاشیں نظر آنے لگتیں اور میں گھبرا کر اٹھ بیٹھتا ہوں۔

سردیوں کی وہ ایک اداس شام تھی گہرے بادل چھائے ہوئے تھے پرندے اپنے اپنے گھونسلوں میں چھپے بیٹھے تھے۔ میں گھر کے آنگن میں سر جھکائے تنہا بیٹھا ہوا تھا۔ نانی اماں گھر میں داخل ہوئیں میں نے حیرانی سے اٹھ کر سلام کیا۔

نانی اماں نے میرے سر پر ہاتھ پھیرا اور ماتھا چوما، میرے پاس بیٹھ گئی۔ بولی: پتر! تو دنیا مانگتا ہے ناں، میں نے اقرار میں سر ہلایا، تو ابھی معصوم ہے ناں ورنہ جس نے دنیا کی حقیقت کو جس قدر پہنچانا اسی قدر اس سے بے رغبت ہوا۔

پتر جس دن مجھے آ گہی کی نعمت عطا کی گئی تو مجھے علم ہوا کہ میرا رب کتنا عظیم ہے کتنی بڑی کائنات کا مالک ہے کتنے بڑے خزانوں کا وارث ہے تو میں نے اس دن سے اپنے رب سے دنیا جیسی حقیر چیز نہیں مانگی۔

پتر لگتا ہے تیرا دائرے کا سفر مکمل ہوگیا ہے اب تیرے اندر بندھی ''جھونگے'' کی گرہ کے کھلنے کا وقت آ گیا ہے۔

پتر سنو:

دنیا کبھی بازار میں نہیں ملتی۔

جاؤ! اپنے رب سے اخلاص اور جنون کے سِکّوں سے قربِ الٰہی خریدو رب دنیا ''جھونگے'' میں دے دیا کرتا ہے۔

○○○

اپنے ہونے کی گواہی

جب تہذیبوں کو زوال آتا ہے تو وقت کی نعمت واپس لے لی جاتی ہے اور لوگوں کے پاس اپنوں کو دفنانے کے لیے بھی وقت نہیں رہتا۔ نسلوں کا ضمیر مر جائے تو شہر شہر قابیل بن جایا کرتے ہیں۔ حسد اور خون حکمرانی کرنے لگ جاتے ہیں جگنو شہر کا راستہ بھولنے لگتے ہیں دلوں کی بینائی رات بن جایا کرتی ہے۔ پھر یہاں ہر شخص سورج کا پتا پوچھتا پھرتا ہے۔ کھلونوں کی جگہ دل ٹوٹنے لگتے ہیں کوئی مجھ کو یا میں خود کو قتل نہ کر دوں ہر شخص دوسرے سے اور خود سے ہی خوفزدہ رہنے لگ جاتا ہے۔ خامشی کا زہر پیئے سنسان گلیاں آہٹوں کی آس لیے اونگھتی رہتی ہیں۔ رزق کا ایسا قحط پڑتا ہے کہ جو بھی پردیس جاتا ہے پلٹ کر نہیں آتا۔ اہل قلم بجائے رہنمائی کے اسی شاخ کو کاٹنا شروع کر دیتے ہیں جس پر وہ خود بیٹھے ہوتے ہیں۔ قومیں جنتریوں کی آہنی سلاخوں والی زنداں میں اسیر ہو جایا کرتی ہیں اور غربت اس حد کو پہنچ جاتی ہے کہ یہاں کسی کو بھی اپنے ہونے کی گواہی نہیں ملتی۔ اس کے ہونٹ کانپ رہے تھے سرخ آنکھوں میں اشکوں کا سیلاب تھا پھر وہ گنگنایا۔

وائے ناکامی متاعِ کارواں جاتا رہا
کارواں کے دل سے احساس زیاں جاتا رہا

اس نے بات جاری رکھی۔

قصہ حاتم طائی کے مطابق جب حاتم کوہِ ندا کا سراغ لگانے پہنچتا ہے تو کیا دیکھتا ہے کہ ایک پہاڑ کے قریب ہی ایک شہر آباد ہے اس شہر کے باسی یوں تو بہت خوش رہتے ہیں مگر گاہے بگاہے اس پہاڑ سے یا اخی یا اخی کی صدا بلند ہوتی ہے اور بھری محفل میں موجود ایک نہ ایک شخص ہوش کھوکر اس پہاڑ کی طرف کھینچا چلا جاتا ہے حاتم کی بے تحاشا کوششوں کے باوجود پھر وہ شخص کوئی بات نہیں کہتا اور نہ ہی پھر وہ کبھی واپس آتا ہے مگر جس بات پر کہانی کے اس ہیرو کو حیرت ہوتی ہے وہ یہ کہ ایسے کسی شخص کے رشتہ دار اس کے کھو جانے پر ماتم نہیں کرتے، چھاتی نہیں پیٹتے بلکہ ضیافتیں کرتے ہیں اور خوش نظر آتے ہیں جب حاتم استفسار کرتا ہے تو کہتے ہیں یہی ہماری روایت ہے اور اگر اس پر تمہیں کوئی اعتراض ہے تو فوراً یہاں سے چلے جاؤ۔

آج کے دور کا المیہ کیا ہے؟

میں نے پھر سوال کیا۔

ہر دور کا ایک المیہ ہوتا ہے اور آج کے دور کا المیہ یہ ہے کہ ہم امن عدل کئے بغیر چاہتے ہیں، امن ہمیشہ عدل کے ساتھ جڑا ہوتا ہے اور عدل کے لیے ضروری ہے کہ منصف کو رہا کر دیا جائے۔

اور آپ کا المیہ؟

ہمیں نفرت کی اجازت نہیں ہے۔

شیطان سے بھی نہیں؟

نہیں اس سے بھی نہیں'' اس نے جواب دیا''

ابلیس تو قابل رحم ہے۔ رحمان اور غفار سے مایوس ہو گیا اپنی انا کی آگ کی خاطر آگ، پانی، مٹی اور کائنات کو پیدا کرنے والے رب کائنات کو چھوڑ بیٹھا ہے کیا اس سے زیادہ کوئی قابل رحم ہو سکتا ہے؟ جو جنت چھوڑ کر جلتے صحرا کی سلگتی دھوپ کے جہنم میں آن بیٹھے کیا وہ احمق قابل رحم نہیں ہے۔ ابلیس ایک عبرت کا نام ہے۔ عبرت کو سامنے رکھتے ہوئے ماضی کے استاد سے سیکھ کر حال کے قلم سے اپنا مستقبل خود تحریر کرو۔

یہ میری اس سے دوسری ملاقات تھی۔

میں اسے ایک سال سے دیکھ رہی تھی میں اور بابا روز سرِ شام واک کے لیے باغ جناح آتے تھے۔ ایم بی ایس مکمل کرنے کے بعد میں نے پریکٹس شروع نہیں کی تھی بلکہ بابا کے ساتھ ان کے وسیع پھیلے بزنس میں ان کا ہاتھ بٹاتی تھی۔ میں نے اسے ہمیشہ اسی بنچ پر پتھر بنے سوچتے دیکھا تھا۔ معمولی شکل وصورت، سادہ سا وہ ایک عام سا شخص تھا۔ غالباً وہ مجھ سے دو ایک سال بڑا ہوگا۔ میں سوچتی یہ کون ہے؟ یہ کیا سوچتا رہتا ہے یہ اسی بنچ پر کیوں بیٹھا ہوتا ہے۔ یہ اکیلا ہی کیوں ہوتا ہے؟ اس کا نام کیا ہے کیا اس کے دوست نہیں ہیں میں نے صرف ایک بار اس کو کسی دوست کے ساتھ دیکھا تھا جب پاس سے گزرتے ہوئے ایک لمبی توند والے شخص کو دیکھ کر اس نے مسکرا کر اپنے ساتھی سے سرگوشی کی تھی پیٹ کو ہمیشہ دل سے چھوٹا ہونا چاہیے۔

پھر میں خود کلامی کرتی یہ جو بھی ہے مجھے اس سے کیا میں کیوں اسے فوکس کرتی ہوں مجھے یہ عام سا آدمی خاص کیوں لگتا ہے اس کے چہرے کی کتاب کا سرورق اجنبی کیوں نہیں لگتا۔ کیا یہ بھی میرے بارے میں سوچتا ہوگا کیا گمان ٹرانسفر ہوتا ہے۔ میں کیوں خواہ مخواہ اس کے بارے میں سوچتی ہوں اللہ نے مجھے کیا کچھ نہیں دیا تھا دولت، تعلیم، عزت اور قابل رشک حسن گھر میں میں سب کی آنکھ کا تارا تھی لوگ میرے حسن کا حوالہ دیا کرتے تھے۔ کبھی کبھی میں سوچتی بن مانگے یہ مجھے سب کچھ کیسے مل گیا مجھے کوئی

دکھ کیوں نہیں ہے۔ میں جس زینے پر بھی پاؤں رکھوں وہ زینہ کامیابی کی طرف کیوں چل پڑتا ہے۔

اس رات نہ جانے کیا ہوا میرے اندر سوالوں کی فصل اگ آئی۔ سوالوں کے کیکٹس میری روح کو زخمی کرنے لگے۔ اس رات میں نے اپنے پسندیدہ افسانہ نگار عکس بخاری کی ایک نئی کہانی پڑھی جس کا موضوع تھا "یتیم" اس نے لکھا تھا ہم سب لوگ یتیم ہیں جو ہمارے سروں پر ہاتھ رکھے گا محترم بن جائے گا کیونکہ یتیم کا مفہوم ہوتا ہے جذباتی تنہائی کا شکار اور ہم سب لوگ جذباتی تنہائی کا شکار ہیں۔ اس دن نہ جانے مجھے یہ کیوں لگا جیسے میں وہ بیش قیمتی جہیز کا سامان ہوں جسے طلاق کے بعد دلہن کے گھر والوں کو واپس بھیج دیا گیا ہو۔

اس دن میرے ساتھ بابا نہیں آئے تھے لارنس گارڈن میں سیر کرتے ہوئے دوسرے چکر کے بعد میں غیر ارادی طور پر اس کے بنچ کے پاس رک گئی۔ آپ کا نام کیا ہے؟ آپ پتھر بنے کیا سوچتے رہتے ہیں؟

میرے سوال پر اس نے خواب سے بوجھل آنکھیں اٹھائیں اور آہستہ سے بولا۔ ہم کچی نیند کے ادھورے خواب جیسے لوگ فصلِ بے خوابی بو کر خواب ڈھونڈتے رہتے ہیں ہم جیسے لوگوں کے نام نہیں ہوتے ہمارا حوالہ صرف "عام" ہوتا ہے ہم صرف اسرارِ کائنات پر غور کرنے کے لیے پیدا ہوتے ہیں۔ عمر حیرت میں گزار دیتے ہیں فطرت ہمارے حیرت زدہ چہرے دیکھ کر زیرِ لب مسکراتی رہتی ہے۔ رہا دوسرا سوال، پتھر سے انسان کا تعلق ازل سے ہے اور ابد تک رہے گا۔ پتھر کے زمانے میں انسان پتھر سے پتھر کو رگڑ کر آگ جلاتا تھا حالانکہ یہ آگ اسے اپنے اندر جلانا چاہیے تھی تا کہ اسے اپنے ہونے کی گواہی ملتی شاید اسی لیے وہ پتھر میں کیڑے کو رزق دینے والے رب کو نہ پہچان سکا اور اس کی عقل پر پتھر پڑ گئے پھر اس نے پتھر سے بت بنائے اور آذر بن گیا

پھر انہی ہاتھ سے بنائے پتھر کے بتوں کو پوجنا شروع کر دیا۔اسی دیوانگی میں اس نے قیس اور مجنوں پر پتھر برسائے لفظوں کے کنکر پھینکے۔خاموش پتھریلی چٹانوں پر اپنی ہی آواز کی گونج پر پیچھے مڑ کر دیکھا تو پتھر کا ہو گیا دکھ درد اور محبت سے نا آشنا بے حس صرف پتھر.......

میں نے طنزاً کہا ہم مسلمان صرف خواب دیکھنے کے لیے ہی رہ گئے ہیں دنیا کہاں سے کہاں پہنچ گئی ہے ہم خوابوں سے باہر نہیں نکلے یہ ہر ملک مسلمانوں کے ملک پر ہی لشکر کشی کیوں کرتا ہے؟

وہ مسکرایا اور بولا:

جہاں مردار ہوگا وہاں گدھ تو آئیں گے ناں!!

میں اس کا جواب سن کر لرز گئی میرے اندر بھی تو بدنما خیالوں کے گدھ اترتے ہیں کہیں میرے اندر بھی تو مردار نہیں۔

اس کا حل کیا ہے؟ میں نے سنبھل کر سوال کیا!

دیکھیں کمزور کا مفاد اسی میں ہے کہ وہ طاقتور کے ساتھ جڑا رہے اور فانی کے حق میں یہی بہتر ہے کہ وہ لافانی سے اپنا تعلق نہ توڑے اور اسی سے جڑا رہے ورنہ فطرت کا قانونِ متبادل ہر لمحہ جاری ہے۔ ذرّے ذرّے کی Replacement موجود ہے جو بھی اپنی جگہ چھوڑے گا دوسرا اس کی جگہ لے لے گا ہماری نادانی یہ ہے کہ ہم اپنی جگہ چھوڑ کر یہ توقع رکھتے ہیں کہ کوئی ہماری جگہ نہ لے۔

یہ ہماری پہلی ملاقات تھی اور پھر ملاقاتوں کا یہ سلسلہ چل نکلا میں جب بھی لارنس گارڈن آتی تو اس کے پاس جا بیٹھتی اپنے سوالوں کی خاردار ٹہنیاں اس کو دے دیتی اور وہ اس پہ جوابوں کے گلاب ٹانک دیتا۔ایک اور بات بڑی عجیب ہوئی اور وہ عام سا عام سی شکل وصورت والا شخص مجھے انتہائی خوبصورت لگنے لگ گیا تھا۔

میں نے ایک دن اس سے سوال کیا چیزیں خوبصورت کیوں لگتی ہیں وہ مسکرایا اور

بولا محبت سے دیکھنے سے۔ محبت میں سب سے اہم جمال ہے خالقِ کائنات سب سے بڑا جمال والا ہے محبت ہر چیز کو خوبصورت بنا دیتی ہے اور سنو چاہے جانے سے شباہتیں ملنے لگتی ہیں۔

ایک دن کہنے لگا اس شخص سے شادی کرنا جو آپ کو لکھنے سے نہ روکے بلکہ حوصلہ افزائی کرے مگر میں تو لکھتی ہی نہیں۔

آپ کو لکھنا چاہیے آپ بہت اچھا لکھیں گی۔ اور پھر میں نے لکھنا شروع کر دیا۔ وہ صحیح کہتا تھا اب میرا شمار دیس کے اچھے لکھنے والوں میں سرِ فہرست ہے۔

جب میں دو ماہ یورپ میں رہنے کے بعد واپس پہنچی تو وہ اسی طرح بنچ پہ بیٹھا سوچ رہا تھا۔ مجھے دیکھ کر پہلی بار اس کے چہرے پر خوشی کے آثار نظر آئے۔ میں نے کہا اُس معاشرے میں ہر کوئی تنہا ہے اپنی ذات کا اکیلا ذمہ دار اپنی ہی ذات کے گرد گھومتا تنہا معاشرہ ہر فرد تنہا اور اکیلا ہے مجھے تو اپنے لوگ ایک دوسرے کے دکھ سکھ میں شریک اپنا ہی ملک اچھا لگتا ہے۔ آپ کو کیا اچھا لگتا ہے؟ میں نے سوال کیا۔ کہنے لگا جس قوم کے حروفِ تہجی الگ الگ ہوں گے ان کا معاشرہ اکٹھا کیسے رہ سکے گا اور پھر اس نے میری آنکھوں میں جھانکا اور بولا مجھے جھیلیں اچھی لگتی ہیں۔

اور پھر میرے سرخ گالوں نے ایک نئے جنم کو جنم دیا۔ میں نے کہا میں روز آپ سے سوال پوچھنے آتی ہوں مگر میں آج آپ سے ایک سوال کرنے آئی ہوں۔ وہ مسکرایا اور کہنے لگا۔

ہم دونوں میں ایک چیز مشترک ۔ ہے ہم دونوں دعا ہیں اور دعاؤں پر کبھی بدنصیبی کی دھول بھی نہیں پڑ سکتی میں ایک غریب ماں باپ کی دعا ہوں اور آپ ایک مصور کی دعا ہیں آپ سے درخواست ہے آپ لکھنا نہیں چھوڑیں گی۔

آج ہماری شادی کی دسویں سالگرہ ہے تمام مہمان جا چکے ہیں سامنے لان میں

وہ بچوں کے ساتھ کھیل رہے ہیں۔ میں من کے مندر میں اپنے ہم سفر کے بت کی پوجا کر رہی ہوں جس نے جگنوؤں کے قلم، محبت کی روشنائی سے میری زندگی کے اجالے لکھے اور اس رب ذوالجلال کا شکر ادا کر رہی ہوں جس نے کرنوں کی انگلی پکڑ کر میری جھولی میں ڈال دی ہے اور عجیب بات یہ ہے کہ شادی سے کچھ دن پہلے مجھے معلوم ہوا بنچ پر بیٹھنے والا وہ شخص جو میرے بچوں کا باپ اور میرا ہمسفر ہے وہی میرا پسندیدہ رائٹر عکس بخاری تھا جس نے مجھے مجھ کو متعارف کروا کے اتنا امیر کر دیا ہے کہ اب مجھے اپنے ہونے کی گواہی مل گئی ہے۔

OOO

سنو تم خواب مت ہونا

غلام قوموں کا مقدر بھی عجیب ہوتا ہے ادھوری باتیں، ادھوری کہانیاں، ادھورے لفظ اور ادھورے خواب۔ ان قوموں کا معیار بھی الگ ہوتا ہے شریف کو نادان، مکار کو سمجھدار، قاتل کو بہادر اور دولت مند کو بڑا آدمی سمجھنے لگتے ہیں۔ استاد کے ساتھ تعلق کو چھپاتے اور کوتوال کے ساتھ رشتے کو فخریہ انداز میں بڑھا چڑھا کر بیان کرتے ہیں۔ رائی کو پہاڑ سمجھ کر اسے سر کرنے کی کوشش کرتے ہیں۔ دولت کو منزل سمجھ کر عمر بھر اس کے پیچھے بھاگتے رہتے ہیں۔ شیشے کا مقدر لیے پتھر کے شہر میں رہتے ہیں۔ رقص کا ان کی زندگیوں سے گہرا تعلق ہوتا ہے مہذب لوگ آقاؤں کے اشاروں پر اور غیر مہذب تڑپتی لاشوں پر رقص کرتے ہیں۔ ان قوموں کی کوئی پہچان نہیں ہوتی۔ بابا کہتے ہیں پہچان کی ضرورت تو قبروں کو بھی ہوتی ہے تم ملک کی بات کرتے ہو۔ قومیں طرزِ فکر سے بنتی ہیں، اسلحے اور بارود کے انبار جمع کرنے سے نہیں۔ غلام ماضی کی گود میں سر رکھ کر سوئے رہتے ہیں میرا باپ میرے سے زیادہ پاکستان سے محبت کرتا تھا۔ پچھلی یوم آزادی پر مجھے مبارکباد دینے کے بعد بولے بیٹا جاؤ پاکستان بناؤ میں مسکرا

دیا۔ بابا پاکستان تو بابائے قوم نے 1947ء میں بنا دیا ہے۔ بابا بولے بیٹا حضرت قائداعظم رحمتہ اللہ علیہ نے ایک ملک کو آزاد کروایا تھا پاکستان تو ہم سب نے مل کر بنانا ہے۔ بیٹا تم میرے پاکستان ہو۔

میں، میری ماں اور میرا باپ ایک مثلث کی طرح تھے میں تمام عمر یہی سوچتا رہا کہ مجھ سے زیادہ محبت کون کرتا ہے، میری ماں یا میرا باپ ایک طرف محبت کا ہمالیہ تھا اور دوسری طرف شفقت کا ایک گہرا سمندر جس کے اندر کئی ہمالیہ سرنگوں تھے کبھی کبھی بابا مسکراتے اور کہتے پُتر میری اور تیری محبت میں تیری ماں میری سب سے بڑی رقیب ہے۔

جب میں بہت چھوٹا تھا تو میں بابا کی باتیں بڑے غور سے سنتا تھا۔ بابا کی ہر گفتگو میں رب کا ذکر اور پاکستان کا حوالہ ضرور ملتا تھا۔ مجھے یوں لگتا تھا جیسے باپ، پاکستان اور پروردگار عالم کا آپس میں کوئی پراسرار اور گہرا تعلق ضرور ہے میرا باپ ایک بڑا انسان تھا وہ کہا کرتے تھے باپ کو ہمیشہ صاحب کردار اور آئیڈیل ہونا چاہیے وگرنہ اس کے بچے یتیم کہلائیں گے۔ اس کے کمرے میں بابائے قوم کی ایک بڑی تصویر لگی تھی جسے اس نے کبھی بے وضو نہیں دیکھا تھا۔ جب میں نے یونیورسٹی میں داخلہ لیا تو پاکستان کے حالات کو دیکھ کر افسردہ ہو جاتا پھر میں بابا سے سوال کرتا بابا پاکستان کے حالات کب بدلیں گے مجھے تو دور دور تک روشنی نظر نہیں آتی بابا میرے ہونٹوں پر انگلی رکھ دیتے اور کہتے پُتر تو گھر کی کھڑکی سے پاکستان کو دیکھ رہا ہے میں ہمالیہ کی چوٹی سے پاکستان کو دیکھتا ہوں تم کچھ باتوں کو نہیں سمجھ سکتے رب کی حکمتوں پر غور کیا کرو پھر تمھیں بصیرت حاصل ہو گی۔ بصیرت اس وقت ملتی ہے جب ان باتوں پر شکر کیا جائے جن باتوں پر صبر کرنا بھی مشکل ہو۔ پاکستان صبر اور شکر کے ذریعے اپنی منزل حاصل کرے گا۔ شعبِ ابی طالب کی مشقت اور ریاضت اور فتح مکہ ان کا آپس میں گہرا تعلق ہے

پاکستان کا ذکر کرتے ہوئے ایک دن انہوں نے عجیب بات کی کہنے لگے پُتر میں تمہیں ایک عجیب بات سناتا ہوں بیٹا ہمارے گاؤں میں جب کسی کو اپنے دشمن سے اپنی حفاظت یا جان کا خطرہ ہوتا تھا تو وہ کوئی چھوٹا موٹا جرم کر کے حوالات چلا جایا کرتا تھا باقی جب تمہیں بصیرت حاصل ہوگی تو اس بات کی بھی سمجھ آجائے گی۔

بابا جتنی عزت میری کرتے تھے اس سے کہیں بڑھ کر وہ میرے دوستوں کا خیال کرتے تھے بس ایک ہی نصیحت کرتے تھے پُتر کبھی ایسا دوست نہ بنانا جس کے دل میں دماغ رہتا ہو۔

مجھے ایک دن انہوں نے رات کو الگ سے اپنے کمرے میں بلایا اس دن وہ بہت پریشان دکھائی دے رہے تھے کہنے لگے کل جو تم گھر پیسے لائے تھے وہ کہاں سے آئے تھے؟ میں سٹپٹا گیا۔ بابا دراصل وہ آفس کا ایک فنڈ تھا جو استعمال نہیں ہوا تھا وہ کیشیئر نے مجھے دے دیے تھے۔ مگر بیٹا یہ پیسے تمہارے تو نہیں اس قلندر دیس کے ہیں بیٹا یہ تو ناجائز اور حرام ہے۔

میں نے سر جھکا لیا ہاں بابا مجھ سے غلطی ہوگئی ہے کل میں یہ پیسے واپس جمع کروا دوں گا۔ مگر بابا آپ کو یہ کیسے پتہ چلا۔

بابا کی آواز رُندھ گئی۔ بولے

بیٹا پھول بے رنگ ہو جائیں یا ان پر کوئی زہر پھینک دے اس کا غم تتلیاں ہی جانتی ہیں۔ ہم صادقؐ اور امینؐ کی امت میں سے ہیں پاکستان بھی ایک امانت ہے اور اشرف المخلوقات کا منصب اور اعزاز بھی ایک امانت ہے ہمیں اشرف المخلوقات کے مقام اور منصب کا خیال کرنا چاہیے۔ میں سمجھا نہیں بابا میں نے حیرانی سے کہا۔

پُتر کل سے تمہارے کُتے نے کھانا نہیں کھایا

جاؤ آئندہ اپنے منصب اور دی گئی امانت کا خیال رکھنا اس وقت میرا دل چاہا کہ

زمین پھٹ جائے اور میں اس میں سما جاؤں۔ کچھ عرصہ بعد میرے ذہن میں ایک عجیب خبط سما گیا۔ مجھے اپنے بہتر مستقبل کے لیے اور پیسہ کمانے کے لیے باہر جانا چاہیے۔ میں نے لندن جانے کا پروگرام بنالیا۔ بابا نے مجھے ہر ممکن طریقے سے سمجھانے کی کوشش کی کہ بیٹا ہجرت صرف بڑے مقصد کے لیے کرتے ہیں تم دنیا کمانے کے لیے ہجرت کرنا چاہتے ہو جس کی قیمت مچھر کے ٹوٹے ہوئے پر کے برابر بھی نہیں پتر اپنی پہچان چھوڑ کر مت جاؤ پاکستان ہماری پہچان ہے درخت بھی ہمیشہ اپنے پتے تبدیل کرتا ہے جڑیں نہیں۔ مگر میں نہ مانا۔ ائیر پورٹ پر مجھے رخصت کرتے ہوئے بابا بولے بیٹا اب میں بوڑھا ہو گیا ہوں۔ بڑھاپا جسم کی جلاوطنی کا نام ہے۔ پُتر بڑھاپے کی زندگی اور دیوار پر لکھے نعروں میں کوئی فرق نہیں ہوتا ان کو مٹانے کے لیے ایک ہی بارش کافی ہوتی ہے۔

پھر ضبط کا مضبوط حصار توڑ کر کچھ آنسو میرے باپ کی آنکھوں سے بہہ نکلے۔ بولے بیٹا پچھتاوا بقیہ عمر ضائع کر دیا کرتا ہے اور پھر آدمی کو خشک سمندر کی لہروں کا شور عمر بھر سونے نہیں دیتا اور میرا ہاتھ پکڑ کر بولے

سنو تم خواب ہو میرے

سنو تم خواب مت ہونا

اور پھر مجھے گلے سے لگا کر میری طرف دیکھے بغیر ائیر پورٹ سے باہر نکل گئے۔ اور پھر میں یہاں لندن میں دنیا کی دلدل میں گم ہو گیا ایک گوری سے شادی کے بعد مجھے یہاں کی Nationality بھی مل گئی تھی۔ کئی سال تک بابا سے رابطہ نہ ہو سکا سال پہلے ان کا خط آیا تھا لکھا تھا۔ بیٹا! اب تم پاکستان آئے بھی تو مجھے دیکھ کر تمھیں مایوسی ہوگی۔

اب تم میرے چہرے کو دیکھ کر ڈر جاؤ گے کیونکہ اب اس پہ سرسوں کی پیلی رُت اتر

چکی ہے۔

تھوک کے خون سے یقیناً تمھیں نفرت ہو گی مگر اب یہ طبیب کے بس میں بھی نہیں رہا۔

اب تم مجھ سے ٹوٹ کر پیار نہیں کر سکو گے اور یقیناً اپنے بیوی بچوں کے پاس پلٹ جاؤ گے۔ بیٹا مجھے تیری جدائی نے مار دیا ہے وگرنہ میں اپنے مرنے تک جینا چاہتا تھا۔ بیٹا میری آنکھوں کا دریا سوکھ گیا ہے۔

افسوس میرے پاس اتنا بھی وقت نہیں تھا کہ دو جملوں کا ساہی سہی خط کا جواب دے دیتا۔

میں ایک دن اپنے گھر میں بیٹھا اپنی بے حساب دولت کا حساب کر رہا تھا میرا ایک پرانا دوست مجھ سے ملنے آ گیا۔

پوچھنے لگا، کب سے پاکستان نہیں گئے!

میں نے کہا: گیارہ برس بیت گئے ہیں۔ وقت ہی نہیں مل سکا پاکستان جانے کا سوچ رہا ہوں اگلے برس جاؤں گا۔ بابا سے بھی ملنا ہے۔

اس نے حیرانی سے میری طرف دیکھا کہنے لگا کیا تم پاگل ہو، کیا تمھیں کچھ بھی معلوم نہیں، کیا تم اپنے باپ کے مرنے پر بھی پاکستان نہیں گئے۔

یہ تم کیا کہہ رہے ہو؟

آہ...... بابا مر گئے۔ میری چیخیں نکل گئیں۔ مگر مجھے کسی نے بتایا کیوں نہیں۔

ان کی وصیت تھی میرے بیٹے کو اطلاع مت دینا اسے آنے میں تکلیف ہو گی۔

اور پھر مجھے یوں لگا جیسے بازی پلٹ گئی ہے اور میں اپنا وجود بھی ہار گیا ہوں بابا کے الفاظ پگھلے ہوئے سیسے کی طرح میرے کانوں میں گونجنے لگے۔ بیٹا مجھے تیری جدائی نے مار دیا ہے وگرنہ میں اپنے مرنے تک جینا چاہتا تھا۔

بیٹا! پچھتاوا بقیہ عمر ضائع کر دیا کرتا ہے اور پھر آدمی کو خشک سمندر کی لہروں کا شور عمر بھر سونے نہیں دیتا:

سنو تم خواب ہو میرے

سنو تم خواب مت ہونا

میں نے اپنی Nationality اور پاسپورٹ اور کچھ ضروری سامان اٹھایا اور بیوی بچوں کو بتائے بغیر ایئرپورٹ پہنچا اور پہلی فلائٹ سے لاہور پہنچا اور وہاں سے سیدھا اعوان ٹاؤن قبرستان پہنچا میں نے بابا کی قبر کو بہت تلاش کیا مگر مجھے نہ ملی میں دوڑ کر گورکن علم دین کے پاس پہنچا اور میں نے اس سے پوچھا بابا کی قبر کہاں ہے علم دین میرے ساتھ چلا آیا اس نے بھی بہت تلاش کیا مگر قبر نہ ملی علم دین نے مجھ سے پوچھا قبر کی پہچان کیا ہے مجھے بابا کی بات یاد آ گئی بیٹا پہچان کی ضرورت تو قبروں کو بھی ہوتی ہے تم ملک کی بات کرتے ہو۔ میں نے علم دین سے کہا علم دین میں آج پہلی بار آیا ہوں مجھے نہیں معلوم میرے باپ کی قبر کیسی ہے۔ علم دین پھر تلاش میں نکل گیا۔ میں نے وہیں قبرستان میں ایک گڑھا کھودا اور اپنی غیر ملکی شہریت اور اپنا پاسپورٹ اس میں دفن کر دیا اور اس پر مٹی ڈال دی۔ پھر میں نے غور سے دیکھا اس گڑھے کے ساتھ ہی میرے باپ کی قبر ابھر آئی تھی۔ میں نے کتبہ دیکھا لکھا تھا۔

محمد بخش خان نظامی

تاریخ پیدائش 20 فروری 1928ء

تاریخ وفات ....

علم دین چکر لگا کر واپس آ گیا تھا میں۔نے کہا یہ ہے قبر میرے باپ کی مگر علم دین اس پر تاریخ وفات کیوں نہیں لکھی؟

علم دین نے قبر کی طرف دیکھا اور پھر افسوس اور نفرت سے میری طرف دیکھا اور

خاموش رہا۔

پھر کچھ ہی دیر بعد وہ بولا مجھے تاریخ تو یاد نہیں غالباً چار مہینے پہلے کی بات ہے جب میں نے یہ قبر بنائی تھی مگر اس پر کتبہ نہیں تھا۔ پھر ایک رات میں جب رات کو چکر لگانے آیا تو انتہائی خوبصورت انسان جس کا چہرہ نور سے چمک رہا تھا اس قبر پر کتبہ نصب کر رہا تھا۔ وہ کوئی انسان نہ تھا شاید کوئی فرشتہ تھا۔ یہی سوال میں نے بھی اس سے کیا تھا اے اجنبی اس کتبے پر تاریخ وفات کیوں نہیں لکھی وہ اجنبی بولا ایسے لوگ مرتے نہیں صرف انتقال کرتے ہیں۔ یہ لوگ اپنے پیاروں کے انتظار میں زندہ رہتے ہیں۔ ابھی صاحبِ مزار کے بیٹے نے باہر سے آنا ہے جس دن وہ آئے گا اسی دن صاحبِ مزار کا انتقال ہوگا۔ تاریخ وفات اسی دن کی لکھی جائے گی۔ اور پھر میں نے تاریخ وفات کے آگے لکھا:

20 اکتوبر 1994ء

اور پھر میں ساری رات قبر پہ بیٹھا روتا معافی مانگتا رہا مگر

قبر سے صرف ایک ہی آواز آتی رہی۔

بیٹا مجھے تیری جدائی نے مار دیا ہے وگرنہ میں اپنے مرنے تک جینا چاہتا تھا۔

جدائی اور موت ایک ہی چیز کے دو نام ہیں ہجر کا دکھ دیکھنا ہو تو حضرت یعقوبؑ کی آنکھوں کی طرف دیکھو جن کی روشنی اپنے فرزند حضرت یوسفؑ کی یاد میں روتے روتے چھن گئی۔ اور ہجر ایک ایسی اذیت ناک موت ہے جس میں جان سے جاتے جاتے بھی عمر لگ جاتی ہے۔

اور سنو تم خواب ہو میرے

سنو تم خواب مت ہونا

لاہور کی گلیوں میں جہاں کبھی میلی چادر اوڑھے ساغر پھرتا تھا اب وہاں ایک ملنگ

بے تحاشا بڑے ہوئے بالوں اور میلی چادر لیے پھرتا نظر آتا ہے رات ہوتی ہے تو ساغر کی طرح کسی بھی فٹ پاتھ پہ لیٹ جاتا ہے مگر آج تک اسے کسی نے سوئے ہوئے نہیں دیکھا صبح ہوتے ہی بازار میں چلنا شروع کر دیتا ہے جہاں کہیں بوڑھا نظر آتا ہے اس کو روک کر سلام کرتا ہے اس کا ہاتھ پکڑ کر چومتا ہے اور کہتا ہے اپنے مرنے تک ضرور زندہ رہنا اور اپنے بیٹے کو باہر مت جانے دینا اُس کا پاسپورٹ پھاڑ دینا۔اور سسکتا ہوا آگے بڑھ جاتا ہے اور پھر کرب ناک لہجے میں گانے لگتا ہے:

سنو تم خواب ہو میرے
سنو تم خواب مت ہونا

○○○

خوبصورت فاتح

اس کی آنکھیں جیسے ساحلِ سمندر پر بہت دور غروب ہوتے سرخ سورج کا نظارہ کررہی ہوں۔ ساحلِ وقت پر وہ یادوں کی سیپیاں تلاش کر رہا تھا اس کا بچپن اورلڑکپن کتنا خوبصورت تھا وہ زمانہ امید اور محبت کا زمانہ تھا ہرے بھرے جنگلات پھلوں اور پرندوں سے لدے باغات اناج کی نعمت جھولی میں ڈالے فصلوں کی جھکی ہوئی کومل ڈالیاں جہاں پرندوں کی چہچہاہٹ اور مویشیوں کے گلے میں بندھی ٹلیوں کی آوازیں مل کر خوشگوار سر پیدا کرتی تھیں بہتے دریاؤں کی جولانیاں قلب ونظر کو تازہ اور روح کو معطر کرتی تھیں۔ برکھا رت خوشیوں کا پیغام لاتی تھی۔ پودے اور فصلیں دھل کر اور بھی سبز ہو جاتے تھے فضا دھل کر آسمان کو اور بھی نکھار دیتی تھی۔ بارش میں نہانا کاغذ کی ناؤ بنانا، میٹھے ''پوڑے'' کھانا اور بانٹنا پرندوں کا اپنے گھونسلوں میں دبک کر بیٹھنا اور دھنک کے شبنمی رنگوں کو اپنی روح میں اتارنا، خواب گاہوں میں سونا مگر خوابوں میں رہنا یہ سب کتنا خوبصورت تھا۔ اسے دو باتیں کبھی نہیں بھولیں اس نے بچپن میں پہلی بار چھپ کر مٹی کب کھائی تھی اور جون کی سخت گرمی میں انتہائی سخت پیاس میں پہلی بار اپنی ماں سے

پانی کب پیا تھا۔ شاید اسی لیے اس کا پہلا عشق مٹی اور پانی تھا۔ پھر اس نے ان سے زندگی کا سب سے بڑا اسبق سیکھا مٹی سے عاجزی سیکھی جو رحمتِ خداوندی حاصل کرنے کا بڑا ذریعہ ہے اور پانی سے زندگی بانٹنا وہ جانتا تھا جو بھی پانی کی طرح زندگی بننا چاہتا ہے اسے بھی پانی کی طرح بے رنگ، بے بو اور بے ذائقہ ہونا پڑے گا۔ کیسا قانونِ فطرت ہے پانی کا اپنا کوئی رنگ نہیں مگر زندگی کے سارے رنگ اسی کے وجود سے ہیں۔ اس کا کوئی ذائقہ نہیں مگر سارے ذائقے اسی کے دم سے ہیں۔

وہ سوچنے لگ گیا میری دھرتی کو کس کی نظر کھا گئی میرے پانیوں میں کون زہر گھول گیا میری سر سبز اور شاداب دھرتی بنجر اور صحرا کیسے ہوئی کہیں ہم سے جانے انجانے میں شرک اور ظلم تو نہیں ہو گیا۔ ہم تو جانی دشمنوں کو معاف کر دینے انہیں امان دینے والے رحمت العالمین ؐ کی امت میں سے تھے ہم تو پتھر کھا کر دعائیں دینے والے کی اُمت میں سے تھے۔ ہم درندے کیسے بن گئے ہم تو کوڑا پھینکنے والی کی تیمارداری کرنے والے اور کلیجہ چبانے والی کو معاف کرنے والے نبیؐ کے اُمتی تھے۔ ہم چھیننے والے کب سے بن گئے ہم تو بھوکے بچوں کو سلا کر چراغ بجھا کر مہمان کو کھلانے والے لوگ تھے ہم ایثار و محبت میں مہاجر و انصار والی مثالیں قائم کرنے والے لوگ تھے۔ ہم ظالم اور استحصال کرنے والے کیسے بن گئے جہاں دریا گاتے، جھومتے رواں دواں تھے آج اس کی خشک زمین پر نوحے پڑھے جاتے ہیں ان نوحوں میں سسکیاں بھی ہیں اور بلا کا کرب بھی اب ان اجڑے پتنوں پر مالی ہیں نہ مسافر، کشتیاں ٹوٹ گئیں، پتوار بکھر گئے بدنصیبی کی ایسی آندھی چلی کہ لوگوں کی فطرت بھی بدل گئی ملاحوں نے صحراؤں میں پناہ لے لی صحرا کی ریت نے ماہی گیروں کی آنکھوں کے آنسو جذب کر لیے ہیں انسان بھیڑیے بن گئے اور بھیڑیے انسانوں سے خوفزدہ ہو کر غاروں میں چھپ گئے ہیں اب وہ جنگل رہے ہیں نہ وہ جنگلی پھول نہ وہ سائے اور نہ خوشبو تتلیاں شاخ در شاخ نوحہ

کناں ہیں۔مہیب کالی گھٹاؤں نے جگنوؤں کو بھی خوفزدہ کر دیا ہے۔آج کے منصور بھی انا الحق کی صدا لگانے سے گریزاں ہیں۔خوف کے کہرے نے شہر کے شہر بھی برف کے کر دیئے ہیں اب کیلنڈر نہیں بدلتا سارے مہینے دسمبر بن گئے ہیں لفظ اور رویے سرد ہونے لگ گئے ہیں چہروں پر دسمبر کی شاموں نے اپنا بچھونا ڈال دیا ہے۔ظلم حد سے بڑھ جائے تو چہرے زباں بن جایا کرتے ہیں۔ہجوم اب بھی بہت ہے مگر چہرے ختم ہو گئے ہیں راستوں پہ اور بازاروں میں صرف زبانیں چلتی پھرتی نظر آتی ہیں۔

اس نے اپنے کمرے کی کھڑکی سے باہر صحن میں کھیلتے ہوئے اپنے چھوٹے چھوٹے بچوں کو دیکھا جن کے چہروں پر معصومیت کے بجائے لاتعداد سوالات لکھے نظر آ رہے تھے۔وقت نے ان کو بھی تہذیب سکھا دی ہے اب وہ سہمے ہوئے سرگوشیوں میں باتیں کرتے ہیں اور شرارتیں نہیں کرتے۔ان کی آنکھوں میں وہی خوف ہے جو ہوا کے دوش پر رکھے چراغ کی لو میں ہوتا ہے۔

ہم نے ان بچوں کو کیا دیا؟؟ اس نے سوچا۔

خوف اور دہشت گردی میں ڈوبا پاکستان جہاں مائیں بچوں کو اسکول بھیج کر خود مصلے پر بیٹھ جاتی ہیں جہاں باپ اپنے جگر گوشوں کو بھوک میں تڑپتا نہیں دیکھ سکتا اور اپنے گردے بیچ دیتا ہے اسے لگا جیسے اس کے بچے اس کی طرف دیکھ رہے ہوں اور کہہ رہے ہوں بابا ہمیں ڈالر نہیں چاہییں ہمیں سکون چاہیے۔ہمیں امن چاہئے کیا ساری دنیا کو میدان جنگ کے لئے ہمارا ہی خطہ نظر آتا ہے۔ہمیں ڈالر نہیں چاہییں ہمارے پرندے ہم سے روٹھ گئے ہیں اب جگنو ہم سے بات نہیں کرتے ہیں۔تتلیاں اب ہم سے نہیں کھیلتیں۔ہمیں بارود نہیں چاہئے ہمیں پھول چاہییں ہمیں رنگوں سے کھیلنے دو۔ہمیں کھلونوں سے کھیلنے دو۔بابا ہمیں سرخ رنگ سے نفرت ہوگئی ہے۔وہ اپنی سسکیوں کو نہ روک سکا کیا یہ وہی پاکستان ہے جو جناحؒ نے ہمیں دیا ہے۔خون میں نہلایا ہوا

پاکستان جہاں صرف بے یقینی کا سناٹا پھن پھیلائے بیٹھا ہے جس کی پھنکار سماعتوں کو متاثر کر دیتی ہے پھر انسان وہ نہیں سنتا جو کہا جاتا ہے بلکہ وہ سنتا ہے جو نہیں کہا جاتا اب شیر خوار بچے کی کلکاری، سہاگن کی چوڑیوں کی کھنک ، پھولوں سے لچکتی شاخیں اور پرندوں کی ثنا خوانی کہیں سنائی نہیں دیتی۔ بام و در اداس اور گلیاں ویراں کیوں ہیں کہیں کوئی اہل وفا شہر تو نہیں چھوڑ گیا۔ اس کے ہاتھ اپنے ہی گریبان تک پہنچ گئے۔ جبر اور ظلم کی حکومت...... بیعت کرو یا ہجرت اس کا سانس بند ہونے لگا۔ کتنی گھٹن ہے۔ اتنا حبس کیوں ہے کہیں سوال کی موت تو نہیں ہو گئی اگر ایسا نہیں ہے تو اذنِ عام کیوں نہیں ملتا۔ اس کے آنسو تھمنے کا نام نہیں لے رہے تھے۔ اس کے ہاتھ دعا کے لیے اٹھ گئے اے رب کائنات ہم اپنی جانوں پر ظلم کر بیٹھے ہیں ہماری مدد فرما ہمیں ڈالروں کے شر سے بچا ہمارے پاس صرف اپنے گناہوں، اپنی غلطیوں کا اعتراف ہی اعتراف ہے۔ صرف ایک دلیل ہے صرف ندامت کے آنسوؤں کی دلیل یہ دلیل قبول فرما۔ اس کے ہونٹ کانپ رہے تھے اس کی بند آنکھیں ندامت کے آنسوؤں سے وضو کر رہی تھیں۔

اور پھر جیسے بھٹکتی روح کو قرار آجائے۔ برکھا کھل کر برسے اور دھوپ نکل آئے اور پھر ندامت کے آنسوؤں کے پانی نے امید کی مٹی میں بوئے خواب کے بیج کو آگہی کی زندگی عطا کی۔

اس نے سرگوشی کی۔

مغرب کا سپر مین نہیں صرف۔

مشرق کا خوبصورت فاتح۔

اس کے لبوں پر ایک خوبصورت مسکراہٹ نے فتح حاصل کی۔

اس نے بچوں کو آواز دی۔

بچے باپ کی آواز سن کر دوڑے آئے اور باپ کے ساتھ لپٹ گئے۔

بابا ہمیں کیوں بلایا کیا کوئی ہمیں کہانی سنانی ہے؟

ننھی ندا نے معصومیت سے کہا۔

ہاں بیٹا میں تم تینوں کو ایک کہانی سنانا چاہتا ہوں۔

یہ ایک ایسی کہانی ہے جس کہانی کی اس دھرتی کو ضرورت ہے۔ اس کہانی کا نام ہے خوبصورت فاتح۔

بچے خاموشی سے بیٹھ گئے اور کہانی سننے لگے۔

بچو!

کسی ملک میں ایک بڑا نیک اور رحم دل بادشاہ حکومت کرتا تھا اس کا دل ملکی حالات اور لوگوں کے رویے دیکھ کر کڑھتا رہتا تھا ملک میں غربت نے ڈیرے ڈال رکھے تھے۔ لوگ زیادہ پڑھے لکھے نہیں تھے جو پڑھے لکھے تھے ان کی زیادہ تعداد بدامنی کے خوف سے دوسرے ملکوں میں منتقل ہو چکی تھی۔ کئی سالوں سے بارشیں بھی بہت کم ہو رہی تھیں اگر بارشیں ہوتی بھی تو بارشوں کے پانی کو محفوظ کرنے کا کوئی انتظام نہ تھا پانی گھر اور فصلیں اجاڑتا سمندر میں جا گرتا تھا لوگ ہر وقت ایک دوسرے سے لڑتے جھگڑتے رہتے تھے جن باتوں پر صرف خاموش رہا جا سکتا تھا ان باتوں پر قتل ہو جایا کرتے تھے۔ استحصال زدہ طبقے کو اذن سخن نہ تھا ہر آدمی ملک کی موجودہ صورتِ حال کا ذمہ دار دوسروں کو سمجھتا تھا۔

بادشاہ کو معلوم ہوا اس ملک میں دور جنگل سے ایک سیانا آیا ہوا ہے۔ لوگ اپنے مسائل کے لیے جوق در جوق اس سیانے کے پاس جا رہے ہیں بادشاہ فوراً اس کے پاس پہنچا اور ملکی حالات پر اس سے مشورہ مانگا۔

بابا یہ سیانے کون ہوتے ہیں۔

دانش نے سوال کیا؟

بابا نے لمبا سانس کھینچا اور بولے۔

بیٹا! سیانے وہ ہوتے ہیں جن کی پہلی اور آخری ترجیح رب ہوتا ہے وہ پرانی اور شکستہ قبروں کی پکار بھی سن لیتا ہے بابا ان قبروں سے کیا آواز آتی ہے۔

عمیر نے سوال کیا؟

''یہی آواز کہ کبھی ہم بھی ناگزیر ہوا کرتے تھے۔''

بیٹا یہ سیانے لمبی بات نہیں کرتے ان کے ایک ہی شعر سے دیوان مکمل ہو جاتا ہے۔ یہ جانتے ہیں ہر چیز کی زیادتی اس کو بے وقعت کر دیتی ہے۔ افادیت کے لحاظ سے لوہا سونے سے بدرجہا بہتر دھات ہے لیکن اس کی فراوانی ہی اس کی ارزانی کا باعث ہے۔ یہ سیانے فرد ہوتے ہوئے بھی قبیلے کی طرح رہتے ہیں خاموشی کو آوازوں کا مرشد مانتے ہیں۔ یہ فطرت کے قانون مکافاتِ عمل یعنی جو بوؤ گے وہی کاٹو گے کو جانتے ہیں جو ازل سے جاری ہے اور ابد تک رہے گا۔ سیانے یہ بھی جانتے ہیں جس چیز کو ختم کرنا ہو اس کا تذکرہ نہیں کیا کرتے۔ بدصورتی کو خوبصورتی سے ختم کرتے ہیں یہ سیانے اپنی زندگی میں مرے رہتے ہیں اور مرنے کے بعد ہمیشہ کے لیے زندہ ہو جاتے ہیں۔

بادشاہ نے اس سیانے سے صلاح و مشورہ کے بعد ملک میں اعلان کیا آج کے بعد کوئی بھی کسی پر تنقید نہیں کرے گا بلکہ ہر آدمی دوسرے آدمی میں خوبیاں تلاش کرے گا اور ہر آدمی روزانہ فطرت کی ایک ایسی خوبصورتی کو تلاش کرے گا جو پہلے لوگوں کی نظر سے پوشیدہ ہے اگر کسی نے ایسا نہ کیا تو اسے سزا کے طور پر ایک مہینے کے لیے اس بڑے گڑھے کو کھودنے پر لگا دیا جائے گا جو بارشوں اور دریاؤں کے پانی کو محفوظ کرنے کے لیے کھودا جا رہا ہے۔

پھر پوری قوم نے اجتماعی توبہ کے بعد اپنے رب سے کامیابی کے لیے دعا کی۔

اور پھر دیکھتے ہی دیکھتے کچھ عرصہ بعد ملک میں خوش حالی کا دور دورہ ہو گیا بھیڑ اور بھیڑیے ایک ہی گھاٹ سے پانی پینے لگ گئے اور بادشاہ اور عوام ہنسی خوشی رہنے لگے۔

مگر بابا اس کہانی میں خوبصورت فاتح کون ہے؟

عمیر نے سوال کیا؟

بادشاہ اور اس کی عوام۔

وہ کیسے بابا ردا نے سوال کیا۔

بیٹا خوبصورت وہ ہوتا ہے جو دوسروں میں خوبیاں اور خوبصورتیاں تلاش کرے۔

اور بابا فاتح۔

تینوں بچے بیک آواز بولے۔

جو اپنے رویے اور خدمت سے مخلوق کا دل جیت لے۔

بابا یہ فاتح کیسے بنتا ہے؟

بیٹا! یہ وہ لوگ ہوتے ہیں اپنے آنسوؤں اور مسکراہٹ کی قدر جانتے ہیں یہ لوگ رات کی تاریکی میں اپنے آنسو اپنے رب کے حضور پیش کرتے ہیں اور دن کے اجالے میں اپنی مسکراہٹ کے پھول اس کی مخلوق کے آگے نچھاور کرتے رہتے ہیں۔

عمیر اور دانش جوش سے اٹھے اور بولے۔

بابا آج سے ہم سپر مین نہیں خوبصورت فاتح بنیں گے۔ بابا کی آنکھوں میں آنسو تھے مگر شکرانے کے۔

○○○

بلاعنوان

جب مائیں بچوں کو صداؤں میں رکھنا چھوڑ دیں تو بچے گم ہو جایا کرتے ہیں اور جب راستے ہی سفر چھپانا شروع کر دیں تو قدموں کے کارواں بے توقیر ہو جایا کرتے ہیں شاید وہ صحیح کہتی تھی سفر ہوتا ہی پگڈنڈیوں کا ہے باقی تو صرف دھول اڑتی ہے۔ جب بیک وقت کئی منظر آپ کے سامنے ہوں اور اطراف میں کھیل تماشے اور میلے ہوں تو سفر رک جاتا ہے اور پھر کوئی منزل تک نہیں پہنچ پاتا اور جب منزل نہ ملے تو زندگی اجنبی ہو کر کوری کتاب بن جایا کرتی ہے جس کا کوئی عنوان نہیں ہوتا۔

میری ذات کے ساتھ کئی المیے وابستہ ہیں۔ ابھی آنکھوں کی عدت پوری نہیں ہوتی اور میرا ایک اور خواب مٹی اوڑھ لیتا ہے۔ کبھی کبھی دل و دماغ کی سرسبز زمین بنجر ہو جاتی ہے اور پھر اس ریگستان میں عرصہ دراز تک خوابوں اور خیالوں کی فصل نہیں اگتی۔ مجھے یوں لگتا ہے میری زندگی صرف پیاس کی وجہ سے ہے میں جس دن سیراب ہو امر جاؤں گا۔ مجھے مادے سے نفرت اور انسانوں سے محبت ہے مگر مجھے انسانوں کو ڈھونڈنے کے لیے تاریخ میں جانا پڑتا ہے۔ اگرچہ میں سگ گزیدہ اور مردم گزیدہ ہوں

مگر میرا دل چاہتا ہے کہ پیاسے ہونٹوں کے مقبروں پر شفاف میٹھے چشموں کے ہار ڈالوں نہ جانے میرا دل یہ کیوں چاہتا ہے کہ کوئی تو مجھ کو بھی ایسا ملے جو مجھ کو مجھ سے بھی زیادہ چاہے کوئی تو مجھ سے لپٹ کے ایسا بھی روئے کہ مجھ کو ہی مار ڈالے۔ کوئی تو مجھ کو بھی ایسا کندھا ملے جس پہ میں سر رکھ کر پھوٹ کر روؤں اور تسلی سے بھی ہلکا ہو جاؤں۔ کوئی تو مجھے ایسا بھی ملے جو مجھے ریشمی لہجے میں پکارے اور میرے ہونٹوں پہ کھڑی فصیلوں کو گرا دے۔ کوئی تو ہو ایسا بھی جس کی مہکتی یاد میرے دل کے کاسنی زینے پر دبے پاؤں اتر کر بیٹھ جائے۔

دیے کی بینائی دھندلا گئی تھی سیاہ شب نے صبح کا سفید آنچل پہن لیا تھا مگر آج بھی میری آنکھوں کی خواب گاہ میں نیند کی پریاں نہیں اتری تھیں جب بادِ صبا نے میری پلکوں کی ردا کو چھوا تو میں سوچ رہا تھا میں بھی کتنا سادہ تھا مکان بھی بنایا تو صرف ایک ستون کا اور جب وہی ایک تھم گرا تو سارا مکان ہی ملبہ بن گیا اور میں اس مکان کے ملبے تلے دبا سوچ رہا ہوں کہ میں کون ہوں میں خود سے اجنبی کیسے ہوا لوگ مجھ سے اجنبی کیوں ہوئے کہیں ایسا تو نہیں تھا کہ میں نفرت کے اظہار میں بدلحاظ اور محبت کے اظہار میں گونگا تھا۔ کہیں میرا کوئی لمحہ محبت کے بغیر تو نہیں گزر گیا کہیں میں نے تجارت کو محبت پہ ترجیح تو نہیں دے دی۔ میری ماں نے مجھے صداؤں میں رکھنا کیوں چھوڑا شاید مجھ سے غلطی ہو گئی تھی میں اسے یقین دلا بیٹھا تھا کہ اب میں بڑا ہو گیا ہوں اب مجھے فیصلوں کا اختیار مل گیا ہے۔ فضاؤں میں لہراتی ہر پتنگ کو بھی یہ زعم ہو جاتا ہے کہ اب اسے ڈور کی ضرورت نہیں۔ میں کیا ہوں؟ کنواں، پیاسا یا ڈول مگر ان تینوں کا آپس میں تعلق کیسے بنا وہ سچ کہتی تھی غریب لڑکی جس کی آنکھوں میں جادو تھا۔ بلندیوں کے سحر میں تم مجھ کو چھوڑ کر جا تو رہے ہو مگر یاد رکھنا کنوئیں کو معتبر ہمیشہ پیاس ہی بناتی ہے۔ میں اس کی بات سمجھ نہ سکا تھا کیونکہ میں غلام بن بیٹھا تھا غلامی ذہنوں کو صحرا بنا دیتی ہے اور لہجوں کو

دسمبر غلام کے پاس تعبیر دیکھنے والی آنکھ نہیں ہوتی غلام کو آزاد بھی کر دو تو وہ صدیوں من و سلویٰ کا غلام رہے گا اسے پنجرے میں پڑی سونے کی کٹوری بھاتی رہے گی۔ ایک انجانے خوف کا بھوت اس کا پیچھا کرتا رہے گا۔ میرے پاس آنکھ ہوتی تو میں سمجھ پاتا میرے قائد نے تو مجھے ملک نہیں ایک مینار والی مسجد لے کر دی تھی جس کے باسیوں کا مذہب پاکستان اور دین اسلام ہونا چاہیے تھا مگر میں غلام ہی رہا اور اس سجدہ گاہ کا احترام نہ کر سکا یہ ایک درویش کی طرف سے تحفہ تھا مگر میں اس تحفے کی قدر نہ کر سکا اور ناقدرا اور بے مروت کہلایا۔ یہ ملک ایک عہد تھا جسے میں ایفا نہ کر سکا اور پھر آسمان والا شاید ہم سے ناراض ہو گیا۔ شاید اسی لیے ہمارے دلوں کی گلیاں سونی پڑی ہیں ہمارے گھر مکان بن گئے ہیں اب کوئی کوا منڈیر پر آ کر نہیں بولتا ہماری درس گاہوں کی فصیلیں بادلوں کو چھو رہی ہیں جون میں بھی خوف کی دھند نہیں چھٹتی۔ وہ کہتی تھی جب انسان مادہ بن جائے اور سر نہ جھکنے والے بھی خودسر ہو جائیں تو فطرت انتقام لیتی ہے اور پھر برف راستوں پر جمے خواب کبھی نہیں پگھلتے گیسوؤں میں سجے پھول کسی کی توجہ کا مرکز نہیں بنتے اور مرجھایا کرتے ہیں اور پھر لفظوں کا سفر قوموں کو تھکا دیتا ہے۔ ہر شخص دوسرے کے لیے اجنبی بن جاتا ہے لفظ کنکر اور لہجے آتش فشاں بن جاتے ہیں اور تہذیبیں وحشت میں بدل جاتی ہیں انسان انسانوں کو نگلنا شروع کر دیتے ہیں ماں اپنی مالکن کو جنم دینے لگتی ہے۔ منزلیں خواب اور راستے سراب بن جاتے ہیں۔ دل مردہ اور غم زندہ ہو جاتے ہیں۔ خاموشی کا اژدھا سب کو نگل جاتا ہے۔ سناٹا کاٹنے کو دوڑتا ہے اور پھر انسان خاموش چٹانوں سے جا کر زور زور سے بولتا ہے اور دیر تلک ان کی گونج سن کر خود کو زندہ ہونے کا احساس دلانے کی کوشش کرتا ہے۔

اور پھر وہ چلی گئی اب اس کی آنکھیں نم تھیں مگر آنچل سارا بھیگ چکا تھا جاتے جاتے اس نے میرے آنگن میں لگے پیڑ کو دیکھا اور بولی سنو اشجار کو بھی رداؤں کی

ضرورت ہوتی ہے وگرنہ اس کے پتے بکھر جاتے ہیں۔تم بھی تاجر ہی نکلے جو کہتے ہو مجھے محبت میں کیا ملا۔محبت تو خود ایک منزل ہے اس میں حاصل یا لاحاصل کا ذکر کیسا تمہارے اندر بے یقینی کا اندھیرا کیوں ہے یادوں کے چراغ تو سارے اندھیرے مٹا دیا کرتے ہیں۔محبت کے بغیر زندگی گزارنے والے معاشرے مرنے والوں پر نہیں جینے والوں کی بے کسی پر روتے ہیں اور یاد رکھو سیلاب کے بہاؤ کے ساتھ بہنے والے تنکوں اور محبت کے بغیر زندگی کا کوئی عنوان نہیں ہوتا۔صرف بلاعنوان ہوتا ہے۔کئی دن سے اخبار کے ایڈیٹر کا فون آ رہا تھا کہ میگزین کے لیے کوئی نیا افسانہ بھیجیں مگر نہ جانے کیوں کئی مہینوں سے ذہن ماؤف سا ہو گیا تھا کوئی نیا آئیڈیا کوئی نیا خیال نہیں آ رہا تھا یوں لگتا تھا وقت تھم گیا ہو ذہن کی زمین بنجر ہو گئی ہے۔کئی بار قلم اٹھایا بھی مگر کوئی نئی سوچ نہیں آئی اور قلم دوبارہ رکھ دیا کبھی کرداروں کا ایک ہجوم میرے گرد گھیرا ڈال کر بیٹھ جاتا تھا اور التجا کرتا تھا میری کہانی لکھو مگر اب میرے بلانے پر بھی آنے کو تیار نہ تھے اور گونگے بن گئے تھے۔کبھی رات ہوتے ہی لفظوں کا ایک اژدھام میری خواب گاہ میں پہنچ جاتا تھا مگر اب ان سب کے چہروں پر بے رخی تھی شاید زمینوں کی طرح ذہنوں پر بھی موسم خزاں آتا ہے۔پھر میں نے سوچا دوسرے لکھنے والوں کی طرح میں بھی لکھوں کہ وہ ایک غریب لڑکی تھی اس پر سسرال والے جہیز کم لانے پر ظلم کرتے تھے اور پھر ایک دن چولہا پھٹ گیا مگر پھر میں نے سوچا جب ہم اللہ کے دیے حق وراثت کو چھوڑ کر ایک غیر اسلامی جہیز کی رسم کو اپنائیں گے تو پھر نتائج بھی ایسے ہی نکلیں گے۔

پھر میں نے سوچا میں ایک مظلوم مزارع کی کہانی لکھوں کہ وہ ایک غریب مزارع تھا اس کا وڈیرہ جاگیردار اس پر بہت ظلم کرتا تھا اسے بہت کم معاوضہ دیتا تھا جس سے اس کی دو وقت کی روٹی بمشکل پوری ہوتی تھی۔پھر میں نے سوچا مظلوم سے بڑا ظالم کوئی نہیں ہوتا جو ظلم سہہ کر ظالم کا حوصلہ بڑھا دیتا ہے کہ وہ دوسروں پر بھی اسی طرح ظلم

کرے۔ اللہ کی زمین بہت وسیع ہے اور ہجرت میں برکت بھی ہے یہ مزارع اپنے رب کو نہ پہچان سکا جو اس کے وڈیرے کو بھی رزق دیتا ہے اور یقیناً اسے بھی دے گا۔

پھر میں نے سوچا عورت کی مظلومیت پر لکھوں، حقوق نسواں پہ لکھوں کہ پاکستان میں عورت بہت مظلوم ہے پھر میں نے سوچا اس ملک میں مرد بھی تو مظلوم ہے وہ باہر سے ملنے والا ظلم گھر میں منتقل کرنے کی کوشش کرتا ہے۔ ساس بہو کی لڑائی۔ نند بھابھی کی لڑائی، دیورانی اور جیٹھانی کی لڑائی تو کیا عورت ہی عورت کی دشمن ہے اتنے دشمن رکھنے والا یقیناً کمزور ہو جائیگا اور ظلم کا شکار ہوگا۔

پھر میں نے سوچا اس بچے پر لکھوں جس کو میں نے کل گاؤں میں دیکھا تھا اس ننھے سے بچے کو اس کی ماں گھر دیر سے آنے پر مار رہی تھی اور وہ ماں کے ساتھ ہی چمٹتا اور لپٹتا جا رہا تھا اور پھر ماں نے اسے سینے سے لگالیا اور خود رونے لگ گئی اور بولی پتر میں تیرے بغیر اداس ہو جاتی ہوں۔ دور مت جایا کر گم ہو جائے گا اور پھر اس کو اتنا پیار کیا کہ بچہ ماں کی گود میں سکون سے سو گیا۔ مگر پھر میں شرمندہ ہو گیا اور قلم رکھ دیا اور سوچنے لگا میں بھی کتنا کم ظرف اور برا ہوں ستر (70) ماؤں سے زیادہ پیار کرنے والا میرا پروردگار مجھے ہر لحہ سرگوشیوں اور پانچ مرتبہ میری فلاح کے لیے اونچی آواز میں بلا رہا ہے اور میں مسلسل سمتِ مخالف میں بھاگ رہا ہوں۔

اور پھر میں نے فیصلہ کیا کہ آج کا افسانہ میں اپنی ذات کے اوپر لکھوں گا۔ اور پھر میں نے یہ افسانہ لکھ کر ایڈیٹر کو دے دیا۔

ایڈیٹر نے میرے دیے ہوئے کاغذ کو حیرانی سے دیکھا اور پھر پریشانی سے میری طرف دیکھا اور بولا عجمی صاحب یہ کیا ہے؟ آپ کا افسانہ کہاں ہے صفحے کے اوپر لکھا ہے ''بلا عنوان'' اور سارا صفحہ خالی ہے اور نیچے صرف آپ کا نام لکھا ہے یہ سب کیا ہے عجمی صاحب۔

میں نے کہا:

ایڈیٹر صاحب یہ افسانہ میں نے اپنے اوپر لکھا ہے یہ صرف میری ہی نہیں کروڑوں اور اربوں لوگوں کی کہانی ہے۔ یہ سارے لوگ مجھ سمیت پیدا ہوتے ہیں کھاتے پیتے ہیں معاشرے کے دباؤ اور وقت کے بہاؤ کے ساتھ زندگی گزارتے ہیں اپنی نسل آگے بڑھاتے ہیں اور مر جاتے ہیں اور وقت کی کتاب پر کچھ بھی نہیں لکھ پاتے یہ سب کوری کتاب کی طرح ہوتے ہیں اور کوری کتاب کبھی بھی کسی لائبریری کا حصہ نہیں ہوتی۔ ایڈیٹر صاحب پھر وقت کی برسات ان کی قبروں تک کے نشانات مٹا دیتی ہے اور چند ہی سالوں بعد یہ ایسے ہو جاتے ہیں جیسے دنیا میں کبھی آئے ہی نہیں تھے۔ کہانی بننے کے لیے اور تاریخ میں رہنے کے لیے ہر جگہ اور بلندی پر پہنچنا پڑتا ہے جہاں صرف گرد اور دھول ہی جا سکتی ہے مگر یہ بات ہم اور آپ نہیں سمجھ سکتے یہ بات صرف عاجز ہی سمجھ سکتے ہیں۔

ایڈیٹر صاحب میرا افسانہ بھی ایسا ہی ہے میں بھی لاش کی طرح وقت کے بہاؤ کے ساتھ بہتا رہا ہوں میں نے بھی ہرا نا رکھنے والے کی طرح اینٹ کا جواب پتھر سے دیا ہے۔ میں نے عمر نفرت کے صحرا میں گزاری ہے اور میں نے ثابت کرنے کی کوشش کی ہے کہ فرشتے سچ کہتے تھے کہ اللہ تو اس کو پیدا تو کر رہا ہے مگر یہ زمین پر فساد کرے گا۔

وہ صحیح کہتی تھی۔

بہاؤ کے ساتھ بہنے والے تنکوں اور محبت کے بغیر زندگی کا کوئی عنوان نہیں ہوتا صرف بلاعنوان ہوتا ہے۔

ooo

تاوان

اس دن یونیورسٹی میں ہمارا پہلا دن تھا تمام کلاس فیلوز اپنا اپنا تعارف کروا رہے تھے۔ اپنی باری پر میں اٹھا اور بولا سر میرا نام دائم علی شاہ ہے۔ یونیورسٹی میں پڑھنا میرا شوق تھا ہم سر سندھ کے وڈیرے ہیں ہماری سیکڑوں ایکڑ زمین ہے۔ مزارعوں، خادموں اور ہاریوں کی ایک فوج ہمارے گرد موجود رہتی ہے۔ سر ہمارے کتے بھی عام انسانوں سے زیادہ اچھی خوراک کھاتے ہیں۔ ہمارے مزارعے ان کتوں کی دن رات خدمت کرتے ہیں اگر مالک ان سے ناراض ہو جائے تو اسے انہیں کتوں کے آگے ڈال دیا جاتا ہے اور پھر یہی کتے ان کو چیر پھاڑ دیتے ہیں کیونکہ تمام کتوں کے آباواجداد بھیڑیے تھے۔

کلاس میں کچھ لوگوں نے قہقہے لگائے اور کچھ نے Shame Shame کے نعرے بھی لگائے۔ آخر میں وجیہہ نے اپنا تعارف کروایا۔

سر میرا نام وجیہہ ہے۔ سر میں امریکہ سے آئی ہوں گریجویشن میں نے امریکہ ہی سے کی ہے۔ میرے ماں باپ کراچی ہی سے ہیں۔ میرے والد کی شدید خواہش تھی کہ میں اب مزید تعلیم پاکستان ہی سے حاصل کروں۔ پھر میں نے والد صاحب کی خواہش

کے احترام میں یہاں داخلہ لیا ہے۔ سر شاید یہاں کوئی بھی نہ جانتا ہو کہ دنیا میں سب سے زیادہ وٹامنز باپ کی دعا میں ہوتے ہیں۔ پروفیسر باجوہ سمیت کلاس میں تمام لوگ حیرت زدہ ہو کر اسے دیکھنے لگے۔ سر میں تھوڑا سا وقت لینا چاہوں گی۔ میرے بھائیو اور بہنو! میری آپ سے درخواست ہے زندگی میں ہمیشہ مثبت سوچ اپنایئے ہمیشہ زندگی کی خوبصورتیوں پر نظر رکھیے۔ محبتوں کو ہمیشہ اپنے فرائض میں شمار کریں۔ گلوبل وارمنگ کی سب سے بڑی وجہ ہماری منفی سوچیں ہیں۔ جب میں امریکہ میں پانچویں کلاس کی طالبہ تھی تو ہمارے کچھ بچوں کی ڈیوٹی تھی کہ سکول کے بعد ہسپتال میں مریضوں کے ساتھ کچھ وقت گزاریں۔ جب میں ہسپتال گئی تو میں نے دیکھا ایک مریض جو کئی ہفتوں سے بے ہوش تھا اس کو آکسیجن لگی ہوئی تھی اور اس کے ساتھ کئی مشینیں لگی ہوئی تھیں، میں روز جاتی اور اس بے ہوش مریض کا ہاتھ پکڑ کر بیٹھ جاتی اور کہتی اے محترم انسان میرے انکل اٹھو دنیا اور دنیا کی خوبصورتی آپ کا انتظار کر رہی ہے۔ آپ کے پیاروں کی آنکھیں آپ کو صحت مند اور چلتا پھرتا دیکھنا چاہتی ہیں۔ آپ جب سے ہسپتال آئے ہیں رب العزت نے بہت سی نئی خوبصورتیاں پیدا کر دی ہیں۔ جو پہلے خوبصورتیاں تھیں ان کو اور بھی زیادہ دلکش بنا دیا ہے۔ اٹھو اور دیکھو چاندنی راتیں اور معصوم بچوں کے قہقہے کتنے خوبصورت لگتے ہیں۔ تاریک راتوں کے کاغذوں پر جگنوں کی ٹمٹماتی روشنی کیسے اجالے لکھتی ہے موسم بہار میں مسکراتے پھولوں پر رقص کرتی نازک تتلیوں کے پروں پر خوبصورت رنگوں سے بنے انتہائی دلفریب نقش و نگار کتنے بھلے لگتے ہیں۔ سورج کے طلوع اور غروب ہونے کا منظر سحر کر دیتا ہے وقت سحر سبزے اور پھولوں کو چومتی موتیوں جیسی شبنم باد صبا سے سرگوشیاں کرتی کتنی بھلی معلوم ہوتی ہے کوئل کی کوک انسان کو ٹرانس میں لے جاتی ہے اور وجد طاری کر دیتی ہے۔ اللہ کا ذکر کرتے پرندوں کی چہچہاہٹ سماعتوں کو کتنی بھلی لگتی ہے۔ اے فرشتے اٹھو اور فطرت کی خوبصورتیوں اور نعمتوں کو اپنے

دامن میں سمیٹ کر اپنی روح کو مالا مال کرلو۔ رم جھم کے بعد آسمان کی بلندیوں پر مسکراتی قوسِ قذح کے شوخ رنگ وارفتگی پیدا کر دیتے ہیں۔ اٹھو اور ان خوبصورت رنگوں کے خزانوں سے روح کو سیراب کرلو۔

سر میں تقریبا دو ماہ تک ہسپتال جاتی رہی اور اس بے ہوش مریض کا ہاتھ پکڑ کر روزانہ کم وبیش یہی الفاظ دہراتی رہی پھر مجھے سکول میں چھٹیاں ہوگئیں۔

چھٹیوں کے بعد جب میں سکول گئی تو چھٹی کے بعد ہسپتال بھی گئی تو دیکھا وہ بیڈ خالی تھا اس کے دو ہی مطلب تھے یا تو وہ مریض صحت یاب ہو کر گھر چلا گیا ہے یا خدانخواستہ سفر آخرت پر روانہ ہو چکا ہے۔ مجھے کسی سے پوچھنے کی ہمت نہ ہوئی کیونکہ اس مریض کی موت کا دکھ میرے لیے ناقابل برداشت ہوتا۔

کچھ سالوں کے بعد جب میں اپنے والدین کے ساتھ دوسرے شہر پہنچی تو میں یہ دیکھ کر حیران ہوگئی کہ وہی شخص ایک پٹرول پمپ پر بیٹھا ہوا ہے۔ اسے دیکھ کر مجھے اتنی خوشی ہوئی کہ میں نے فرطِ جذبات سے اس کا ہاتھ چوم لیا بے اختیار میرے منہ سے نکلا اے زندگی عطا کرنے والے تیرا شکر ہے تو نے اسے زندگی اور صحت سے نوازا۔

اس شخص نے حیرانی سے میری طرف دیکھا اور بولا سوری بیٹا میں نے آپ کو پہچانا نہیں اوہ میرے منہ سے نکلا۔ دراصل انکل جب آپ ہسپتال میں بے ہوش تھے تو میں سکول سے آپ کے پاس آتی تھی۔ پھر مجھے سکول سے چھٹیاں ہوگئیں۔ چھٹیوں کے بعد جب میں دوبارہ گئی تو آپ وہاں نہیں تھے اس کے بعد آج آپ کو دیکھ کر بہت خوشی ہو رہی ہے میں روزانہ آپ کا ہاتھ پکڑ کر دنیا کی خوبصورتیوں کا ذکر کر کے آپ کو واپس لوٹ آنے کا کہتی تھی اور اللہ نے میری دعا سن لی وہ میری باتیں سن کر رونے لگ گیا۔ اچھا تم ہی وہ فرشتہ ہو جس کی وجہ سے میں واپس لوٹا ہوں۔ بیٹا یہ سچ ہے جو میں بتا رہا ہوں میں ایک دن اسی پمپ پر بیٹھا ہوا تھا کہ اچانک میرے اندر بلیک آؤٹ ہو گیا میں

کئی ہفتے بے ہوش رہا پھر مجھے لگا روز ایک فرشتہ آتا ہے اور میرا ہاتھ پکڑ کر مجھے کہتا ہے اے محترم انسان اٹھو دنیا آپ کا انتظار کر رہی ہے آپ کے پیاروں کی آنکھیں آپ کو تندرست اور چلتا پھرتا دیکھنا چاہتی ہیں۔ آپ جب سے ہسپتال آئے ہیں اللہ نے بہت سی نئی خوبصورتیاں پیدا کر دی ہیں۔ جو پہلے خوبصورتیاں تھیں ان کو اور بھی زیادہ دلکش بنا دیا ہے اور پھر اس نے وہی الفاظ دہرائے جو میں اسے روز کہتی تھی۔ کہنے لگا پھر میرے اندر ایک شدید خواہش پیدا ہو گئی کہ میں زندگی کی طرف دوبارہ لوٹوں اور اس جہاں کی خوبصورتیوں سے اپنی روح کو مالا مال کروں پھر میں ہر لمحہ رب سے التجا کرتا تھا مجھے اپنی خوبصورت دنیا میں واپس بھیج دے تاکہ میں سوہنے رب اور خوبصورتی کو پسند کرنے والے اور محبت کرنے والے پروردگار کا شکر ادا کر سکوں اور پھر ایک دن ڈاکٹر حیران رہ گئے میرے اعضاء نے دوبارہ کام کرنا شروع کر دیا پھر آہستہ آہستہ مجھے ہوش آنا شروع ہو گیا اور آج میں آپ کے سامنے موجود ہوں مجھے معلوم نہ تھا کہ جو فرشتہ میرے پاس آتا تھا اور کائنات کی خوبصورتیوں کا ذکر کر کے مجھے دوبارہ اس خوبصورت دنیا میں واپس لانا چاہتا تھا وہ فرشتہ تم ہو۔

جب وجیہہ نے اپنا تعارف مکمل کیا تو پوری کلاس پروفیسر سمیت کھڑی ہو گئی اور کمرہ تالیوں سے گونج اٹھا۔

وجیہہ اس کلاس کی روحِ رواں تھی وہ عجیب باتیں کرتی تھی اس کے سوالات بھی پراسرار ہوتے تھے اور جوابات بھی الگ ہوتے تھے میں نے ہمیشہ اسے پرانے کپڑوں مگر نئی کتابوں کے ساتھ دیکھا، کہتی تھی انسان کو چاہیے وہ کتابوں کی طرف لوٹ آئے وگرنہ انسان انسان کو کھانے لگے گا وہ کہتی تھی آدمی کو محبت کے معاملے میں خانہ بدوش ہونا چاہیے جس کسی نے بھی پیار سے پکارا اپنا گھر بار اٹھا کر چلے آئے۔ کہتی تھی کتنی بدقسمتی ہے کہ آدمی میں تکبر آ جائے متکبر آدمی گولڈ فش کی طرح ہوتا ہے جس کی یادداشت

صرف تین سیکنڈ ہوتی ہے اور آدمی بھی تین سیکنڈ میں رب کو بھول کر سٹارفش کی طرح ہو جاتا ہے جس کا دماغ نہیں ہوتا۔ کہتی ہے کسی ملک کو تباہ کرنے کے لیے اسلحے کی ضرورت نہیں اس کی معاشرت تباہ کر دو ملک ٹوٹ جائے گا کسی بھی ملک کی معاشرت کو تباہ کرنا ہو تو اس کے مکان کے نیچے دکان لے آؤ بازاروں میں رہنے والے فطرت سے دور ہو جاتے ہیں رب کو فطرت سے بے حد پیار ہے یہاں تک کہ معجزہ تک بھی غیر فطری نہیں ہوتا صرف زمانے سے آگے ہوتا ہے کہتی تھی نماز بندگی نہیں اظہار بندگی ہے، بندگی تو اطاعت سے شروع ہوتی ہے اور جس سے توبہ چھن گئی اس سے شرفِ انسانیت چھن گیا اور ولی اللہ کے پاس تزکیہ نفس کی فرنچائز ہوتی ہے وہ حاجت روا نہیں ہوتا، حسن سوال میں ہے جواب میں نہیں جب تک چاند سوال رہا اس کا رومانس دلوں پر حاوی رہا جب پانی، آکسیجن کے بغیر اور کھائیوں والی زمین چاند ہے کا جواب ملا اس کا سارا رومانس ختم ہو گیا۔ کہتی ہے انسان صرف انھی سے زندگی کی دوڑ ہارتا ہے جن کے پاؤں کا وہ کانٹا نکالتا ہے اور انا کے مقابلے میں ہارنے والا جیت جاتا ہے۔

اس دن مجھے اپنے وجود کی بساط پر سب سے بڑی مات ہوئی مجھے اس دن پتہ چلا کہ میں اپنے بدن کی قبر میں گڑھا ہوا ہوں مگر مجھ میں خودکشی کا اعتراف کرنے کا حوصلہ نہ تھا۔ جب میں نے اسے اپنا ہم سفر بنانا چاہا، تو بولی تمہارا مذہب اژدھے کا مذہب ہے اسی لیے تو تمہیں کمزور کو نگلنے کا حق حاصل ہے۔ تمہاری طبیعت سانپ کی مانند ہے جس کے لیے کوئی بھی قابل احترام نہیں ہوتا۔ تمہاری شریعت میں تمہاری دستار دوسروں کے خون سے زیادہ اہم ہوتی ہے۔ سنو بھیڑ اور بھیڑیا صرف اسی صورت میں اکٹھے رہ سکتے ہیں جب بھیڑ بھیڑیے کے پیٹ میں سما جائے اگر تمہیں زیورات کا شوق ہے تو تمہیں کان میں سوراخ کروانا پڑے گا۔ میری دعا ہے تمہاری زندگی کی جوگن کو ساون میں کوئی سانپ ڈس جائے۔ سنو کینچلی بدلنے سے زہر کم نہیں ہوا کرتا۔ جینا چاہتے ہو تو اپنی

ذات کی قید سے باہر نکلو جہاں پہنچ کر عشق اس قابل ہوتا ہے کہ وہ حصارِ ذات کو توڑ کر زندگی کی ایک نئی سطح دریافت کرتا ہے۔اور زندانِ ذات سے نکلنے کا واحد راستہ عشق ہے اپنے اشرف المخلوقات ہونے پر شکر ادا کیا کرو شکر کرنے والے کو حفاظت میں لے لیا جاتا ہے اگر شکر ادا نہیں کرو گے تو تاوان ادا کرنا پڑے گا۔میری اس بات پر غور ضرور کرنا یہ بات زندگی کا نصاب تبدیل کرنے والی چیز ہے کہ ''خنزیر کی جسمانی ساخت ایسی ہے کہ وہ زندگی بھر آسمان کی طرف نہیں دیکھ سکتا۔''

اس دن یونیورسٹی سے گھر آ کر میں بہت رویا تھا۔میری سسکیاں رکنے کا نام ہی نہیں لے رہی تھیں مجھے اس کی یہ بات کھا گئی تھی کہ ''خنزیر کی جسمانی ساخت ایسی ہے کہ وہ عمر بھر آسمان کی طرف نہیں دیکھ سکتا'' میں نے بھی تو عمر بھر نہ آسمان کی طرف دیکھا تھا اور نہ آسمانوں کے مالک کی طرف میں نے اپنے اعمال تک کو دعاؤں کے سہارے سے محروم رکھا تھا میں نے تو تمام عمر کبھی آسمان والے کی طرف رجوع ہی نہیں کیا تھا۔ایک لمحے کو مجھے خیال آیا کہیں ایسا تو نہیں جنھوں نے زندگی بھر آسمان اور آسمان والے کی طرف نہ دیکھا ہو انہیں اگلے جنم میں خنزیر بنا دیا گیا ہو اور پھر میں نے اس خیال کو فوراً جھٹک دیا میں ساری رات آسمان کی طرف دیکھ کر روتا رہا۔رب سے معافی کی التجا کرتا رہا مجھے اس دن معلوم ہوا مخلوق خدا سے محبت کرنے والوں اور قربانی دینے والوں سے رات کو آسمان باتیں کرتا ہے۔کہتے ہیں جب چور کی قسمت جاگتی ہے تو کتے کو نیند آجاتی ہے اور اس رات میرے اندر کے چور کی بھی قسمت جاگ اٹھی اس رات میرے نفس کے کتے کو نیند آ گئی پھر میں نے اپنے اندر ہی نقب لگائی اور اندر کا خزانہ چرا کر بھاگ آیا۔ صبح کے سورج نے دیکھا ایک نئے دائم علی شاہ نے جنم لے لیا تھا۔پھر یونیورسٹی میں میری اور وجیہہ کی کبھی بات چیت نہ ہو سکی ہم ایک دوسرے کو دیکھ کر راستہ بدل جاتے تھے۔مگر وہ ایک نئے دائم علی شاہ کو دیکھ کر حیرت زدہ تھی۔

اس دن یونیورسٹی میں ہمارا آخری دن تھا میں اپنے گاؤں روانہ ہو رہا تھا میں کبھی اتنا بھی بدل سکتا ہوں میں نے کبھی سوچا بھی نہیں تھا۔ میں نے اپنا سامان اٹھایا وہ ایک شجر کے نیچے تنہا بیٹھی تھی میں نے اس کے پاس جا کر کہا وجیہہ میں تم سے معافی مانگنے آیا ہوں۔ وہ اداس آنکھوں سے مسکرادی اور بولی مجھے افسوس ہے مگر یہ ضروری تھا ورنہ تم عمر بھر آسمان کی طرف نہ دیکھ پاتے۔ میری زندگی کا نصاب بدلنے پر آپ کا مشکور ہوں پلیز مجھے صرف دو سوالوں کا جواب چاہیے۔ میں نے بیگ کو کندھے پر رکھ کر کہا:

جی پوچھو، وہ بولی!

میں عمر بھر اتنی محنت کے باوجود ناکام کیوں رہا کامیابی کیسے ملتی ہے؟ اور دو دن کے بعد عید قربان ہے فلسفہ قربانی کیا ہے؟

وجیہہ سر جھکائے کچھ دیر خاموش بیٹھی رہی پھر بولی سنو ہر جگہ کا اپنا مزاج ہوتا ہے اور کامیاب وہی ہوتا ہے جو اس جگہ اور موقع کی مناسبت اور مزاج کے مطابق چلے اس کائنات کا بھی ایک مزاج ہے جو بھی اس کے مزاج کے مطابق چلے گا کائنات کی ہر چیز اس کے لیے مسخر کر دی جائے گی کائنات میں موجود ہر چیز رب کی حمد و ثنا بیان کر رہی ہے اور اس کائنات کا مزاج اللہ کی عبادت، فرمانبرداری اور پیروئ رسولؐ ہے۔ اس کائنات کا حسن قربانی ہے غور کرو درخت اپنا پھل خود نہیں کھاتا نہ وہ اپنے سایے میں بیٹھتا ہے دریا اپنا پانی خود نہیں پیتے پہاڑ اپنے اندر چھپے معدنیات کے خزانے خود استعمال نہیں کرتے بادل کے آنسو صحرا کی پیاس کے لیے ہیں زندگی قربانی مانگتی ہے اگر قربانی نہیں دو گے تو تاوان ادا کرنا پڑے گا اور زندگی کا تاوان دُنیا اور آخرت کی ناکامی ہے۔

وہ مجھے بلک بلک کر روتا دیکھ کر خود بھی رو پڑی اور سر جھکا کر آہستہ سے بولی سنو میں تمھارا انتظار کروں گی۔

○○○

قافلہ سالار

میرا باپ کہتا تھا قافلے کی راہگزر سے کانٹے چنتے رہا کرو اگر ایسا نہیں کرو گے تو عیب چننے کی سزا دے دی جائے گی۔ وہ محبت کرنے والا نہایت شفیق اور قافلۂ آزادی کا سالار تھا اس کو معلوم تھا کہ غلامی کے کھیت میں یا تو بھوک اگتی ہے یا گدائی کے کشکول۔ تمام عیوب میں غلامی ہی ایک ایسا عیب ہے جو اخلاق کی پستی، دنایت اور بغض وعناد جیسے ناپاک رذائل انسان۔ کے اندر پیدا کر دیتا ہے۔

سروں کی فصل آقاؤں کو ہمیشہ مرغوب رہی ہے۔ یتیموں کی فصل اگانے والے آقاؤں کو معصوم بیٹوں کی لاشیں دیکھ کر چھاتی پیٹتی مائیں اچھی نہیں لگتیں اور نہ انہیں وہ غیرت مند بھائی اچھے لگتے ہیں جو بہنوں کی ردا چھیننے والے کا خون پی جاتے ہیں یہ چاہتے ہیں غلام سوگ بھی پتھر کی طرح منائیں۔ غلامی کرائے کا وہ گھر ہے جس کو جتنا بھی سجالیں مگر اپنا نہیں ہوتا۔ ہجر کے صحرا میں سلگتی آنکھیں اور لمس کی چاہت میں کھلی بانہیں اگر منتظر نہ ہوں تو گھر اینٹوں اور گارے سے بنے مکان بن جایا کرتے ہیں۔ مکانوں اور قبرستانوں میں رہا نہیں کرتے روح کی ملکہ غمزدہ ہو جاتی ہے۔ مکانوں اور

قبرستانوں میں سیاہ راتیں پھنکارتی ہیں۔

دکھوں کی برف باری میں جب اندر کے سارے راستے گم ہو جاتے ہیں تو شکستِ ذات کی تنہائی کے زندان میں اسیر بے چراغ راتوں کی قبا اوڑھے میں یادوں کے سپنوں میں کھو جاتا ہوں۔ صبح کا بھولا اگر شام کو واپس نہ آئے تو مکینوں اور مکانوں پر کیا گزرتی ہے۔ اس کا اندازہ ماں باپ کا دل رکھنے والا ہی کر سکتا ہے۔ ماں اور باپ کا تصور کھلی بانہوں اور ہر لمحہ دعا دیتے لبوں کے بغیر ادھورا ہے ان کی غیر موجودگی میں گھر دور ویرانے میں شکستہ اینٹوں سے بنا صدیوں پرانا وہ مقبرہ ہے جس پر برسوں کوئی نہیں آیا اور جس پر وقت کے بے رحم قلم نے فنا کی لوح پر آگہی کی روشنائی سے لفظ ''عبرت'' لکھ دیا ہو۔

جس دن میرا پہلا دودھ کا دانت ٹوٹا تھا اس دن میری ماں مجھے تنہا چھوڑ کر خالقِ حقیقی سے جا ملی تھی مجھے دھندلا سا یاد ہے اس دن دھوپ کے بادل کُھل کر برسے تھے اس دن تیز ہوا مجھ سے رنگ برنگے غبارے چھین کر لے گئی تھی اس دن میں بہت رویا تھا اس دن نہ جانے کیوں میری ماں بھی میرے ساتھ بہت روئی تھی۔ بابا نے اس دن مجھے گلے لگا کر بہت پیار کیا تھا اور پھر اس دن مجھے اتنے غبارے لا کر دیے تھے کہ میرا سارا گھر غباروں سے بھر گیا تھا۔ اس سے اگلے ہی دن اجل کی تیز ہوا میری ماں کو بھی غباروں کی طرح مجھ سے چھین کر لے گئی اس دن میرے ساتھ میرا باپ بھی بہت رویا تھا اس کی سسکیاں مجھے اب بھی سونے نہیں دیتیں۔ اس دن مجھے کسی نے بھی غبارے لا کر نہیں دیے اس دن مجھے اپنا گھر سُونا سُونا اداس چپ چپ سا اور بے رنگ لگا۔

محبت کرنے والوں کی کیمسٹری بھی بدل جاتی ہے محبت کرنے والے کی ذات ایک دلآویز، مسحور کن مگر پُراسرار شخصیت کا روپ دھار لیتی ہے محبت کرنے والے کی آنکھ وہ اسرار بھی دیکھ لیتی ہے جو مجھ جیسے دنیا دار اور انا پرست دیکھ نہیں پاتے۔ میرا باپ محبت کا

استعارہ تھا وہ صبر اور قربانی کا مرکب تھا اس کو ایک عجیب دکھ تھا۔ وہ کہتا تھا شہروں میں راستوں کو کوئی سونے نہیں دیتا وہ نگر کو پیڑوں سے شناخت کرتا تھا کیونکہ لوگ تو روز چہرے بدل رہے ہیں۔ اسے وہ بلند عمارتیں اچھی نہیں لگتی تھیں جن کو دیکھ کر دستار گر پڑے وہ شہروں کی پھیلی ہوئی آبادی میں سمٹے ہوئے لوگوں کو دیکھ کر افسردہ ہو جاتا جو اپنے اپنے خیالات کے مزاروں میں دفن جی رہے تھے۔ میرا باپ کہتا تھا ان کا المیہ یہ ہے کہ انھوں نے کبھی اپنی ذات سے باہر نکل کر نہیں دیکھا یہ لوگ بڑی اذیت میں زندہ ہیں دن ان کو جینے نہیں دیتے اور راتیں مرنے نہیں دیتیں۔ اس کا بچپن گاؤں میں گزرا تھا اس کو اب بھی پیپل اور برگد کی ٹھنڈی چھاؤں، کوئل کی راگنی، باغوں میں جھولے اور مٹی کی سوندھی سوندھی خوشبو اچھی لگتی ہے۔ بارشوں کی پہلی بوندوں کے بعد کچی مٹی کی مہک اسے بے سدھ کر دیتی ہے۔ اس کو آج بھی اچھا لگتا ہے اجلی فضا کی خوشبو، رنگوں بھرا دھنک کا منظر، پھولوں اور درختوں میں چھپن چھپائی، کھیلتی تتلیاں رات کو ٹمٹماتے جگنو سبز درختوں کے سائے موسم بہار کی خوشبودار ہوائیں سکھیاں ٹپے گائیں، گڈیوں کی شادیاں کریں، کچے آنگنوں میں ککلیاں ڈالیں۔ رات ہوتے ہی آسمان ستاروں کی قندیلوں سے روشن ہو جائے۔ تکیے پر سر رکھتے ہی نیند کی پریاں آغوش میں لے لیں۔

میں روز سونے سے پہلے ان سے کہانی ضرور سنتا تھا بابا کہتے تھے کہانی سنے بغیر مت سویا کرو ورنہ اندر کا بچہ مر جائے گا۔ جس کے اندر کا بچہ مر جائے وہ فرعون بن جایا کرتے ہیں۔ پھر گوانتانا موبے کی جیلوں کی رونق بڑھ جایا کرتی ہے۔ ہیروشیما ناگاسا کی جلنے لگتے ہیں اور جامعہ حفصہ کی قرآن پڑھتی بچیاں فاسفورس کی بھٹی کا رزق بنا دی جاتی ہیں۔ دریائے نیل کا شفاف پانی آج بھی عبرت کی داستان چھپائے گنگناتا ہوا بہہ رہا ہے۔

میرے باپ کے معاش کا تابوت بہت چھوٹا تھا۔ میری خواہشات بہت قد آور تھیں اس لیے وہ ان میں لیٹنے سے انکار کر دیتی تھیں۔ میرے باپ نے ہر ممکن کوشش کی کہ مجھے خوش رکھ سکے۔ اس نے عمر بھر دوسری شادی نہیں کی۔ مجھے اب بھی یاد ہے ساتھ والے گاؤں میں سرکس والے آئے تو اس میں ''موت کا کنواں'' بھی تھا جس میں ایک موٹر سائیکل سوار زندگی کو ہتھیلی پر رکھ کر کرتب دکھاتا تھا میں نے بابا سے کہا ہم نے موت کا کنواں دیکھنے ضرور جانا ہے کیوں کہ اس نے مر ہی تو جانا ہے کب تک قسمت اس کا ساتھ دے گی بابا نے وعدہ کرلیا۔ پھر مجھے پتہ چلا کہ اب موت کے کنویں میں بیک وقت دو موٹر سائیکل سوار ایک ہی وقت میں اپنے فن کا مظاہرہ کریں گے۔ میں نے بابا سے کہا اب تو ہم دیکھنے ضرور جائیں گے کیونکہ اب تو انہوں نے بچنا ہی نہیں۔ دو دن بعد مجھے معلوم ہوا اب بیک وقت تین موٹر سائیکل سوار اپنے فن کا مظاہرہ کریں گے میں نے ضد کرنا شروع کر دی۔ بابا اب تو انہوں نے مر ہی جانا ہے بھلا ایک چھوٹے سے لکڑی کے بنے کنویں میں تین موٹر سائیکل بیک وقت کیسے چل سکتے ہیں وہ آپس میں ٹکرائیں گے اور مر جائیں گے کل ہم ضرور چلیں گے۔

اگلے دن جب میں بابا کے ساتھ ٹکٹ خریدنے کے لیے قطار میں کھڑا تھا۔ تو میں نے دیکھا ہم سے آگے دو میاں بیوی اپنے چار بچوں کے ساتھ موت کا کنواں دیکھنے کے لیے قطار میں کھڑے تھے۔ عورت نے جب ٹکٹ خریدنا چاہی تو اسے معلوم ہوا تین موٹر سائیکل سواروں کے بیک وقت فن کی وجہ سے ٹکٹ کی قیمت بڑھ چکی ہے اور ان کے پاس موجود پیسوں سے صرف چار ٹکٹ ہی خریدے جا سکتے ہیں۔ دو افراد کو موت کا کنواں دیکھنے سے محروم رہنا پڑے گا اب میاں بیوی میں صلاح ومشورے شروع ہو گئے مرد کا اصرار تھا کہ میں ایک بچے کو لے کر باہر کھڑا ہو جاتا ہوں تم باقی تین بچوں کو دکھا لاؤ۔ عورت کا اصرار تھا کہ میں ایک بچے کو لے کر کھڑی ہو جاتی ہوں تم تین بچوں کو لے

جاؤ اور موت کا کنواں دکھا دو۔ پھر فیصلہ ہوا ہم دونوں باہر بیٹھ جاتے ہیں صرف بچے دیکھ آئیں۔ مگر بچے ماں باپ کے بغیر رضا مند نہیں تھے ابھی یہ بحث جاری تھی کہ میں نے دیکھا میرا باپ جھکا اس نے زمین سے کچھ پیسے اٹھائے اور بولا خاتون یہ آپ کے پیسے نیچے گر گئے تھے۔ عورت ایک لمحے کے لیے حیرت زدہ ہو کر دیکھنے لگی میرے پیسے؟ وہ بڑبڑائی۔ ہاں ہاں یہ آپ ہی کے پیسے ہیں میں نے خود دیکھا تھا میرے باپ نے کہا۔ خاتون نے پیسے لیے اور خوشی سے چیختے ہوئے اپنے شوہر سے بولی اب ہم سارے اکٹھے شو دیکھ سکتے ہیں۔ بابا نے آہستہ سے مجھے قطار سے نکالا اور کہا بیٹا گھر چلیں ہم کل آئیں گے آج پیسے گم ہو گئے ہیں۔ جب ہم واپس گاؤں آ رہے تھے تو میں جانتا تھا نیچے گرے ہوئے پیسے کس کے تھے کس نے قربانی دی؟ ہم موت کا کنواں کیوں نہ دیکھ سکے مگر مجھے اپنے باپ کا قد بادلوں سے چھوتا ہوا لگ رہا تھا۔

میری ماں کا ذکر جب بھی ہوتا بابا کے گالوں پر اشکوں کی ندیاں بہنے لگتیں اس کے ہونٹ کانپنے لگتے پھر وہ سر جھکا کر خود کلامی کے انداز میں کہتا نیک بخت کو ہر کام وقت سے پہلے کرنے کی عادت تھی زندگی کا سفر بھی اس نے وقت سے پہلے ختم کر لیا۔ وہ عمر بھر خزاں کی زرد شال پر محبت کے سفید پھول کاڑھتی رہی۔ ایک دن میرے باپ نے مجھے کہا پُتر اپنی موت تک ضرور زندہ رہنا۔ میں نے حیرانی سے بابا کی طرف دیکھا۔ بابا بولے زندگی علم سے ہے اور علم سوال سے ہے۔ سوال کی موت ہو جائے تو علم زندہ نہیں رہتا۔ قلم کے تقدس کا خیال رکھنا۔ قلم سے اگر جھوٹ لکھو گے تو لوحِ محفوظ پر عذاب لکھ دیا جائے گا۔ قلم اور کتاب سے گریزاں قومیں بازی گر کا تماشا دیکھنے والا ہجوم بن جایا کرتی ہیں۔

جس دن قافلہ سالار اپنے جسم کے قافلے سے بچھڑ رہا تھا تو میں اس دن بہت رویا تھا بہت چیخا تھا میرے ہونٹ کپکپا رہے تھے۔ میری آنکھیں خون اگل رہی تھیں۔ بابا

مجھے چھوڑ کے مت جاؤ۔ مجھے تمھارے بغیر رہنے کی عادت نہیں ہے۔ یہ دنیا بڑی ظالم ہے مجھے اس سفاک دنیا کے سپرد کر کے مت جاؤ یہ لوگ پتھر کے بنے ہوئے ہیں ان کے لہجے پتھر کے ہیں۔ ان کے ہونٹ پتھر کے ہیں۔ ان کی باتیں پتھر کی ہیں ان کے راستے پتھر کے ہیں۔ ان کے سینے پتھر کے ہیں یہ قرآن پڑھتی معصوم بچیوں کو جن میں ماں باپ کی جان ہوتی ہے فاسفورس کی بھٹی میں زندہ جلا دیتے ہیں۔ جن کی ماؤں نے انہیں آزاد جنا ہے انہیں یہ ''قومی مفاد'' میں غلام بنا دیتے ہیں۔ بابا تم مجھے کتنے رشتوں سے محروم کر کے جا رہے ہو۔ تم میری ماں بھی ہو باپ بھی۔ بہن بھی ہو بھائی بھی میرے دوست بھی ہو۔ میرے مرشد بھی میرے غم خوار بھی ہو میرے محبوب بھی مجھے کھلی بانہوں کے بغیر گھر آنے کی عادت نہیں کوئی میرا ماتھا نہ چومے کوئی مجھے کہانی نہ سنائے مجھ نیند نہیں آتی۔ میرے اندر کا بچہ ابھی مرا نہیں۔ اسے کہانی سننے کی عادت ہے۔ وہ فرعون نہیں بننا چاہتا۔ یہاں ہر شجر پر آکاس بیل مسلط ہے۔ بابا مجھے چھوڑ کر مت جاؤ بابا مجھے انسانوں کے جنگل میں چھوڑ کر مت جاؤ، یہاں امن کے پرندے کا سارا شہر شکاری ہے، بابا مجھے چھوڑ کر مت جاؤ، مت جاؤ.........

بابا نے آنکھیں کھولیں میری طرف دیکھا مسکرانے کی کوشش کی ڈوبتی ہوئی آواز میں بولے بیٹا کبھی جسم کے مغالطے میں نہ پڑنا اللہ تجھے اپنے نام کی حلاوت سے آشنا کر دے۔ پھر انہوں نے کلمہ پڑھا اور مجھے چھوڑ کر چلے گئے۔ انہوں نے پہلی دفعہ مجھ سے بے وفائی کی۔ وہ میرے زندگی کے سارے رنگ لے کر خود بے رنگ مٹی میں سو گئے۔

بابا صحیح کہتے تھے موت انسان کا کچھ نہیں بگاڑ سکتی اس کو یادیں مار دیتی ہیں ان کو اپنے جیون ساتھی کے ساتھ گزرے لمحوں کی یادیں مار گئیں۔

کھیتوں میں سرسوں کی پیلی رت پھر سے آ گئی ہے۔ بابا کو مجھ سے بچھڑے ایک سال ہو گیا ہے ہجر کی تال پر رقصاں پاؤں لہولہو ہو چکے ہیں۔ آنسوؤں کی رت گئی ہے تو

چپ کا موسم آ گیا ہے احساس مرگ لیے جی رہا ہوں ۔ سارا دن شہر خموشاں میں چپ چاپ بیٹھا رہتا ہوں واپسی میں غبارے خریدتا ہوں اور تیز ہوا میں اڑا دیتا ہوں اور گھر آ کر خوب روتا ہوں مگر اب میرے ساتھ رونے والا کوئی نہیں ہے اب مجھے سینے سے لگانے والا کوئی نہیں ہے۔ اب میرے گھر کو رنگین غباروں سے بھرنے والا کوئی نہیں ہے۔ اب میرا ماتھا چوم کر سلانے والا کوئی نہیں ہے۔ میرے اندر کا بچہ مرتا جا رہا ہے۔ مجھے اب کوئی کہانی سنانے والا نہیں ہے۔ ساری اخباریں پڑھتا ہوں لوگوں کی خامیاں اور عیب چنتا ہوں اور کالم لکھ کر اگلے دن کے اخبار کے لیے بھیج دیتا ہوں میں نے ہمیشہ ذاتی مفاد کو قومی مفاد پر ترجیح دی ہے میں قافلے (پاکستان) کی راہ گزر سے کانٹے نہ چن سکا قافلہ سالار (بابا) صحیح کہتا تھا قافلے کی راہ سے کانٹے چنتے رہو ورنہ عیب چننے کی سزا دے دی جائے گی۔ ۔

OOO

بحرِ مردار

خواب وخیال کا سفر بھی عجیب ہے۔لمبی مسافتوں کے بعد اگر منزل مل بھی جائے تو سراپا گم ہو چکا ہوتا ہے۔میں نے تاریخ کی کتاب کو درمیان سے کھولا لکھا تھا فرعونوں کی لاشوں کو حنوط کرنے کے لیے ایک خاص عرصہ تک بحرِ مردار میں رکھا جاتا تھا میں نے کتاب بند کی اور خواب و خیال کی دنیا میں چلا گیا۔زندگی اور موت کے الفاظ کبھی متروک کیوں نہیں ہوتے؟ بحر مردار کو بحر مردار کیوں کہتے ہیں موت کا اس سمندر سے تعلق کیونکر ہوا؟ کیا کثافتیں موت کو جنم دیتی ہیں۔بحر مردار آج بھی میرے لیے ایک پراسرار معمہ ہے۔میں اپنی کثافت زدہ روح کے لیے ابھی یہ سب کچھ سوچ ہی رہا تھا کہ وہ شعر گنگناتے ہوئے کمرے میں داخل ہوا۔

میرے خمیر میں شامل ہے صدیوں کی غلامی
وگرنہ وقت تو ایسا ہے بغاوت کی جائے

بابا کو سلام کرنے کے بعد سعید میری طرف دیکھ کر مسکرایا اور بولا: برطانوی غلامی سے امریکی غلامی تک کے سفر میں صرف ایک تبدیلی آئی ہے۔اب آقاؤں کو زندہ

انسانوں کو حنوط کرنے کا فن آگیا ہے۔

میں نے حیرت سے بابا کی طرف دیکھا اور بولا :

بابا یہ سعید بھی عجیب باتیں کرتا ہے بھلا کوئی زندہ انسانوں کو بھی حنوط کر سکتا ہے۔

بابا مسکرائے اور میری طرف چہرہ گھماتے ہوئے بولے۔

طفیل پُتر سعید صحیح کہتا ہے۔

جب آسائشوں کو ضرورت کا نام دے دیا جائے۔ مقصد حیات صرف آسائش بدن ہو جائے اور دلوں کے اندر خواہشات کا جنگل اگا کر بھوک کا خوف پیدا کر دیا جائے تو زندہ انسان حنوط ہو جایا کرتے ہیں۔ ایسے انسانوں کو دیکھ کر پتھر میں کیڑے کو رزق دینے والا رب اداس ہو جایا کرتا ہے۔ بابا کی آنکھوں میں اداسی سمٹ آئی۔ انہوں نے تاریخ کے آتش دان پر نظر ڈالی اور بولے:

غلامی کے پاؤں میں سدا ذلت کی پائل رہتی ہے۔ غلاموں کی زندگی میں کوئی بڑا نصیب العین نہیں ہوتا اور کسی بڑے نصب العین، مقصدِ حیات کے بغیر زندگی کسی کوڑے دان کے سوا کچھ بھی نہیں۔ غلام اگر کوزہ گری بھی سیکھ لے گا تو فقط کاسے ہی بنائے گا۔ غلاموں کی صبحیں نور سے خالی شامیں خون میں ڈوبی اور ان کے قفس کی ہوائیں زہر سے بوجھل ہوتی ہیں۔

بابا یہ غلام کون ہوتے ہیں؟

طفیل پُتر جو اللہ کے دیئے ہوئے ٹیلنٹ کا منکر ہو کر مایوس ہو جائے اس ناشکری کی سزا کے طور پر اسے غلام بنا دیا جاتا ہے۔ رب اپنے ماننے والوں کو غلام دیکھنا نہیں چاہتا اسی لیے تو قرآن میں غلامی کے آداب نہیں سکھائے گئے۔ پرندہ زیادہ دیر قفس میں رہ جائے تو پھر قفس اس کا اندر رہنے لگتا ہے۔

میں اور سعید دو جڑواں بھائی ہیں مگر ہم دونوں میں زمین اور آسماں کا فرق ہے۔

میں آج تک اپنی ذات کے دائرے سے باہر نہیں نکل سکا مگر وہ ایسا ابر ہے جو سمندروں میں بھی برستا ہے اور صحراؤں کی بھی پیاس بجھاتا ہے۔ مجھے صدیاں گزر گئیں ہیں لمحوں کو تراشتے ہوئے اور وہ حدودِ ذات سے نکل کر لامکاں ہوگیا ہے۔ میں آج بھی فقط ایک تماشائی ہوں مگر سعید اس گڈے گڈی کی طرح ہے جن کی فرضی شادی گاؤں کے چھوٹے چھوٹے بچوں، بچیوں کو نہال کر دیتی ہے۔ میں اگر آتش فشاں کا لاوا اگلنے والی جون کی دوپہر ہوں تو سعید جاڑے کی سخت سرد یخ بستہ بھیگی شب۔ میرا وجود ایک ٹیبل لیمپ کی طرح ہے جو صرف اپنے آپ ہی کو منور کرتا ہے مگر وہ منڈیر پر رکھا وہ چراغ ہے جس سے نہ صرف اپنا گھر بلکہ ہمسائے کا آنگن بھی روشن ہے۔ میں صرف لینا جانتا ہوں مگر اس کا وجود سراپا قربانی ہے۔

مجھے اپنی دولت پر بہت ناز ہے وہ کہتا ہے ملکیت ہی سارے فساد کی جڑ ہے۔ وہ کہتا ہے ملکیت کا تصور ہی غلط ہے۔ ملکیت وہی ہے جو مرنے والے کے ساتھ قبر میں جا سکے۔ میں چاہتا ہوں ہم اس پرانے گھر کو گرا کر بڑا پلازہ تعمیر کریں مگر سعید کہتا ہے گھروں کی جگہ پر صرف گھر ہی بننے چاہییں۔ گھروں میں سکون ملتا ہے اور پلازے خوف پیدا کرتے ہیں۔ وہ کہتا ہے آج تک پلازوں میں کبھی کسی کو خدا نہیں ملا۔ وہ کہتا ہے منڈیروں کو کبھی گرانا نہیں چاہیے، شاید کبھی کوئی چراغ جلانے والا آجائے۔ منڈیروں پر پرندے بیٹھ کر گھر والوں کی سلامتی کی دعا کرتے ہیں۔ وہ کہتا ہے عجیب قانونِ فطرت ہے گھر اور شجر انسان کی ملکیت نہیں ہوتے بلکہ انسان ان کی ملکیت ہوتا ہے۔ اور آنگن درختوں کے بغیر صحرا کی طرح ہوتے ہیں۔ کبھی کبھی وہ اداس ہو جاتا ہے کہتا ہے ہم عجیب دور میں زندہ ہیں۔ جہاں دوستوں سے ملاقات بھی جنازگاہ ہی میں ہوتی ہے۔ وہ کہتا ہے جہاں پہچان ختم ہو جائے وہاں حیرت جنم لیتی ہے اور میرے دیس کے شہر حیرت زدہ کھڑے ہیں۔

مجھے قیمتی فانوس اچھے لگتے ہیں مگر اسے تتلیوں کے رنگ، جھرنے، پہاڑ، پھول اور تاروں سے سجا آسمان مجھے مہنگے پرفیوم اچھے لگتے ہیں مگر سعید کو بارش کی پہلی بوندوں کے بعد کچی مٹی کی مہکتی خوشبو اور بہتے پانیوں کی باس۔

کبھی کبھی مجھے لگتا ہے میرے دل کے مندر میں اداسی برس رہی ہے۔ شاید یہاں برسوں سے کسی نے دیا نہیں جلایا تھا کسی نے شنکھ کی صدا نہیں دی تھی کسی نے یہاں خاموش پڑی گھنٹیوں کو نہیں ہلایا تھا۔

مجھے سیاحت کا بہت شوق ہے۔ میں نگر نگر گھوما ہوں۔ سعید کہتا ہے تم کولہو کے بیل کی طرح دائرے میں سفر کرتے ہو۔ سفر تو ہمیشہ دائرے سے باہر ہوتا ہے دائرے کے اندر کا سفر تو کوئی سفر نہیں ہوتا۔

کبھی کبھی مجھے لگتا ہے میں ایک تھکا ہوا مسافر ہوں اور بابا ایک دیوار کی طرح ہیں جس کے ساتھ کمر لگا کر میں بیٹھ جاتا ہوں۔ میں نے ایک دن بابا سے کہا بابا سعید بھی عجیب دیوانہ ہے کہتا ہے تم دائرے میں سفر کرتے ہو سفر تو صرف دائرے سے باہر کا ہوتا ہے۔

بابا مسکرائے کچھ دیر خاموش رہنے کے بعد بولے۔

طفیل پُتر جس کی نظر میں وسعت آجائے اسے دیوانہ نہیں کہتے۔ پُتر سفر تو ہوتے ہی دو ہیں۔ ہجرت یا معراج باقی تو پاؤں تھکتے ہیں سفر نہیں ہوتا۔

میں نے حیرانی سے بابا کی طرف دیکھا بابا نے میرا ہاتھ اپنے ہاتھ میں لے لیا اور پھر مسکراتے ہوئے کہنے لگے۔

پُتر بوجھ نہ اٹھاؤ تو زندگی تھکنے لگتی ہے جب میں نے تعلیم مکمل کی تو میں بہت خوش تھا مگر اب مجھے زندگی کا سبق بہت مشکل لگتا ہے کبھی کبھی دل چاہتا ہے ماں مجھے پھر سے سکول کا بستہ لا دے بیٹھا تختی لکھتا رہوں اور مٹاتا رہوں۔ اب وقت کی لوح پہ جو بھی

لکھتا ہوں مٹایا نہیں جا سکتا۔ کبھی مجھے بھی تمھاری طرح بیسیوں کتابیں ازبر تھیں جب سے مکتب بدلا ہے ایک کورا کاغذ ہی یاد نہیں ہو رہا۔ میں ایک خالص دنیا دار، ہوشیار بلکہ چالاک شخص ہوں مگر میری زندگی کی دو باتیں مجھے بڑی عجیب لگیں ایک یہ کہ ایک دن اچانک میرے ہونٹوں سے دعا نکلی اے خدا مجھے پھر سے پیدا کر دے۔ اور دوسری بات مجھے عجیب سا خیال آیا کہ روز قیامت رب نے مجھ سے پوچھ لیا کہ جو میں نے تمھیں معصومیت دے کر بھیجا تھا وہ کہاں ہے وہ معصومیت مجھے واپس کرو تو میں کیا جواب دوں گا۔

ہم دونوں بھائیوں نے ایک ساتھ انگریزی ادب میں ایم اے کیا اور پھر اکٹھے ہی مقابلے کا امتحان پاس کیا میں نے سول سروس جائن کر لی مگر سعید نے لیکچرشپ کو ترجیح دی۔ کہنے لگا میں چاہتا ہوں اللہ نے جو مجھے علم عطا کیا ہے میں آنے والی نسلوں میں تقسیم کروں۔ میرے دل میں کبھی کسی کے لیے محبت کا جذبہ پیدا نہیں ہوا تھا یہاں تک کہ ساحرہ کے لیے بھی نہیں جو مجھ سے بے انتہا محبت کرتی تھی مگر اس کو دیکھ کر بھی میرے اندر کبھی گدگدی پیدا نہیں ہوئی۔ آئینوں کی گواہی سب سے مقدم ہوتی ہے اور آئینہ ہر روز اس کے حسن کی گواہی دیتا تھا۔ انار کی ڈالی جیسی نازک لڑکی جب نیلے رنگ کا لباس پہنے مجھ سے ملنے آتی تو یوں لگتا جیسے آسمان چاند تاروں سمیت زمین پر اتر آیا ہے۔

وہ اس دن بہت روئی تھی جب میں نے اس سے پوچھا تھا کہ کیسے آنا ہوا اس نے لاجواب کر دینے والی سوال آنکھوں سے میری طرف دیکھا اور کہنے لگی اے بے مروت، بے حس انسان مجھے یوں لگتا ہے جیسے میرا برسوں کا سفر ضائع ہو گیا میری برسوں کی ریاضت کہیں کھو گئی ہے۔ کہنے لگی تم کیا جانو ہجر کے چولہے میں یادوں کی گیلی لکڑی کیسے سلگتی رہتی ہے۔

جب عید کا چاند نظر آیا تو گھر میں خوشی کی لہر دوڑ گئی ہم سب بہت خوش تھے رات کو اچانک بابا نے مجھے بلایا کہنے لگے عید کی کیا تیاری کی ہے؟ میں نے کہا بابا تین سوٹ تین میچنگ جوتے پرفیومز وغیرہ میں نے ایک لمبی لسٹ گنوائی۔ بابا بولے یہ سب چیزیں تم اپنے دوستوں، عزیز واقارب اور غریبوں میں صبح ہونے سے پہلے بانٹ دو میں بہت حیران ہوا دل تو نہیں چاہتا تھا مگر چونکہ بابا کا حکم تھا اس لیے عید کی تمام خریداری دوستوں، رشتہ داروں اور غریبوں میں تقسیم کر دی۔ مگر میں حیران تھا بابا نے ایسے کیوں کیا؟

اگلے دن جب میں نمازِ عید کے بعد سب سے عید مل رہا تھا تو مجھے عجیب سی خوشی محسوس ہو رہی تھی اگرچہ میرا سوٹ بھی بالکل نیا نہیں تھا مگر جب ان دوستوں سے عید ملا۔ جنھوں نے میرے ہی دیے ہوئے سوٹ پہن رکھے تھے تو مجھے بے حد خوشی محسوس ہو رہی تھی مجھے اس دن زندگی میں پہلی بار معلوم ہوا جو خوشی دے کر ملتی ہے اس کا نشہ ہی الگ ہے۔ آج مجھے پہلی بار تقسیم کرنے کی لذت سے آشنائی ہوئی۔ آج پہلی بار مجھے محسوس ہو رہا تھا کہ جیسے مجھے کسی انتہائی طاقتور ہستی نے اپنی حفاظت میں لے لیا ہے۔ آج میرے ہونٹوں پر وہی مسکراہٹ تھی جو ماں کے ہونٹوں پر اس وقت سجتی ہے جب اس کا بچہ پیٹ میں کروٹ لینے کی کوشش کرتا ہے۔

گھر واپس آیا تو سب لوگ ایک دوسرے سے عید مل کر بہت خوش تھے۔ ماں سے عید ملنے کے بعد مجھے بابا نے گلے سے لگالیا اور خوب پیار کیا۔ پھر سب سے مخاطب ہو کر بولے آج میں آپ سب کو بحرِ مردار کے متعلق بتانا چاہتا ہوں۔ سب نے حیرانی سے ایک دوسرے کی طرف دیکھا۔ بابا مسکرائے اور بولے:

بحرِ مردار اردن اور فلسطین کے درمیان میں واقع ہے اس کے پانی میں کثافتیں اور نمک کی مقدار بہت زیادہ ہے اس لیے اس کے پانی میں کوئی مخلوق زندہ نہیں رہ سکتی۔

یہ دنیا میں سطح سمندر سے سب سے نچلا علاقہ ہے۔ ماہر ارضیات کی تحقیق یہ بتاتی ہے کہ بحرِ مردار یعنی Dead Sea وہی علاقہ ہے جہاں قوم لوط علیہ السلام پر اللہ کریم کا عذاب نازل ہوا۔

اب سوچنے کی بات ہے یہ سمندر Dead Sea یعنی بحرِ مردار کیوں بنا۔ یہ سمندر پانی دوسروں سے لیتا تو ہے مگر آگے کسی کو نہیں دیتا یعنی اپنا پانی آگے کسی کو تقسیم نہیں کرتا۔

فطرت کا ایک اصول ہے جو اللہ کی عطا کردہ نعمتوں کو آگے تقسیم نہ کرے تو وہ مردہ سمندر یعنی بحرِ مردار کی طرح ہو جاتا ہے جس کے اندر زندگی کا کوئی وجود نہیں ہوتا۔ اس شخص پر کیا گزرتی ہوگی جو ساری دنیا سے تو جیت جائے مگر خود سے ہار جائے یہی کیفیت اس وقت میری تھی۔ ابو نے بات ختم کی اور مجھے پھر گلے سے لگا لیا اور مسکرا کر بولے: تمھارے دوستوں اور عزیز و اقارب کو تمھارے تحائف پسند آئے؟ بیٹا! حدیث مبارکہ ہے۔

"جو کسی مسلمان کو کپڑا پہنا دے تو جب تک اس کے بدن پر ایک دھجی بھی باقی رہے گی تب تک یہ پہنانے والا اللہ تعالیٰ کی حفاظت میں رہے گا۔"

بتاؤ بیٹا تمھیں عید پر کیا تحفہ دوں؟

میری آنکھوں میں آنسو آگئے میں نے کہا بابا اس سے بڑا کیا تحفہ ہوگا کہ آپ نے مجھے بحرِ مردار ہونے سے بچا لیا۔ مجھے تقسیم کرنے کی لذت کا پتہ چل گیا ہے۔ اب میں اس کی عطا کو اس کی مخلوق میں تقسیم کرتا رہوں گا۔ اب میں کبھی بحرِ مردار نہیں بنوں گا۔

مجھے لگ رہا ہے جیسے آج میری زندگی کی پہلی عید ہے آج پہلی بار میرے اندر ایک روشنی سی رقص کر رہی ہے حقیقی خوشی سے آج میں پہلی بار آشنا ہو رہا ہوں۔ میں دوبارہ پیدا ہو گیا تھا جب میں اپنے کمرے میں پہنچا تو ساحرہ کا فون آ گیا وہی کانوں

میں رس گھولتا اس کا شہد آگیں لہجہ جسے سن کر لہو میں مٹھاس آ جاتی ہے۔اس نے مجھے عید کی مبارکبادی اس دن میں نے پہلی بار اس سے ڈھیروں باتیں کیں پھر حیرانی سے بولی طفیل کیا بات ہے آج سے پہلے میں نے تمھیں اتنا خوش نہیں دیکھا کیا بات ہے؟

میں نے کہا:

ساحرہ آج میری زندگی کی پہلی عید ہے آج بابا نے مجھے بحرِ مردار ہونے سے بچالیا ہے آج میرے اندر زندگی دوڑنے لگی ہے۔آج میرے اندر دریائے نیل کا تازہ ٹھنڈا پانی رواں دواں ہے۔ جہاں محبت کی مچھلیاں اٹھکیلیاں کرتی پھر رہی ہیں آج میرے اندر کے دریا نے غلام بنانے والے اور زندہ انسانوں کو حنوط کرنے والے فرعون کو باہر نکال پھینکا ہے آج میں بہت خوش ہوں ساحرہ بچپن کی عید کی طرح خوش میں ابھی تمھارے گھر آ رہا ہوں۔

فون بند کرنے کے بعد میری آنکھیں دھندلا گئیں،شاید میں رو رہا تھا۔

○○○

پیسہ اخبار

ماں کہتی تھی جس کا اپنے ''مرکز'' سے رابطہ ٹوٹ جائے وہ گم ہو جایا کرتا ہے کبھی کبھی مجھے لگتا ہے ہم بحیثیت انسان اور بحیثیت قوم گم ہو چکے ہیں۔ ایسا تعفن پھیلا ہے کہ اب تو قاتلوں سے بھی خون کی بو نہیں آتی۔ ساحلِ سمندر پر کھڑا یہ سوچ رہا ہوں قتل گاہوں اور صلیبوں کا اتنا ہجوم ہے کہ جی چاہتا ہے کہ اتنا زہر پیوں کہ سارا شہر مر جائے ماں کہتی ہے اگر ملک بچانا ہے تو قوم کو قاتلوں کا خون پینے کی عادت ڈالنا ہوگی۔

میں اس دور کی بات کر رہا ہوں جب فاختہ جہاں چاہتی تھی اپنا گھونسلا بنا لیتی تھی یہ دور امن، محبت اور درخشاں روایات کا دور تھا۔ اس دور میں ذرداروں سے خون کی بو آیا کرتی تھی۔ اس دور میں جسموں پر چہروں کی روایت برقرار تھی اور لوگوں کے نام بھی ہوا کرتے تھے کیونکہ نام ہوتے ہی چہروں کے ہیں۔ جسموں کے نام نہیں ہوا کرتے۔ بے چہرگی کے اس موسم میں اب کسی کا کوئی نام نہیں رہا۔ انسانی فطرت ہے انسان جس سے محبت کرتا ہے اس کا نِک نیم ضرور رکھتا ہے۔ میری ماں مجھے ہمیشہ Parrot کہہ کر بلاتی تھی وہ کہتی تھی یہ میرا باتیں کرنے والا طوطا ہے۔ ہر آدمی کے کئی نک نیم ہوا کرتے

تھے۔کل میں بیٹھا سوچ رہا تھا پروردگارِ عالم اپنے حبیب کملیؐ والے سے کتنا پیار کرتا ہے کہ قرآن پاک میں چار مرتبہ آپؐ کا ذکر مبارک نام محمدؐ سے کیا ہے اور ساڑھے تین سو سے زیادہ مرتبہ آپؐ کا ذکر مبارک صفاتی ناموں اور القابات سے فرمایا ہے۔

ہم اس وقت پیسہ اخبار میں رہتے تھے۔ پیسہ اخبار لاہور انارکلی کے ساتھ ایک محلے کا نام ہے یہاں کسی دور میں ایک اخبار نکلتا تھا جو ایک پیسے کا ہوتا تھا اور اس اخبار کا نام بھی پیسہ اخبار تھا۔ برسوں پہلے یہاں ایک روایت تھی کہ شہر لاہور میں جس کسی کو بھی کوئی گمشدہ بچہ ملتا تھا وہ اسے لے کر پیسہ اخبار پہنچ جاتا تھا اور جن والدین کا بچہ گم ہو جاتا تھا وہ بھی پیسہ اخبار پہنچ جاتے تھے اور پھر اس محلے کے ساتھ منسلک ایک گلی میں کسی مخیّر آدمی نے ایک ادارہ قائم کیا جس کا نام ادارہ خدمت خلق تھا۔ جب تک گمشدہ بچے کے والدین نہیں پہنچتے تھے بچہ اس ادارے میں رہتا تھا وہاں اس کی دیکھ بھال کی جاتی تھی اور پھر یہ ادارہ خدمت خلق گمشدہ بچوں کو تلاش کرنے میں والدین کی مدد بھی کرتا تھا۔ کبھی کبھی میں سوچتا ہوں چند سالوں کی مہلت پہ آیا ہوا انسان بجائے شکر ادا کرنے کے قزاق اور خرکار بن بیٹھا ہے۔

میں اس وقت بہت ہنسا تھا جب بچپن میں ماں نے مجھے ایک کہانی سنائی تھی اس کہانی کا ہیرو گم ہو جاتا ہے اور سب سے عجیب بات یہ تھی کہ وہ اپنا گھر اور نام بھی بھول جاتا ہے میں نے کہا ماں جی مجھے اس کہانی سے اختلاف ہے بھلا کوئی اپنے گھر اور نام کو بھی بھول سکتا ہے۔ ماں مسکرائی اور بولی پتر وہ اپنا چہرہ گم کر چکا تھا نام تو ہوتے ہی چہروں کے ہیں اور گھر مکینوں سے ہوتے ہیں۔ گھر، کردار اور وطن ایمان کی طرح ہوتے ہیں ایمان گم ہو جانے سے یہ بھی گم ہو جاتے ہیں۔ پُتر اختلاف کرنا تیرا حق ہے خالق سے زیادہ مخلوق کا کوئی خیر خواہ نہیں ہو سکتا رب نے اس دنیا کو اختلاف کے حسن سے پیدا کیا ہے۔ اختلاف کے ان رنگوں سے زندگی کی قوسِ قزح بناؤ مگر خیال رہے

اختلاف کے رنگوں میں کبھی سرخ رنگ نہیں ہوتا۔

مجھے اب بھی یاد ہے جب ہم گلی میں کھیل رہے ہوتے تھے تو ماں سمیت دوسرے بچوں کی مائیں کھڑکیوں سے جھانک کر ہمیں دیکھتی رہتیں اور وقفے وقفے سے ہمیں آوازیں دیتی رہتیں بیٹا آجاؤ گرمی زیادہ ہوگئی۔ بیٹا روٹی کھالو، بیٹا دودھ پی لو۔ بیٹا پانی پی لو تمہیں پیاس لگ رہی ہوگی۔ میں کہتا ماں جی آپ کیوں مجھے کھڑکی سے دیکھتی رہتی ہیں بھلا کیا میں گم ہو جاؤں گا؟ ماں مسکراتی اور کہتی اللہ نہ کرے پتر تو کہیں گم ہو جائے پُتر میں اپنے Parrot کے بغیر اداس ہو جاتی ہوں۔ پُتر کھڑکیوں کے پیڑ پر صرف ''جھانکنے'' کا پھل ہی لگتا ہے پُتر گھر میں کھڑکیاں اور ان کھڑکیوں میں کوئی جھانکنے والا نہ ہو تو گلیاں اداس ہو کر بوڑھی ہو جاتی ہیں اور شہر قبرستان بن جایا کرتے ہیں اور دلوں کی عمارتیں پرانے کھنڈرات میں بدل جایا کرتی ہیں۔ اب میں کبھی کبھی سوچتا ہوں دولت کے سامری نے محلوں اور گلیوں کو بازاروں اور پلازوں میں بدل دیا ہے۔ پلازوں اور بازاروں میں کھڑکیاں نہیں ہوتیں۔ باراتیں اب بھی یہاں سے گزرتی ہیں مگر لڑکیاں دروازوں اور کھڑکیوں کی اوٹ سے جھانک کر اب دولہا اور باراتیوں کو نہیں دیکھتیں۔ وہ دور بھی عجیب دور تھا لڑکیاں آنچل کی طرح ہوتی تھیں۔ ذرا سا آنچل سرک جانے سے چھوئی موئی بن جایا کرتی تھیں۔ شاید ان کا خمیر رات کی رانی سے اٹھایا گیا ہوتا تھا۔ شام ڈھلتے ہی ان کی یادوں کی خوشبو روح کو بے خود کر دیا کرتی تھی۔

یہ مائیں بھی کیسی مسیحا ہوتی ہیں یہ اس دعا کی طرح ہوتی ہیں جس میں ہر پریشانی اور بیماری کا حل موجود ہوتا ہے۔ میں اور ماں ہر وقت ایک دوسرے سے باتیں کرتے رہتے تھے۔ مجھے اس وقت ماں کی اکثر باتوں کی سمجھ نہیں آتی تھی۔ مگر مجھے یوں لگتا تھا جیسے مجھے سب کچھ سمجھ آرہا ہو۔ ماں کے پاس ہر سوال کا جواب ہوتا تھا ایک دن میں نیکر پہن کر سپارہ پڑھنے مسجد چلا گیا مولوی صاحب غصے میں آگئے بولے تم مسجد میں نیکر پہن

کر کیوں آئے ہوایسا کروگے تو جہنم میں جاؤ گے۔ میں نے گھر آ کر ماں جی کو بتایا تو ماں بولی پُتر مولوی صاحب غصے میں ہوں گے۔ جوانہوں نے ایسا کہہ دیا ورنہ تو بیٹا جہنم میں جانے کے لیے بڑی محنت کی ضرورت ہوتی ہے۔ پُتر جہنم حاصل کرنے کے لیے بڑا پتھر دل ہونا پڑتا ہے۔ پُتر جہنم لینے کے لیے تو دوسروں کا حق مارنا پڑتا ہے اس کے لیے قاتل بننا پڑتا ہے۔ فساد پھیلانا پڑتا ہے۔ مخلوق خدا کو اذیت دینی پڑتی ہے ۔ نہتے انسانوں پر آگ اور بارود کی بارش کرنا پڑتی ہے۔ شیطان کا پیروکار بن کر محبت سے نفرت اور نفرت سے محبت کرنا پڑتی ہے۔ پُتر اس کے لیے قزاق بننا پڑتا ہے پُتر اس کے لیے ماؤں کی زندگیاں گم کرنے کے لئے خرکار بننا پڑتا ہے۔ خالق اور رحمت العالمین سے تعلق توڑنا پڑتا ہے تب کہیں جا کر یہ جہنم ملتی ہے۔ پُتر تو تو اتنا کاہل ہے پانی بھی خود نہیں پیتا تجھ سے یہ محنت کیونکر ہو سکے گی۔ تو تو چڑیا کی موت پر ہفتوں روتا رہتا ہے۔ تو اتنا پتھر دل کیسے بن سکتا ہے۔ اور پھر مجھے گود میں لے کر اتنا پیار کیا کہ مجھے نیند آ گئی۔ مجھے نہیں یاد جب کبھی میں بیمار ہوا ہوں اور میں نے ماں کو سوتے دیکھا ہو یا اس کی آنکھیں نم نہ دیکھی ہوں ۔

میں نے ایک دن ماں جی سے پوچھا ماں تو کتنا پڑھی ہے تیرے پاس اتنا علم کہاں سے آیا۔ پُتر جب میں نے ایف اے کیا تو میں بہت پڑھنا چاہتی تھی مگر میری دادی نے ایک بات کی جو میری سمجھ میں آ گئی کہنے لگی۔ علم بہت زیادہ اور عمر کم لہٰذا وہ کچھ سیکھ جس سے سب کچھ علم میں آ جائے۔ میں نے کہا دادو وہ کیسے؟ کہنے لگی ، علم دو طریقوں سے آتا ہے محبت کرنے سے اور دوسرا اللہ کو راضی کرنے سے۔ آپ جس سے محبت کرتے ہیں اس کے متعلق سب کچھ علم میں آ جاتا ہے اور دوسرا جب رب کسی سے راضی ہوتا ہے تو اسے علم کا تحفہ عطا کرتا ہے اور پھر پُتر میں نے محبت کرنا سیکھ لیا۔ میں نے کہا: ماں جی میں نہیں مانتا بھلا آپ جس سے محبت کرتے ہیں اس کا سب کچھ آپ

کے علم میں کیسے آ جاتا ہے۔

ماں مسکرائی اور بولی پُتر میں تجھ سے محبت کرتی ہوں ناں اسی لیے تو تیرے بارے میں سب کچھ جانتی ہوں۔ تو نے تو آج تک مجھے کچھ نہیں بتایا مگر میں جانتی ہوں تیری راتیں زیبو کی یاد کی رات کی رانی سے مہکتی ہیں وہ آنچل جیسی لڑکی جس کی ہنسی اور چوڑیوں کی کھنک میں کوئی فرق نہیں جو تیرا نام سن کر گلاب ہو جاتی ہے۔ پُتر میری اور تیرے باپ کی رفاقت پچیس سال پرانی ہے۔ ان پچیس سالوں میں تیرے باپ نے مجھے کبھی کچھ نہیں بتایا کہ اس نے کیا پہننا ہے اور کیا کھانا ہے اور پچیس سالوں میں ایک دن بھی ایسا نہیں آیا جب تیرے باپ نے وہ نہ کھایا ہو جو اس دن اس کا دل نہ کر رہا ہو وہ نہ پہنا ہو جو اس نے چاہا نہ ہو۔ ماں صحیح کہتی تھی میرے باپ نے بھی مجھے ایک دن یہی کہا تھا اس نیک بخت کو نہ جانے کیسے پتہ چل جاتا ہے کہ آج میں نے کیا کھانا ہے اور کیا پہننا ہے۔ میں زیبو والا سچ سن کر حیران بھی ہوا اور شرما بھی گیا۔ ماں بولی: پُتر اللہ کے سامنے سچ بولنا سیکھ لو ورنہ مخلوق کے آگے جھوٹ بولنا پڑے گا۔ یہ ماں کی محبت اور کوشش ہی تھی کہ میں اور زیبو آج زندگی کے ہم سفر ہیں۔

میں اور میری ماں دونوں دنیا سے الگ سے تھے میں سمندر کو ڈوبتا دیکھنا چاہتا تھا ماں کہتی تھی ریت بونے سے صرف صحرا اگتے ہیں۔ کہتی تھی خاموش راستوں پر صداؤں کے نشان کبھی نہیں جاتے۔ کہتی تھی دستک کے منتظر دروازوں کو تو دیمک بھی نہیں کھاتی۔

کبھی کبھی مجھے لگتا میں وہ پیڑ ہوں جس پر دو نام کنداں کیے ہوئے ہیں میں نے ایک دن ماں سے پوچھا ماں عوام کون ہوتے ہیں۔ کہنے لگی پتر! ان کو زندگی کے سٹیج پر خاموش اداکار کا کردار دیا جاتا ہے مگر جب ایک دوسرے سے ملتے ہیں تو دوسروں کو جرأت گفتار اور شعلہ بیانی کا سرٹیفکیٹ دکھاتے ہیں۔

اس دن ہمارے ماموں کراچی سے آئے تھے ہم تمام لوگ شاہی قلعہ دیکھنے گئے

تھے قلعہ کی پر شکوہ اور عظمتِ رفتہ کی شاہد عمارت کو دیکھ کر ماں کہنے لگی۔ چراغ جب بھی جلاؤ ہواؤں کے تیور بدل جاتے ہیں۔ دیپ آندھیوں کو جنم دیتے ہیں۔ فانی جب لافانی کو بھلا کر گردنوں پر حکومت کرنا چاہتا ہے تو آندھیاں سارے چراغ بجھا دیا کرتی ہیں۔ واپسی پر ہم پیسہ اخبار گئے جہاں کبھی ہمارا پرانا گھر ہوتا تھا۔ سب کچھ بدل گیا تھا ہمارے گھر اور پیسہ اخبار کا دفتر پر ایک بڑا پلازہ کرنل پلازہ کے نام سے بن چکا تھا۔ سب کچھ ہی گم ہو چکا میں بڑبڑایا، ماں کی آنکھوں میں آنسو آ گئے۔ میری طرف دیکھا اور بولی پُتر! وہ سرکنڈوں کے جنگل جل چکے جن سے لکھنے کے لیے قلمیں بناتے تھے۔ دولت کا دیو سب تہذیبوں کو کھا گیا ہوس کی ایسی آندھی چلی ہے کہ سب کچھ گم ہو گیا ہے۔ پھر مجھے یوں لگا جیسے رفتہ رفتہ میں زمین میں دھنستا جا رہا ہوں مجھے لگا جیسے میں گم ہو رہا ہوں جو آخری آواز میں نے سنی وہ میری ماں کی چیخ تھی اور پھر مجھے ہوش نہ رہا۔

پھر ایک دن مجھے یوں لگا جیسے کسی فرشتے نے میرا ہاتھ پکڑ کر واپس دنیا میں بھیج دیا ہو۔ میں نے اپنے لباس کو دیکھا تو بہت حیران ہوا لباس پھٹا ہوا تھا۔ سر اور ڈاڑھی کے بال بے تحاشا بڑھے ہوئے تھے اور میں پیسہ اخبار میں کرنل پلازہ کی سیڑھیوں پہ بیٹھا ہوا تھا۔ پھر میں بھاگا بھاگا اپنے گھر میں پہنچا تو دیکھا زیبو آنکھیں بند کئے کچھ پڑھ رہی ہے۔ میری ماں ہاتھ میں تسبیح لیے مصلّے پر بیٹھی رو رہی تھی۔ میں نے دھوپ میں لپٹے سورج کی روشنی میں دیکھا اس کے بالوں کے جنگل میں چاندی اتر چکی تھی اور میرا بیٹا اپنے دوست کو روتے ہوئے بتا رہا تھا۔ پیسہ اخبار میں ایک ملنگ صدائیں لگاتا پھر رہا ہے۔ ہے کوئی مجھے ڈھونڈنے والا ہے کوئی مجھ کو مجھ سے ملانے والا، ہے کوئی جو مرکز سے میرا رابطہ جوڑ دے۔ ہم سب گم ہو چکے ہیں دولت کے سامری نے ہم سے ہمارے چہرے چھین لیے ہیں اب ہمارے نام نہیں رہے نام تو چہروں کے ہوتے ہیں۔ ہے کوئی جو مجھے ڈھونڈ کر دے دے'' یہ ملنگ میرا باپ ہے۔ میں نے اپنے بیٹے کو سینے سے لگا لیا

اور ماں کے قدموں میں جا کر سر رکھ دیا ماں میں واپس آ گیا ہوں تیری دعائیں مجھے واپس لے آئی ہیں ماں میں نے خود کو ڈھونڈ لیا ہے ماں تو ہی تو کہتی تھی خود کو ڈھونڈ نے کے لیے پہلے گم ہونا پڑتا ہے۔ اس دن ماں جی نے مجھے اتنا پیار کیا کہ میری روح سیراب ہو گئی۔

ماں کو جدا ہوئے سال ہو چکا ہے یوں لگتا ہے جیسی صدیاں بیت گئی ہوں سارا دن پیسہ اخبار میں جا کر بیٹھا رہتا ہوں۔ لگتا ہے ابھی آواز آئے گی۔ بیٹا! آجاؤ گرمی لگ جائے گی۔ بیٹا! سردی بہت ہو گئی گھر آجاؤ۔ بیٹا! بھوک لگ گئی ہو گی روٹی کھا لو۔ بیٹا! آ کر دودھ پی جاؤ۔ بیٹا! گرمی بہت ہے پانی پی لو۔ پانی اب بھی بہت ہے مگر وہ میری آنکھوں سے نکل کر پتھریلی زمین کو سیراب کرتا رہتا ہے۔

OOO

دیے سے روشنی

نصف شب بیت چکی تھی اس نے پنڈال میں بیٹھے لوگوں کو غور سے دیکھا اور بولا آج سال کی آخری رات ہے کل کا سورج نئے سال کا پیام لیے طلوع ہوگا۔ میرا باپ کہتا تھا نصف شب جب نئے سال کا آغاز ہو، دیے بجھا کر اپنے رب سے جو بھی دعا مانگیں قبول ہوتی ہے لیکن شرط یہ ہے دعا سے پہلے اپنے تمام مخالفین اور دشمنوں کو دل سے معاف کر دیا جائے۔

پنڈال میں خاموشی چھا گئی سارے چراغ بجھا دیے گئے۔ آسمان نے دیکھا لاتعداد ہاتھ دعا کے لئے اٹھے ہوئے تھے۔ جب چراغوں کو نئی زندگی ملی تو روشنی نے دیکھا داستان گو کا تمام چہرہ آنسوؤں سے تر تھا۔

اگر ہم کہانی کو درمیان سے شروع کریں تو بچوں کو سمجھ نہیں آئے گی اور اگر آخر سے شروع کریں گے تو بڑوں کو بھی سمجھنا مشکل ہوگا میں کہانی ابتدا ہی سے شروع کرتا ہوں۔

داستان گو ایک لمحے کو رکا

جادوگروں کے شہر جسے جادونگری کہتے تھے اس میں ایک ہی آدمی رہتا تھا۔ کوئی

جادوگر کبھی اسے مکھی بنا دیتا اور کبھی سانپ بچھو، وہ جادوگروں کے لیے ایک کھلونا تھا۔ کبھی کبھی ایسا ہوتا کسی شریر بچے کا جادوگر باپ اسے بندر اور ریچھ بنا دیتے اور اس کی ناک میں نکیل ڈال کر شریر بچوں کے حوالے کر دیتے اور پھر تمام جادوگر اکٹھے ہو کر قہقہے لگاتے اور لطف اٹھاتے اس کی شدید خواہش تھی کہ وہ یہاں سے بھاگ جائے۔ اس نے بارہا کوشش بھی کی، مگر ہر بار پکڑا جاتا اور پھر سزا کے طور پر اسے کتا بنا کر شریر بچوں کے حوالے کر دیا جاتا۔ رفتہ رفتہ وہ اس زندگی کا عادی ہو گیا اور پھر وہ اس شہر کے سحر میں ایسا ڈوبا کہ اسے آزادی کی خواہش ہی نہ رہی بس اسے ہلکی سی پشیمانی یہ تھی کہ وہ جب بھی سانپ بچھو یا بندر ریچھ یا کتا وغیرہ سے دوبارہ انسان بنتا تو اس کا دل بھی وہی چاہتا جو ان جانوروں کی خصلت ہے۔ مکھی سے وہ جب بھی دوبارہ انسانی روپ میں آتا تو اس کا دل بھی بھنبھنانے، غلاظت پر بیٹھنے اور زخموں پر رستے خون کو پینے کو کرتا۔ شاید آج کا انسان بھی اسی جادونگری سے آیا ہوا لگتا ہے۔

داستان گو خود کلامی کے انداز میں بڑبڑایا، اس نے اپنی بات جاری رکھی۔

وہ شہر بھی عجیب تھا اس قدر روشن تھا کہ زمین پر پڑا ایک تنکا بھی چمکتا نظر آتا تھا اس شہر میں لاکھوں چراغ تھے۔ مگر ان میں ایک بھی روشن نہیں تھا اس لیے نہیں کہ یہ شہر آندھیوں کی زد میں تھا بلکہ یہ روشن ہی اتنا تھا کہ کسی کو چراغ جلانے کی خواہش ہی نہیں ہوئی یا اس لیے بھی کہ یہاں کبھی رات نہیں ہوا کرتی تھی اور نہ کبھی ماہ و سال بدلتے تھے اس لیے انہیں کبھی نصف شب کو چراغ گل کر کے سب کو دل سے معاف کر کے دعا مانگنے کی توفیق ہی نہ ہو سکی تھی۔

اس نے حیرت میں ڈوبے گاؤں والوں کے چہروں کو غور سے دیکھا، جو سانس روکے اس کی کہانی کو نہایت غور سے سن رہے تھے۔ پنڈال کھچا کھچ بھرا ہوا تھا مگر خاموشی کا یہ عالم تھا کہ جیسے اماوس کی رات میں گاؤں سے دور قبرستان کے ساتھ گزرتا ہوا سہا

راستہ ہو بس کبھی کبھی داستان گو کے گھوڑے کے ہنہنانے کی آواز سنائی دیتی تھی۔

داستان گو کے چہرے پر ایک پراسرار مسکراہٹ پھیل گئی میں آپ سے معاوضہ نہیں لوں گا مجھے میرا معاوضہ مل گیا ہے۔

کیا مطلب؟

محمد علی آڑھتی نے حیرانی سے پوچھا۔

تم اس گاؤں میں پہلی بار آئے ہو تم سے پہلے جو داستان گو آتا تھا ہم اس کو اور اس کے گھوڑے کے لیے کچھ نہ کچھ ضرور دیتے تھے تم داستان گو لوگوں کی آڑھت ہی یہی ہے......میرا مطلب ہے روزی روٹی ہی داستان گوئی ہے۔

داستان گو مسکرایا اور بولا:

میرے پاس اللہ کا دیا سب کچھ ہے۔

پھر تم داستان گو کیوں بنے؟ ماسٹر اللہ وسایا نے سوال کیا۔

داستان گو کچھ دیر سر جھکائے خاموش بیٹھا رہا۔ کہنے لگا:

آنکھوں کی بستیاں بے آباد ہو جائیں تو دیے اداس ہو جاتے ہیں۔ جس دن میرے من کا دیا روشن ہوا میں نے فطرت کی سب خوبصورتیوں کو دیکھا مگر مجھے ان خوبصورتیوں میں حیرت جیسی انمول خوبصورتی نظر نہیں آئی میں نے اس لازوال خوبصورتی کو دیکھنے کے لیے داستان گو بننے کا فیصلہ کیا ہے۔ فائبر آپٹک کیبل کی زنجیر میں لپٹے اس ترقی یافتہ، پرآشوب دور نے ہمارے چہرے سے حیرت چھین لی ہے۔ جس کے چہرے پر حیرت کی خوبصورتی، معصومیت اور ذہن میں سوچ نہ ہو مجھے اسے انسان کہتے ہوئے شرم آتی ہے۔ جب میں کسی گاؤں جا کر داستانیں سناتا ہوں تو ان کے حیرت میں ڈوبے چہروں کو دیکھ کر مجھے روحانی خوشی ہوتی ہے۔ حیرت جیسی انمول خوبصورتی سے روح کو مالا مال کرنا ہی میرا معاوضہ ہے۔ ویسے بھی مجھے گاؤں بہت

اچھے لگتے ہیں یہاں آپ رخصت کرنے والے کو دور تک دیکھ سکتے ہیں اور آنے والے کو بھی دور ہی سے دیکھ لیتے ہیں۔شہروں میں تو آدمی موڑ مڑتے ہی نظروں سے اوجھل ہو کر اجنبی بن جاتا ہے۔

گاؤں میں جگنو، تتلیاں اور پرندے بھی کثرت سے ہوتے ہیں۔پرندے ہم سے زیادہ خوش نصیب ہیں ان کو ماؤں سے بھی دعائیں ملتی ہیں اور پودوں سے بھی، پرندے پودوں کے عیال ہوتے ہیں۔ میں نے وطن سے محبت کا سبق پرندوں ہی سے سیکھا ہے۔پرندے صرف مقامی درختوں پر ہی اپنا گھونسلہ بناتے ہیں۔ہر گاؤں میں ایک بڑا برگد ضرور ہوتا ہے یہاں لوگ فیصلوں کے لیے مل کر بیٹھتے ہیں اسی سے تو گاؤں میں اجتماعی سوچ پیدا ہوتی ہے۔

حاجی عبدالکریم جو گاؤں کے پرائمری سکول کا ہیڈ ماسٹر تھا اٹھا اور بولا۔

اے داستان گو تیری باتیں ہمیں اچھی لگیں یہ داستان ہم اگلی بار سنیں گے تم نے ہزاروں لوگوں کو داستانیں سنائی ہونگی ہماری خواہش ہے آج تو اپنی کہانی سنا۔

پنڈال سیٹیوں، تالیوں اور خوشی کی آوازوں سے گونج اٹھا۔

داستان گو کے چہرے پر حیرت پھیل گئی۔

اب گاؤں والے حیرت کی خوبصورتی کے حصار میں تھے۔

داستان گو مسکرایا اور گویا ہوا۔

کون کیا ہے؟ کہاں سے آیا ہے کس قبیلے سے تعلق رکھتا ہے اس کے آباؤ اجداد کون تھے؟ میرا باپ کہتا تھا ہر انسان کا شجرہ نسب اس کی زباں کی نوک پر لکھا ہوتا ہے۔

میرا دادا بہت امیر آدمی تھا وہ سیکڑوں ایکڑ اراضی کا اکیلا مالک تھا۔وہ ایک بہت بڑی گدی کا سجادہ نشین تھا اس کے مریدین کی تعداد لاکھوں میں تھی اس کے سات بیٹے تھے۔روایتی جاگیرداروں اور حاکم وقت کی طرح اس کے نزدیک بھی انسان کیڑے

مکوڑوں کی طرح تھے جن کے جرمِ ضعیفی کی سزا مرگِ مفاجات ہوا کرتی ہے۔

میرا باپ اسے سمجھاتا کسی پر ظلم کرنا اور کسی کی ناحق جان لینا کتنا بڑا گناہ ہے۔ قابیل کے ناحق خون کی وجہ سے کائنات کی ہر شے متاثر ہوئی۔ درخت خاردار ہو گئے۔ کھانے سڑنے لگے۔ پھلوں میں ترشی پیدا ہونے لگی۔ پانی شور ہو گیا۔ زمین غبار آلود ہو گئی اور حضرت آدم علیہ السلام سو سال تک نہیں ہنسے۔

اے اللہ میرے پیارے دیس اور خصوصاً کراچی کو قتل و غارت سے نجات دلا۔ مولوی عبدالرؤف کے منہ سے بے اختیار دعا نکلی۔

پنڈال آمین کی آواز سے گونج اٹھا۔

داستان گو نے اپنی بات جاری رکھی۔

میرے دادا نے اپنے طور طریقے نہ بدلے کیونکہ وہ طاقت کے نشے میں تھا۔ اور طاقت کے نشے کو دنیا کی کوئی ترشی نہیں اتار سکتی۔ میرا باپ دادا سے ناراض ہو کر بہت دور دوسرے شہر میں چلا آیا۔ اس نے روکھی سوکھی کھائی مگر دادا کی دولت قبول نہیں کی۔

اس نے بازار میں کھلونے بھی بیچے۔ ''جس شہر میں بچے نہ روئیں وہاں کھلونے بیچنے والا روتا ہے۔'' میری ماں بہادر عورت تھی۔ آنکھوں پہ دوپٹہ رکھ کر بچوں کو بھوکے پیٹ تھپک تھپک کر سلا دیتی تھی میں نے اس کی آنکھوں میں کبھی آنسو نہیں دیکھے۔ شاید وہ ہمارے سو جانے کے بعد رویا کرتی تھی۔

میرا باپ آئینہ صفت آدمی تھا اس لیے ہمیشہ پتھروں کے زیرِ عتاب رہا وہ کہا کرتا تھا آکسیجن کا پہلا جھونکا جو میری زندگی کی پہلی سانس بحال کرنے کا باعث بنا وہ میرا استحقاق تھا باقی سب اللہ کا فضل ہے۔

میں نے اپنے باپ سے کہا دادا کی دولت میں سے ہمارا بھی حق بنتا ہے۔ آپ ان سے اپنا حصہ لیں مگر میرا باپ نہ مانا وہ عمر بھر شاہین کی طرح جیا وہ بھوکا بھی رہا مگر

مردار نہیں کھایا۔ مگر میرے اندر کا گدھ ابھی جوان تھا میں اپنے باپ سے ناراض ہو کر دادا کے پاس چلا آیا اور پھر ویسی ہی پر تعیش زندگی شروع کر دی۔ میرا باپ اپنے وجود کی سلطنت کا بادشاہ تھا اس نے مجھے دل بدر کر دیا۔

زندگی مزے سے گزر رہی تھی مگر اندر ایک عجیب سا خلا تھا کچھ ایسا تھا جو کہ گم تھا۔ اکثر سوچتا کچھ تو ہے جسے تلاش کرنا ہے اسی لیے تو انسان کو مسافر پیدا کیا گیا ہے۔

بظاہر زندگی میں ایک اہم بات یہی لگتی ہے کہ انسان کی افزائش کے لئے اس کی بنیادی ضرورتیں بھی پوری ہوں تو ایسا کچھ باقی رہتا ہے جس کی ضرورت ہر باشعور انسان محسوس کرتا ہے۔ اسے فلاح کہتے ہیں یا تلاش ذات یا معرفت الٰہی کی تمنا۔ یوں محسوس ہوتا تھا اندر کے سناٹوں میں تاریک راستوں پر کچھ مسلسل ٹوٹ پھوٹ رہا ہے۔

اور پھر ایک دن میں دادا کی پر تعیش زندگی چھوڑ کر اپنے باپ کے قدموں میں آ بیٹھا اور معافی کی درخواست کی اور التجا کی بابا میرے لیے دلی سکون کی دعا کریں۔

میرے باپ نے مجھے اٹھا کر اپنے گلے لگا لیا اور بولے پتر آج نئے سال کا پہلا دن ہے۔ اپنی نئی زندگی کا آغاز کرو۔ توبہ کر کے شیطان کے گروہ سے نکل جا کیونکہ شیطان نے اب تک توبہ نہیں کی اپنے اندر من میں دیا جلاؤ باہر کی روشنی سے چیزوں کی ہیئت نظر آتی ہے فطرت کا علم نہیں ہوتا۔ اور یاد رکھو۔

روشنی سے دیا نہیں جلتا بلکہ دیا جلانے سے روشنی ہوتی ہے۔ اور جب داستان گو گھر جانے کے لیے گھوڑے پر سوار ہو رہا تھا تو اس نے دیکھا گاؤں والے اس نئے سال میں اپنی پرانی رنجشیں بھلا کر دل سے معاف کر کے ایک دوسرے سے گلے مل رہے تھے۔ اور گاؤں میں سیکڑوں دیے جل رہے تھے۔

○○○

حرفِ کُن

کبھی زندگی بھر کی ریاضت رائیگاں جاتی ہے اور کبھی لمحے صدیوں کو جنم دے دیا کرتے ہیں کبھی سمندر کی موجیں ساحل سے زندگی کو چھین کر لے جاتی ہیں اور کبھی مچھلی پیغمبر کو ساحل پر زندہ اگل دیتی ہے۔ بعض اوقات اہل علم کی ہزاروں دلیلیں پتھر دور کے انسان کو غاروں سے نہیں نکال سکتیں اور کبھی کسی فقیر کی ایک صدا افکار کی بنیاد ہلا دیتی ہے۔ مالک کائنات کے بھی اپنے ہی رنگ اور اپنے ہی معاملات ہیں وہ پہلے ظرف عطا فرماتا ہے پھر سوچ عطا کرتا ہے شاید اسی لیے جو بولتے ہیں وہ جانتے نہیں اور جو جانتے ہیں وہ بولتے نہیں۔ شاید سوال شور اور ہنگامہ ہے اور خاموشی اس کا جواب، کچھ لوگ عمر بھر مرے ہوئے پھرتے ہیں اور کچھ موت کا ذائقہ چکھتے تو ہیں مگر مرتے نہیں۔ کئی بادشاہوں نے تخت چھوڑ کر فقیری اختیار کی مگر آج تک کسی فقیر نے بادشاہی کو قبول نہیں کیا۔ میرا مالک بھی کتنا مہربان اور رحم کرنے والا ہے پہلے دعا قبول کرتا ہے اور پھر توفیق دعا دیتا ہے۔ کائنات کا ہر ذرہ کن کی غلام گردشوں میں محو رقص ہے۔

مجھے تتلی کے پیچھے دوڑنے والے بچے بہت اچھے لگتے ہیں مجھے ایسے راہزن اچھے

لگتے ہیں جو دوسروں کے غم چھین لیتے ہیں یا وہ لوگ جن کو پھول بچے اور جگنو اچھے لگتے ہیں۔ فاخر شاہ بھی میرا ایسا ہی دوست ہے جسے پھول، بچے اور جگنو اچھے لگتے ہیں یہ ایسا راہزن ہے جس نے مجھ سے میرے دکھ چھین لیے ہیں۔ مگر اس کی زندگی میں ایک دکھ یہ بھی ہے کہ اس کے سارے دشمن بونے ہیں وہ کہتا ہے دشمن کو ہمیشہ قد آور ہونا چاہیے۔ وہ ہے بھی عجیب اس پتھر مزاج دنیا میں شیشے کے گھر میں رہتا ہے وہ کہتا ہے مجھے دیوار سے لپٹی دیواریں اچھی نہیں لگتی اُس کی خواہش ہے وہ زمانہ لوٹ آئے جب لوگ ایک دوسرے کو خط لکھا کرتے تھے اُن کا ہر عمل زمان و مکان سے آزاد ہوا کرتا تھا وہ بیک وقت ماضی، حال، اور مستقبل میں رہتے تھے۔

ہم دونوں اس شہر آسیب میں رہتے تھے جہاں لاشیں تو روز ملتی تھیں مگر قاتل نہیں ملتا تھا۔ یہ خون کا فلسفہ بھی عجیب اسے کسی بھی سیاہی سے لکھیں یہ نظر سرخ ہی آتا ہے۔ اس کو درختوں کے کٹنے، گھونسلوں کے اُجڑنے اور پرندوں کے کم ہونے اور سہم جانے کا دکھ بہت ہے وہ کہتا ہے درخت کاٹنا فطرت سے جنگ ہے اور جو انسان زیادہ عقلمند بن کر فطرت سے لڑائی مول لیتا ہے تو پھر اس سے ''یقین'' کا چمن چھین کر ''گمان'' کے صحرا میں پھینک دیا جاتا ہے اور پھر ایسی قوموں کا سب سے بڑا مسئلہ پارکنگ بن جاتا ہے اور پھر یہ قومیں اس چند روزہ فانی دنیا میں ہاؤسنگ اسکیموں اور پلازوں کے کاروبار میں الجھ جایا کرتی ہیں اپنا سب کچھ اینٹ اور گارے میں لٹا دیا کرتے ہیں۔ لہلہاتی سرسبز فصلوں کی جگہ دھواں اُگلتی فیکٹریاں اور پلازے بن جایا کرتے ہیں پھر پراپرٹی ڈیلرز محلات میں اور ''ساغر'' فٹ پاتھ پر سوتے ہیں۔ مالک مکان کرایہ داروں کا خون پینے اور اُن کے بچوں کا رزق کھانے لگتے ہیں پھر لوگ شہرت کی بھوک مٹانے کے لیے کردار بیچ دیتے ہیں اور ''محترم'' بن جاتے ہیں۔ اِن قوموں کا احساس زیاں جاتا رہتا ہے یہ صرف گزرتے لمحوں ہی میں جینا شروع کر دیتے ہیں ایسی غیر فطری زندگی گزارنے

والی قومیں بے شمار نفسیاتی روحانی بیماریوں اور الجھنوں کا شکار ہو کر عاملوں، پیروں، فقیروں اور دعا کرنے والوں کے پیچھے بھاگنا شروع کر دیتی ہیں ان کی زندگیاں عمل، تفکر اور محنت سے خالی ہو جاتی ہیں، اِن کو چھوٹے چھوٹے مسئلے پہاڑ دکھائی دینے لگتے ہیں اِن کو بوٹ کا تسمہ باندھنا بھی عذاب دکھائی دیتا ہے اور پھر یہ عاملوں اور درویشوں کے پاس جا کر کہتے ہیں ہمیں ایسا عمل بتا دیں اور دعا کریں کہ ہمیں بوٹ کا تسمہ باندھنا نہ پڑے یا ایسا وظیفہ بتا دیں جس کے بعد بوٹ کا تسمیہ بغیر ہاتھ لگائے خود بخود بندھ جائے۔ حالانکہ دعا ہمیشہ Act (عمل) کے ساتھ جڑی ہوتی ہے۔ لوگ رزق اور مال و دولت کے پیچھے قتل و غارت اور لڑائی جھگڑے پر اُتر آتے ہیں جیسے دو منہ والا سانپ پیدا ہوتے ہی آپس میں خوراک کے لیے لڑ پڑتا ہے اور پھر اس قوم کا المیہ سماجی انتشار، مادہ پرستی اور سیاہی بکھراؤ بن جاتا ہے اور پھر روشنی کو اندھیروں سے جدا کرنے میں برسوں لگ جاتے ہیں۔

جب سے اشفاق احمد نے مٹی اوڑھی ہے بانو آپا نے اُن کی تصویر پر کبھی گرد بھی پڑنے نہیں دی۔ جب سے میری ماں نے مٹی کا آنچل لیا ہے مجھے مٹی سے خوشبو آنے لگی ہے۔ میں ایک دن فاخر کو بتا رہا تھا مجھے میری ماں بہت یاد آتی ہے۔ بچپن کی طرح میں اب بھی اس کی یاد کی انگلی پکڑ کر محوِ سفر رہتا ہوں میں نے اپنے باپ کو نہیں دیکھا میری ماں ہماری تربیت کے معاملے میں بہت سخت تھی اُس نے خود زمین کاشت کی اور ہمیں پڑھایا لکھایا۔ میں نے ایک دن اپنی ماں سے پوچھا تو ہماری تعلیم و تربیت کے معاملے میں اتنی سخت کیوں ہے تو ماں بولی جس دن تمھارا باپ اس دنیا سے رخصت ہوا تو میں نے فیصلہ کیا کہ آج بچوں کا باپ نہیں مرا اُن کی ماں مر گئی ہے اور پھر میں نے تم کو باپ بن کر پالا ہے۔

بچپن میں ماں اور میں آنکھ مچولی اور چھپن چھپائی بہت کھیلا کرتے تھے میں ہر بار

جگہ بدل بدل کر چھپا کرتا تھا مگر میری ماں ہمیشہ اسی ایک ہی جگہ پر چھپا کرتی تھی تا کہ اُس کے بیٹے کو ڈھونڈنے میں مشکل نہ ہو یار فاخر میرے دوست یہ چھپن چھپائی کی عادت میری ابھی جوانی میں بھی نہیں گئی اب میں اپنے رب کے ساتھ چھپن چھپائی کھیلتا ہوں میں ہمیشہ جگہ بدل کر چھپتا ہوں کبھی اپنے گناہوں کے پہاڑ کے پیچھے کبھی نافرمانی کی بند گلی میں کبھی ندامت کی غار میں کبھی اپنی گندی سوچ کی بند حویلی میں اور کبھی اپنے اعمال کی سیاہ دیوار کے پیچھے مگر میرا پروردگار ہمیشہ اپنی رحمت کی مسکان لیے مجھے میری شاہ رگ سے بھی قریب ملتا ہے کہ اُس کو ڈھونڈنے میں مجھے کوئی تکلیف نہ ہو میری یہ بات سن کر فاخر شاہ کے منہ سے سسکی نکل گئی اور وہ پھر بچوں کی طرح بلک بلک کر رونے لگا میں اسے جتنا بھی چپ کرانے کی کوشش کرتا وہ اور زیادہ رونے لگتا اس دن ابر بھی کھل کر برسا تھا اُس دن ہم دونوں گھنٹوں روتے رہے تھے۔

آدھی رات گزر چکی ہے سورج گہری نیند سو گیا ہے آج آسمان نے چاند کا تاج نہیں پہنا تھا تارے زمین پر کھیلتے جگنوؤں کو دیکھ کر مسکرا رہے ہیں نیند ہرجائی محبوب کی طرح میری آنکھوں سے کوسوں دور ہے اتنی خامشی ہے کہ خود سے خوف آنے لگ گیا ہے اور میں سوچ کی وادیوں میں کھو گیا ہوں۔ ہم دونوں دنیا سے مختلف کیوں ہیں فاخر شاہ کو کون سا دکھ اندر سے کھائے جا رہا ہے۔ اُس کا انداز گفتگو خاموشی کیوں ہے۔ میں نے زندگی میں اسے صرف ایک بار مسکراتے دیکھا تھا جب اس نے مسکراتے ہوئے کہا تھا مجھے ایسی خواتین کی سادگی پر مر جانے کو جی چاہتا ہے جو بیویاں اپنے شوہر کو سزا دینے کے لیے میکے چلی جاتی ہیں۔

میں نے ایک دن پوچھا فاخر میرے دوست تمھیں کیا دُکھ ہے تمھارے اندر اتنا سناٹا کیوں ہے؟

اس نے میری طرف دیکھا اور بولا۔

جدائی!

زندگی تو جدائی میں بھی گر جاتی ہے مگر برص کے داغوں کی صورت......

اس نے خود کلامی کی

آئینہ وہ چرائے جسے بناؤ سنگھار آتا ہو

جب زخم گھنگھرو پہن لیتے ہیں تو اس کی یادوں کا رقص شروع ہو جاتا ہے۔

جب جیون کی روح رخصت ہو جائے اور صرف سانسوں کی ڈور رہ جائے تو انسان اپنے ہی مزار کا مجاور بن جاتا ہے۔

کہنے لگا:

کچھ لوگ تعبیر کی طرح ہوتے ہیں اُن کو پانے کے لیے ہمیں خوابوں کی وادی میں جانا پڑتا ہے مگر اُن کی یاد کا اُجالا رات ہونے ہی نہیں دیتا۔ یہ لوگ رُخسارِ زیست پر تل کی طرح ہوتے ہیں یہ کائنات کے حسن کو اور بڑھا دیتے ہیں، جو بھی اُن کی یاد کی مالا گلے میں پہنتا ہے جوگی بن جاتا ہے۔ میں کمزور آدمی ہوں موت کو شکست نہ دے سکا ایک دن کربلا کی مٹی اپنے خشک ہونٹ لیے کہنے لگی پیاس پانی سے بے نیاز ہو جائے تو زندگی موت کو شکست دے دیا کرتی ہے مگر ہمیں ہمیشہ کنکریٹ کے جنگل میں سایہ ڈھونڈتا رہا۔ پھر وہ ہلکا سا مسکرایا اور بولا:

شاید سکون کہیں بھی نہیں ہے، راہگزر سے آگے بھی راہگزر ہی ہے۔ سب کچھ ہونے کے بعد بھی کسی ''کن'' کی ضرورت رہتی ہے منزلوں کو پا لینا بھی کتنی قیامت ہے سب کچھ بے معنی ہو کر رہ جاتا ہے یہاں تک کہ خود منزل بھی میرے دوست میری آنکھوں کی طرف دیکھو یہاں خواب سوئے ہوئے ہیں جس دن بھی لفظوں کی آبرو بحال ہو گئی میں پہلا لفظ محبت لکھوں گا۔

اُس شام کی اُداسی میں کئی شاموں کے سناٹے شامل تھے وہ دسمبر کی ایک سرد شام

تھی آسمان نے ابر کا لباس پہن لیا تھا۔ اونچے درخت پر بڑی بڑی چمگادڑیں اُلٹا لٹکی کسی صدائے کن کی منتظر تھیں، ہم دونوں باغ جناح کی سرسبز گھاس پر بیٹھے ہوئے تھے، فاخر بولا کتنا عجیب ہے پانی میں جلتے وجود کی تشنگی نہیں جاتی کبھی میں آگ کو آگ میں جلتا دیکھنا چاہتا تھا مگر اب سوچتا ہوں ابراہیمی بنو اور آگ کو گلزار کرتے جاؤ مگر کیا کروں جب بھی دریا دیکھتا ہوں اندر کا صحرا جاگ جاتا ہے۔

وہ ہمارے سامنے کھڑا تھا۔

خوبصورت انسان جس کے آدھے بالوں میں چاندی اُتر چکی تھی جینز اور برف جیسی شرٹ پہنے وہ بہت خوبصورت لگ رہا تھا۔

میرا نام قاسم ہے۔ ڈاکٹر قاسم گاڑا

کہنے لگا

مدح سرائی سے فن ہی نہیں مرتا بلکہ ممدوح بھی گمنامی کی ابدی نیند سو جاتا ہے

''سوال کی موت'' آپ نے لکھی ہے۔

جی! میں نے جواب دیا۔

میں اس وقت اس لیے آیا ہوں مجھے دو سوالوں کا جواب چاہیے میری زندگی آسان ہو جائے گی۔

پہلا سوال میں ڈاکٹر کیسے بنا حالانکہ میں پڑھنا نہیں چاہتا تھا کئی بار اسکول اور کالج چھوڑا مگر میری ماں کو یقین تھا کہ میں ڈاکٹر بنوں گا۔ میری ماں بھی عجیب ہے اس کی آنکھوں یا آنچل میں سے ایک چیز ہمیشہ نم رہتی ہے۔

دوسرا سوال

سکوت اور کن میں کتنا فاصلہ ہے؟

شاید یہ سوال ایک ہی ہے کیونکہ اس کا جواب ایک ہے میں نے کہا۔

کیا؟؟ وہ بولا:

’’بھیگتی آنکھوں کی دعا‘‘

میں سمجھا نہیں۔

قاسم بھائی یاد رکھنا۔

ماں کے آنسو اپنی اولاد کے لیے گالوں کا سفر کر کے ابھی زمین پر نہیں گرتے حرف کن بن جایا کرتے ہیں۔

جس وقت ڈاکٹر قاسم گاڑا اپنی ماں کے گھٹنوں پر سر رکھے رو رہا تھا میں اس وقت اپنی ماں کی قبر سے لپٹا اس کی مٹی کو آنسوؤں سے سیراب کر رہا تھا۔

OOO

قضا

جب میں یونیورسٹی کا امتحان پاس کر کے گاؤں پہنچا تو ماں صحن میں پرندوں کے لیے دانہ ڈال رہی تھی۔ ہمارے گھر کے آنگن میں سرسبز پیڑوں اور منڈھیر پر بیٹھے پرندے سب اڑ کر دانہ چگنے میں مصروف ہوگئے۔ مجھے دیکھ کر میری ماں کے چہرے پر بہار آگئی۔ اس نے میرا ماتھا چوما اور دُعا کے پھولوں کے ڈھیروں ہار میرے گلے میں ڈال دیئے۔ میں نے پوچھا: ماں! تو ہر وقت اِن پرندوں کا اتنا خیال کیوں کرتی ہو؟ ماں نے پرندوں کے لیے رکھے گئے برتن میں پانی ڈالتے ہوئے میری طرف دیکھا اور بولی: بیٹا! جس کو بھوک کے عذاب کا پتہ ہو وہی اپنی فصل پرندوں کے لیے چھوڑ دیتا ہے۔ ماں جی شہر میں میرے ایک دوست نے بہت سے پرندے پالے ہوئے ہیں اس کا صحن پرندوں کے پنجروں سے بھرا پڑا ہے۔

ماں غمزدہ لہجے میں بولی:

پالتو پرندے کو اپنی غلامی کا غم نہیں ہوتا۔

پُتر رب کو پسند نہیں، اس کا بندہ اس کے علاوہ کسی اور کی بندگی کرے۔ غلامی کے

اسیروں کی دبے پاؤں چلنے کی عادت نہیں جاتی مگر ماں جی دنیا کی غلامی سے کیسے نکلا جاسکتا ہے؟

ماں بولی: پُتر! دنیا کے کام بھی الٹے ہیں جو اس کے قیدی ہیں لوگ اسے شاہ کہتے ہیں جو شاہ ہیں لوگ انھیں فقیر اور گدا کہتے ہیں۔ رب جس کو دنیا کی غلامی سے نجات دلانا چاہتا ہے اسے مقام شکر عطا فرما دیتا ہے اور یہ اعزاز اس کو ضرور ملتا ہے جن کی خدمت قضا نہیں ہوتی اور شکر کا درخت صبر کی زمین میں ہی اگتا ہے۔

ہمارا گاؤں لاہور سے تیس کوس دُور دریائے راوی کے کنارے آباد ہے۔ کناروں کی روایت کے امین کو دریا کہتے ہیں اور اس کے باغی کو سمندر راوی کنارے رہنے والے اس گاؤں کے لوگ بھی روایت پسند ہیں۔ میرے باپ کو جب کسی نے مشورہ دیا کہ زمین بیچ کر شہر چلے جاؤ تو میرے والد نے فوراً جواب دیا: میں گاؤں کا ہرا بھرا جنگل چھوڑ کر شہر کی آلائشوں میں نہیں جانا چاہتا۔ شہر کی بھیڑ میں تو جنگل بھی گم ہو جاتے ہیں، میں سایہ کہاں سے ڈھونڈوں گا۔ کہنے لگا: گاؤں میں زیادہ سے زیادہ فصلیں خراب ہوتی ہیں مگر شہر میں نسلیں خراب ہو جاتی ہیں۔ شہر میں تو لوگوں کا لمس بھی تلوار جیسا ہے کہنے لگا شہروں میں سفر کی حکمرانی ہے اور جس سفر کا مقصد ''تلاش'' نہ ہو وہ سفر نہیں ہوتا۔ سفر تو صرف اندر کا ہوتا ہے کیونکہ سارے خزانے تو صرف انسان کے اندر ہیں باہر تو صرف سانپ بیٹھے ہیں۔ کہنے لگا کچھ تو ایسا ہے جسے تلاش کرنا ہے اسی لیے تو انسان کو مسافر پیدا کیا گیا ہے خالق سے تعلق کے بغیر انسان قبروں کی رکھوالی کرنے والے چوکیدار کی طرح ہے اور ملتا انہی کو ہے جو رب کو محبت اور احسان مندی سے پکارے۔

اس رات چاند نے کالی گھٹا اوڑھ رکھی تھی اندھیرے نے چپ سادھ لی تھی جگنوؤں کا قافلہ لیے اس گہری اداس شب نے میرے اندر کے سوالوں کے سارے چراغ روشن کر دیے تھے۔ ماضی کی یادوں کے سارے ستارے میرے اندر چمکنے لگے

تھے اور میری جاگتی آنکھوں میں خواب سونے لگے تھے۔ خوب ریشم اور مخمل کے ہوں تو بھلے لگتے ہیں کانچ کے خواب تو آنکھوں کو زخمی کر دیا کرتے ہیں۔ میں اپنے کمرے میں لیٹا سوچ رہا تھا یہ سفر کیا ہے بعض لوگ اپنا سفر اتنی جلدی کیسے مکمل کر لیتے ہیں۔ منزل مل جائے اور سفر کی تھکان بھی رہے تو کیا اسے منزل کہیں گے کیا سمجھوتہ غلامی کی پہلی قسط تو نہیں، اگر یہ غلط ہے تو پھر قلم میں لکنت کیوں آ جاتی ہے۔ کہنیوں کے زور پر دوڑ جیتنے والوں سے قدرت انتقام کیسے لیتی ہے کچھ چیزوں کی قضا کیوں نہیں ہوتی میری ماں اور میری بہن اپنے اپنے گھروں میں خوش ہیں تو وہ میکے میں آ کر رونے کیوں لگتی ہیں؟ عقل اور عشق میں لڑائی کیوں ہے؟ میرا باپ کہتا ہے: عقل کی آنکھ سے دیکھو گے تو صرف اپنا ہی گھر نظر آتا ہے مگر عشق جب بھی دکھاتا ہے محبوب کا گھر ہی دکھاتا ہے۔ بینائی کا قحط پڑے تو صرف زر اور زردار ہی کیوں نظر آتے ہیں رحمان کا ایک نام منتقم بھی ہے وہ انتقام کیسے لیتا ہے؟ باپ اپنی بیٹیوں سے زیادہ پیار کیوں کرتے ہیں شاید اس لیے کہ بیٹیاں اپنے باپ سے زیادہ پیار کرتی ہیں۔ مجھے لندن جانے کا جنون کیوں ہے؟ مگر میرے ماں باپ کیوں نہیں چاہتے۔ عائزہ لندن کی زندگی چھوڑ کر گاؤں کیوں آ گئی ہے؟ وہ کیوں کہتی ہے بڑے شہروں کی تھکان نہیں جاتی اور یہاں ہر شخص کے چہرے پر اجنبیت کی کائی جمی ہے۔ کیا انسان صرف دنیا میں روٹی کمانے کے لیے ہی آیا ہے۔ اگر معیشت ہی سب کچھ ہے تو انسان کا علم چوہے کے علم جتنا ہی ہے کیونکہ چوہے کے پاس صرف خوراک کا علم ہی ہوتا ہے۔ میرے باپ کو دھرتی سے اتنا عشق کیوں ہے؟ اگر عائزہ مجھ سے محبت کرتی ہے تو وہ زبان سے کیوں نہیں کہتی آنکھوں سے کیوں بولتی ہے۔ ماں کہتی ہے تو عائزہ سے شادی کر لے۔ اس کے دل کی کلائیوں میں تیری ہی محبت کی چوڑیاں کھنکتی ہیں اس کے دل کے آنچل کے پلو سے تیری ہی یاد بندھی ہے اور اس کے دل کے نگار خانے میں تیری ہی تصویر سجی ہے۔

میں بچپن سے ہی ماں سے سوال کرتا آیا ہوں اور ہمیشہ کی طرح ماں نے مجھے ہنس کر اور پوری توجہ سے ہر سوال کا جواب دیا ہے۔ میں نے ایک دن ماں سے پوچھا: ماں! تو ہر ایک کو اچھا ہی کہتی ہے تیری نظر میں کوئی بھی برا نہیں؟ ماں نے جواب دیا: بیٹا! اگر تم کسی کو برا کہو گے تو اس کو برا ثابت کرنا تمھاری ذمہ داری ہے وگرنہ گنہگار ٹھہرو گے۔ اگر کسی کو اچھا کہو گے تو خود کو اچھا ثابت کرنا اس کی ذمہ داری ہے تم کیوں کسی کی ذمہ داری لیتے ہو؟ میں نے ایک دن پوچھا: ماں! یہ شہد اتنا میٹھا اور مزیدار کیوں ہوتا ہے؟ ماں بولی: میں نے سنا ہے شہد کی مکھی اپنے چھتے میں داخل ہونے سے پہلے آپ صلی اللہ علیہ وسلم پر درود و سلام بھیجتی ہے۔

ماں نے مجھے کبھی T.V دیکھنے سے منع نہیں کیا مگر مجھے ٹیلی ویژن پر ٹاک شو دیکھنے سے منع کرتی تھی۔ کہتی ہے بیٹا یہ مناظرے ہیں اور مناظرے قلب کو سیاہ کر دیتے ہیں۔

میں نے ایک دن ماں سے پوچھا: ماں تو یہاں اور بہن اپنے گھر میں بہت خوش ہیں مگر جب بہن یہاں آتی ہے تو رونے کیوں لگ جاتی ہے اور تو نانا کے گھر جا کر کیوں روتی ہے؟ ماں مسکرائی اور بولی بیٹا! اس روئے ارضی پر جتنے مہندی کے پودے ہیں وہ سب بی بی حوا کے آنسوؤں کا فیض ہیں وہ جنت کی یاد میں بہنے والے آنسوؤں سے گرنے پر اگے ہیں اور جو بھی مہندی کو اپنی ہتھیلیوں پہ لگائے گا وہ سدا اپنے ماں باپ کے گھر کی جنت کو یاد کر کے آنسو بہاتا رہے گا۔

میرے باپ کی خواہش تھی کہ میں اس کے ساتھ مل کر زمینوں کی دیکھ بھال کروں میری ماں بھی یہی چاہتی تھی کہ میں باپ کے ساتھ اس کا ہاتھ بٹاؤں مگر مجھے لندن جانے کا جنون تھا تاکہ بہت سا پیسہ کما سکوں۔ میرے بے حد اصرار پر والدین نے اجازت تو دے دی مگر میں جانتا تھا یہ اجازت انہوں نے نہایت دُکھی دل کے

ساتھ دی ہے۔

اس شام میری لندن کے لیے فلائیٹ تھی۔ میں گاؤں والوں سے ملنے کے بعد اپنے نانا کے گھر پہنچا۔ میرا نانا نانی اپنے بالوں میں سوت لیے عمر کا چرخہ کات رہے تھے، دونوں نے میرا استقبال ماتمی جوش وخروش سے کیا۔ میں نے کہا: نانا میں شام کو لندن جا رہا ہوں مجھے معلوم ہے۔ نانا بولا: میں آپ کو خدا حافظ کہنے آیا تھا، میں نے کہا۔ اللہ تمھیں کامیاب کرے دونوں بولے۔

مجھے بھی ایک بار موقع ملا تھا مگر دھرتی کا قرض اتنا زیادہ تھا کہ قرض اتارتے اتارتے عمر بیت گئی مگر میں اور مقروض ہوتا گیا۔ نانا مجھے سمجھ نہیں آئی۔ میری ماں جب بھی آپ کی طرف آتی ہے تو آپ کہتے ہیں ''وہ میرا دروازہ کھولنے والی آئی'' اس کا کیا مطلب ہے؟

لسّی پینے کے بعد نانا نے گلاس زمین پر رکھا اور بولا: تمہیں ایک قصہ سناتا ہوں شہر میں ایک لڑکی لڑکے نے فیصلہ کیا شادی کا مگر دونوں کے ماں باپ نے انکار کر دیا۔ دونوں نے ہر ممکن کوشش کی مگر کوئی بھی اپنے ماں باپ کو راضی نہ کر سکا۔ دونوں شہر چھوڑ کر دوسرے شہر چلے گئے اور شادی کر لی دونوں ایک کالج میں پڑھانے لگے، دس سال گزر گئے اس دوران ان کے ہاں تین بیٹے پیدا ہوئے۔ ایک طالب علم جو ان کے پرانے شہر سے آیا تھا اس نے دونوں کے والدین کو بتا دیا کہ وہ ہمارے استاد ہیں اور فلاں جگہ اُن کا گھر ہے۔ لڑکے کا والد اپنے بیٹے سے ملنے دوسرے شہر اس کے گھر پہنچا اور دستک دی۔ لڑکے نے سوراخ سے دیکھا تو اس کا والد تھا۔ اس نے بیوی کو بتایا لڑکی بولی تم دروازہ نہیں کھولو گے کیونکہ ہمارے درمیان ایک معاہدہ ہوا تھا کہ کوئی بھی اپنے ماں باپ کو نہیں ملے گا۔ لڑکے نے دروازہ نہ کھولا اور باپ واپس لوٹ گیا۔ پھر ایک دن دروازے پر دستک ہوئی لڑکے نے سوراخ سے دیکھا وہ لڑکی کا والد تھا۔ لڑکی نے کہا:

دروازہ کھول دو، لڑکے نے کہا: ہمارے درمیان معاہدہ ہوا تھا ہم اپنے اپنے ماں باپ کو نہیں ملیں گے۔ لڑکی نے بڑی منتیں کیں مگر لڑکا نہ مانا لڑکی رونے لگ گئی اور بھاگ کر جا کر دروازہ کھول دیا۔

تین سال کے بعد دونوں کے گھر میں بیٹی پیدا ہوئی۔ باپ نے بے حد خوشی منائی اور ایک بہت بڑی دعوت کا اہتمام کیا۔ دوستوں نے پوچھا: تمھارے گھر تین بیٹے پیدا ہوئے تمہیں اس سے پہلے کبھی اتنا خوش نہیں دیکھا اور نہ تم نے اتنی خوشی منائی اب کیا وجہ ہے؟

لڑکے نے خوشی سے کہا:

آج میرے گھر "دروازہ کھولنے والی پیدا ہوگئی ہے۔"

نانا نانی سے اجازت لے کر میں گھر چلا آیا، عائزہ بھی موجود تھی۔ جب میں گھر سے رخصت ہو رہا تھا تو باپ بولا: بیٹا! رحمان کا ایک نام مُنتقم بھی ہے۔ جب کوئی خود غرض ہو کر اپنوں کی چاہت سے لاتعلق ہو جاتا ہے تو قدرت اس سے عجیب انتقام لیتی ہے "جب سب کچھ اس کی پہنچ میں ہو جاتا ہے تو پھر وہ طلب میں نہیں رہتا" یاد رکھنا دلدل کو صرف ایک ہی قدم درکار ہوتا ہے۔

ماں نے میرا ماتھا چوما اور آنکھوں میں لرزتے رقص کرتے آنسوؤں کو روکنے کی ناکام کوشش کرتے ہوئے اس نے عائزہ کی طرف دیکھا جس کے ہاتھوں میں پکڑے نرگس کے پھول اپنی چپ کی زبان میں انتظار کا گیت گا رہے تھے۔ پھر ماں نے زمین پر بچھی سونا اگلتی دھرتی اور میری طرف دیکھا اور آہستہ سے بولی: دل کے معاملوں میں زبان معتبر نہیں ہوتی، نظر سے نظر کا کہا ہی کافی ہوتا ہے۔ اللہ تمھاری حفاظت کرے، اللہ کو پرندے اچھے لگتے ہیں جو شام کو گھر لوٹ آیا کرتے ہیں یہ در اب کبھی بند نہیں ہوگا بس خیال رکھنا، محبتوں کی قضا نہیں ہوتی۔

پھر میں اور میرا دوست لندن جانے کے لیے ایئر پورٹ روانہ ہو گئے۔ گاڑی راوی کنارے سڑک پر چل رہی تھی آج 23 مارچ تھا آج کے دن منٹو پارک جہاں پر آج کل مینارِ پاکستان کا ہمالیہ ہے قرار داد پاکستان پاس ہوئی تھی، میں اطراف میں لگے بورڈ اور بینرز پڑھتا جا رہا تھا جو 23 مارچ کے حوالے سے لگے ہوئے تھے۔ ''دھرتی تجھے سلام''، ''دھرتی میرا ایمان''، ''قائد تجھے سلام'' ''اقبال کا خواب پاکستان''، ''دھرتی اور ماں رب کے حسین تحفے''، ''میرا ایمان پاکستان''

ماں، میرا باپ، گاؤں کا سرسبز جنگل، ماں کی آنکھوں میں لرزتے آنسو، باپ کا دُکھی چہرہ، بہن کی شکوہ کرتی آنکھیں، نرگس کے پھول اور عائزہ کی بہت کچھ کہتی آنکھیں سب کچھ میرے اندر فلم کی طرح گھوم رہا تھا۔ میں اتنا خودغرض کیوں ہوں؟ کیا مٹی سے بنا انسان اپنی مٹی کو چھوڑ کر خوش رہ سکتا ہے؟ کیا خودغرض انسان سکون کی خوشبو کو بھی چھو سکتا ہے؟ میرے اندر سوالوں کی برسات شروع ہو گئی۔ اچانک مجھے لگا میں اپنے ہی گھر کے فٹ پاتھ پر سویا ہوا انسان ہوں مجھے لگا میری زندگی کی نماز قضا ہو رہی ہے۔ میں نے دوست کو گاڑی روکنے کو کہا اور پھر گاڑی سے اتر کر اپنا پاسپورٹ اور ٹکٹ راوی کی رقص کرتی ہوئی لہروں کے حوالے کر دیا، پھر مجھے لگا: موجوں کا شور دب گیا ہو اور راوی پرسکون بہنے لگا ہو۔ میرا دوست حیرانی سے چیخا: کیا تم پاگل ہو گئے ہو؟ نہیں میں پاگل پن سے نکل آیا ہوں میں نے اطمینان سے جواب دیا۔

گھر میں داخل ہو کر میں نے دیکھا: میرا باپ سر پکڑے بیٹھا سسک رہا تھا مجھے وہ اس پرندے کی طرح لگا جو آندھیوں سے گرے ہوئے شجر کی ٹہنیوں میں اپنا گھونسلا تلاش کر رہا ہو جس میں اس کے دانے کے منتظر اس کے چھوٹے چھوٹے بچے ہوں۔ عائزہ کی آنکھیں سوجی ہوئی تھیں اور نرگس کے پھول زمین پر گرے ہوئے تھے۔ میری ماں کی آنکھیں گلاب بن چکی تھیں اس کا سارا آنچل برسات بن چکا تھا۔ اس کا سر عائزہ

کی گود میں تھا ماں نے مجھے دیکھا اور تڑپ کر ننگے پاؤں دوڑتی ہوئی میری طرف آئی مجھے چوما میرے سینے پر ہاتھ رکھا اور تڑپ کر بولی: تو ٹھیک تو ہے نہ بیٹا! تو گیا کیوں نہیں، تو واپس کیوں آگیا تیری طبیعت تو ٹھیک ہے ناں بیٹا میری جان تو بولتا کیوں نہیں؟ میں نے زمین سے نرگس کے پھولوں کو اٹھایا اور اپنا سر ماں کی گود میں رکھ دیا اور سسکیوں اور ہچکیوں کے درمیان بمشکل اتنا ہی کہہ پایا:

ماں جی! ''محبتوں کی قضا نہیں ہوتی''۔

ooo

آئینہ

اس پھول کی طرح جس کی تمام عمر بھولنے والے سنگدل کی کتاب میں گزری ہو میرے باپ کو بھی عجیب دُکھ تھا وہ کہتا تھا لوگ قیامت برپا کرنے والے ایٹم بم کے موجد کا نام تو جانتے ہیں مگر آئینے کے موجد کا نام کوئی نہیں جانتا۔ وہ کہتا تھا آئینہ تو شناخت دیتا ہے جس کو اپنی شناخت مل گئی اس کو منزل مل گئی۔ ''شناخت'' اور ''پہچان'' ہی انسان کو دوسری مخلوق سے ممتاز کرتے ہیں۔ انسان عقل استدلالی کے ذریعے خدا کا ادراک چاہتا ہے جو ممکن نہیں یہ وجدانی اور مذہبی تجربے سے ہی ممکن ہے۔ ہم کیسے عجیب لوگ ہیں خود کو زندہ ثابت کرنے کے لیے عمر بھر موت کی عدالتوں میں پیش ہوتے رہتے ہیں۔ کبھی عدالت آواز دینا بھول جاتی ہے تو کبھی عدالت گواہوں کی غیر حاضری پر اگلی لمبی تاریخ دے کر سماعت ختم کر دیتی ہے اور پھر ایک دن ہماری بے حسی اور عدم دلچسپی پر عدالت موت کا سرٹیفکیٹ دے دیا کرتی ہے اور عدالت اپنے فیصلے میں لکھتی ہے۔ معاشرے کو زندگی بخشنے والے اور ہمیں آئینہ دکھانے والے بچے تو وقت کے ہونٹوں کا گلاب ہوتے ہیں جس معاشرے میں فرشتوں کی مسکراہٹ ستاروں جیسی آنکھیں اور

آئینے جیسے نازک بدن لئے معصوم بچوں کو آگ اُگلتی گولیوں اور بارود کی خوراک بنا دیا جائے۔ جہاں فاختہ اپنا گھونسلا نہ بنا سکے اور جہاں سر بُریدہ ہی صاحب دستار ٹھہریں جس طرح سانس لینے والی میتیں زندہ نہیں ہوتیں، بالکل اسی طرح وہ معاشرے اوران میں بسنے والے انسان زندہ نہیں ہوتے۔ اور پھر عدالت حکم دیتی ہے اس فیصلے کو ''آرمی پبلک سکول'' اور گلشن اقبال پارک'' کے بڑے دروازے پر چسپاں کر دیا جائے۔

میرا باپ زہر پینے والے قبیلے سے تعلق رکھتا تھا وہ سقراط کی طرح جانتا تھا کہ وہ کچھ بھی نہیں جانتا۔ اسے یہ بھی معلوم تھا سچ بولنے والے کو زہر کا پیالہ پینا پڑتا ہے وگرنہ احساس کے منصور کو سولی پر چڑھانا پڑتا ہے۔ ہم دونوں میں ایک بات مشترک تھی ہم دونوں کو ٹوٹا ہوا آئینہ مسکراتا ہوا نظر آتا تھا۔ وہ کہتا تھا یہ دنیا بھی عجیب ہے یہاں اِذنِ سخن صرف اسی کو ملتی ہے جس کی زبان پتھر کی اور ہونٹ گیلی مٹی سے بنے ہوں۔ میں نے اپنی ماں کو نہیں دیکھا تھا سنا ہے جب میں ایک سال کا تھا وہ دنیا چھوڑ گئی تھی۔ میں نے ایک دن اپنے باپ سے پوچھا: بابا! ماں کیا ہوتی ہے؟ میرے باپ نے میری طرف دیکھا اور وہ رونے لگ گیا کافی دیر رونے کے بعد وہ بولا: بیٹا! ماں اور دعا ایک ہی ہستی کے دو نام ہیں جو اپنے بچے کے ایک آنسو پہ اپنا سارا زیور بیچ دے اس ہستی کو ماں کہتے ہیں۔ میرے باپ کو نہ جانے شہروں سے نفرت کیوں تھی ہم جب بھی اسے گاؤں چھوڑ کر شہر میں جا کر آباد ہونے کا کہتے تو وہ کہتا: تم ابھی نادان ہو، شہر رہنے کے لیے نہیں ہوتے صرف خریداری کے لیے ہوتے ہیں۔ کہتا تھا: شہروں میں دانہ صرف جال کے ساتھ ملتا ہے یہاں فضا دھوئیں سے بھری رہتی ہے اور یہاں کی ہوا سوال اوڑھے پھرتی ہے۔ یہاں سب کا شوق سوداگری ہے، شہروں میں زر پرستی کی وبا پھیل چکی ہے عنقریب ماں اپنے بچے سے دودھ کی قیمت مانگے گی، یہاں کوئی کسی کا محبوب نہیں ہوتا۔ میں نے پوچھا: بابا! محبوب کسے کہتے ہیں؟

بولے:

جو جواب نہ دے کر بھی لا جواب کر دے اور جس کے لیے آخری گاڑی بھی چھوٹ جائے وہ محبوب ہوتا ہے۔

میں نے پوچھا: بابا! یہ صوفی، درویش، فقیر کون ہوتے ہیں؟ کہنے لگے:

بیٹا! یہ سب کوزہ گر ہوتے ہیں مگر صرف اُسی کا آبخورہ بناتے ہیں جو اپنی ذات کو مٹی کر چکا ہو۔ یہ لوگ طلب کو بڑھا دیتے ہیں یہ طبیب بھی ہوتے ہیں اور سب کا علاج ''نظر'' سے کرتے ہیں۔

جب تک بابا حیات رہے ہم نے گاؤں نہیں چھوڑا، بابا کے سفرِ آخرت پر روانہ ہونے کے بعد ہم نے زمین بیچی اور شہر کے لیے ہجرت کی۔ اصل میں یہ ہجرت ہم بابا کی زندگی ہی میں کر چکے تھے مگر شہر میں جا کر آباد نہیں ہوئے تھے ہجرت کئی طرح کی ہوتی ہے۔ پہلی قسم کی ہجرت میں انسان اسی جگہ رہتا ہے گھر اور مقام تبدیل نہیں کرتا مگر اپنے خیالات پسند و ناپسند، رشتے اور تعلق تبدیل کر لیتا ہے۔ دوسری قسم کی ہجرت میں انسان اسی جگہ رہتا ہے مگر آس پاس اور تعلق والے لوگ وہاں سے چلے جاتے ہیں اور کہیں اور جا کر آباد ہوتے ہیں۔ تیسری قسم کی ہجرت میں اندر کا موسم باہر کے موسم سے یکسر مختلف ہو جاتا ہے۔ چوتھی قسم کی ہجرت میں انسان کہیں دور نہیں جاتا مگر ''چاندی کی دیوار'' کے پیچھے چھپ جاتا ہے اور پانچویں قسم کی ہجرت میں انسان گھر کے در و دیوار، پڑوس اور دوستوں کو دیکھ کر روتے ہوئے ہجرت کرتا ہے۔ ہجرت جسم سے روح کے نکلنے کے انتہائی تکلیف دہ مرحلے کا نام ہے، ہر طرح کی ہجرت میں موت کی کڑواہٹ اور تنہائی کا آسیب پیچھا کرتا رہتا ہے۔ ہر طرح کی ہجرت میں کچھ نہ کچھ کھو جاتا ہے اور پھر حسرت دیدار میں سارا جسم آنکھ بن جاتا ہے۔ اور جس ملک اور جس معاشرے میں لہجے اور رویے کیکٹس بن جائیں وہاں سے محبت اور زندگی ہجرت کر جایا کرتی ہے۔

شاید ہم سب مہاجر ہیں شہر میں آ کر ہم نے ترقی تو بہت کی دولت بھی بہت اکٹھی کی مگر سکون کی دولت گم ہو چکی تھی، کبھی کبھی مجھے لگتا میں وہ یتیم اور غریب بچہ ہوں جو کوڑے کے ڈھیر سے دوسروں کے پھینکے ہوئے پرانے کھلونے تلاش کر رہا ہے۔ مال اور دنیا اس کائنات کی سب سے حقیر چیز ہے اور مجھ نادان نے عمر بھر رب سے صرف یہی دو چیزیں ہی مانگیں۔ بابا صحیح کہتے ہیں یہ بدن کیچڑ سے بنا ہے لہٰذا اس کی صفائی کے لیے بہت محنت درکار ہے ہم پانی کے پرندوں کی طرح اندھے دلوں کے مالک ہیں اسی تالاب کے کھاری پانی سے چمٹے ہوئے ہیں۔

ہم نے گاؤں کی ساری زرعی اراضی بیچ دی تھی مگر باپ کی خواہش اور وصیت کے مطابق حویلی نہیں بیچی تھی میں کبھی کبھار گاؤں آتا، ماں باپ کی قبروں پر فاتحہ پڑھتا، دوستوں سے ملتا کچھ دیر حویلی میں ٹھہرتا۔ باپ کے کمرے میں جاتا جہاں ایک بڑا آئینہ لگا ہوا تھا کافی دیر آئینے کو دیکھتا رہتا مگر کبھی سمجھ نہ آئی کہ بابا نے یہ کیوں کہا تھا آئینہ دیکھتے رہو یہ شناخت دیتا ہے جس کو شناخت مل جائے اس کو منزل مل جاتی ہے۔

اب کے بار میں ایک لمبے عرصے کے بعد گاؤں آیا تھا قبرستان سے واپسی کے بعد میں حویلی پہنچ گیا دوست اور عزیز و اقارب سب حویلی پہنچ چکے تھے۔ سب کا یہی مشورہ تھا کہ گاؤں واپس آ جاؤ ویسے بھی تمہارا کاروبار تمہارے بیٹے سنبھال چکے ہیں۔ سب لوگ آہستہ آہستہ اپنے گھروں کو واپس لوٹ گئے اور میں حویلی میں اکیلا رہ گیا۔

شام کو مجھے شہر کے لیے روانہ ہونا تھا، بعض اوقات وقت کی رکاب سے پاؤں نکل جایا کرتے ہیں۔ اس شام حویلی کا بوڑھا شجر بہت چپ تھا، چڑیوں کی چہچہاہٹ کے بعد خاموشی چھا گئی تھی اور میں یادوں کے جزیرے میں نکل آیا تھا۔ میری ذات کی قبا بہت بوسیدہ اور چھیدوں والی تھی اس لیے میں نے اس پر جگہ جگہ پر اپنے باپ کی یاد کے پیوند لگائے ہوئے تھے۔ میرا باپ ایک عہد تھا وہ کہا کرتا تھا: ماؤں کو عام بچے نہیں

عہد کو جنم دینا چاہئے۔ وہ کہتا تھا جہاں دیر سے آنے پر کوئی روٹھنے والا نہ ہو وہ گھر نہیں مکان ہوتا ہے۔ وہ کہتا تھا کامیابی کے زینے کو تکبر کی دیمک چاٹ جاتی ہے۔ میں بہت سوتا تھا مگر میرا کوئی خواب بھی مکمل نہیں ہوا۔ میرے باپ کی نیند بہت کم تھی مگر اس کے سارے خواب مکمل تھے۔ وہ کہتا تھا درختوں اور رشتوں کو کاٹنے سے آپ گھنی چھاؤں سے محروم ہو سکتے ہیں۔ وہ کہتا تھا اساتذہ بچوں کو Sensitize کریں تاکہ بچے سب کچھ سیکھ جائیں اور کسی ملک کی پہچان اور سرمایہ حساس لوگ ہوتے ہیں۔ دانشوروں کو چاہیے وہ لوگوں کو حساس بنانے کے لیے محنت کریں وگرنہ آج کے دور کے انسان کو دیکھ کر تو درندے بھی معصوم نظر آتے ہیں مجھے کہتے تھے رب سے سب سے حقیر چیز مال و دنیا نہ مانگو یہ رب کے شایانِ شان نہیں ہے۔ رب کو رب ہی سے مانگو، رب سے سینے کی کشادگی، مومن کی سی فراست اس کی رحمت اور قربِ الٰہی مانگو۔ بابا کہتے تھے: ہم عجیب معاشرے میں رہتے ہیں جہاں سچ جھوٹی کہانیوں اور افسانوں میں کہنا پڑتا ہے۔

میں نے ایک دن بابا سے پوچھا تھا بابا توبہ کی قبولیت کی کیا نشانی ہے؟ ان کی آنکھوں میں آنسو آ گئے۔ بولے توبہ حالت جفا سے حالت وفا کے سفر کا نام ہے میرا تو اپنے رب پر اس قدر یقین ہے ابھی میرا جملہ مکمل ہی نہیں ہوتا وہ مجھے معاف فرما دیتا ہے۔

رات کافی گزر چکی تھی میری آنکھوں سے برسات جاری تھی، بڑے بیٹے کا فون آیا۔ بابا! ہم سب پریشان ہیں آپ آئے نہیں، آپ نے شام تک آ جانا تھا۔ میں نے آسمان کی طرف دیکھا جہاں ستاروں کے آئینے چمک رہے تھے اور کہا بیٹا! میری آخری گاڑی بھی چھوٹ گئی ہے۔ اپنی ماں کو گاؤں بھجوا دینا، میں نے تمھیں اپنے پاؤں پر کھڑا کر دیا ہے۔ اب میں گاؤں ہی میں رہوں گا۔ یہاں لوگ مجھ سے محبت کرتے ہیں۔ بیٹا! محبت تو روح کا عرق ہوتا ہے اور عرق ہمیشہ پاک ہوتا ہے۔ اب میں اس حویلی میں

تیرے دادا کے کمرے میں رہوں گا جہاں بہت بڑا آئینہ لگا ہوا ہے۔ آئینہ تو شناخت دیتا ہے اور جس کو شناخت مل جائے اس کو منزل مل جاتی ہے۔ بابا! آپ رو رہے ہیں؟ کیا ہوا بابا؟ اس سے پہلے تو آپ کبھی نہیں روئے۔ بیٹے نے تڑپ کر کہا۔

بیٹا تم نہیں جانتے میں اس سے پہلے بھی کئی بار رو چکا ہوں کبھی خوشی سے، کبھی دُکھ سے اور کبھی رب العزت کی عظمتوں کو دیکھ کر۔

میں پہلی بار اس وقت رویا تھا جب بابا عرفان الحق سے مجھے معلوم ہوا میں رب العزت کا ہم نشین ہوں کملیؐ والے کے دل میں یا تو رب رہتا تھا یا آپ ﷺ کی امت۔ دوسری بار میں اس وقت رویا تھا جب مجھے معلوم ہوا میرا رب جو تمام طاقتوں کا مالک ہے اس کے اپنے گھر بیت اللہ میں تین سو سال تک بت پڑے رہے مگر رب کتنا اعلیٰ ظرف ہے کہ اس نے صبر کیا۔ تیسری بار میں اس وقت پھوٹ پھوٹ کر رویا تھا جب میں نے پڑھا تھا۔ حضرت آمنہ کے لعل آپؐ کے طائف میں آپؐ کا جسم اطہر اور پاؤں مبارک خون سے تر ہو گئے تھے اور غزوہ احد میں آپؐ کے دو دندان مبارک بھی شہید ہو گئے تھے اور پھر مسلسل روتا رہا جب بھی میرے دیس میں خون کی ہولی کھیلی جاتی رہی۔ میں ''آرمی پبلک سکول''، ''گلشن اقبال پارک'' اور ''جامعہ حفصہ'' کی دیواروں کے ساتھ لپٹ کر ہفتوں رویا ہوں۔ میں دہشت گردی میں مخلوق خدا کے ہر خون کے قطرے کے ساتھ رویا ہوں۔ آخری بار میں کل سے رو رہا ہوں۔ جب میں کل قبرستان سے فاتحہ کے بعد واپس آ رہا تھا تو میں نے خانہ بدوش کے ایک خیمے میں ایک نابینا کو دیکھا وہ آئینے کو پیار سے چوم رہا تھا میں نے جب اس سے حیرانی سے استفسار کیا تم اندھے ہو، آئینہ نہیں دیکھ سکتے تو پھر آئینے سے اتنا پیار کیوں کرتے ہو تو وہ اندھا مسکرایا اور بولا صاحب جی! کیا ہوا جو میں آئینہ نہیں دیکھ سکتا، آئینہ تو مجھے دیکھ سکتا ہے۔ اس کی اس بات سے میں اب تک رو رہا ہوں کیا ہوا میں ربّ کو نہیں دیکھ سکتا اگرچہ

ذرّے ذرّے میں اس کا جلال نمایاں ہے مگر میرا رب تو مجھے دیکھتا ہے وہ مجھ سے کتنا
پیار کرتا ہے وہ نہ کھاتا ہے نہ پیتا ہے نہ اس کو اونگھ آتی ہے بس وہ بیٹھا مجھے پیار سے دیکھتا
رہتا ہے اس ماں سے بھی زیادہ پیار سے جو اپنے بچے کو دیکھ کر مسکراتی ہے اس وقت بھی
مجھے دیکھ رہا ہوتا ہے جب میں غفلت کی نیند سویا ہوتا ہوں۔

صبح جب میری آنکھ کھلی تو گھر میں بچوں کا شور تھا میں نے دیکھا میرا بیٹا مجھے پیار
سے دیکھ رہا تھا۔اس نے مجھے سلام کیا اور پھر سر جھکا لیا اور بولا : ابو! مجھے افسوس ہے بچے
کی گیند سے دادا کا آئینہ ٹوٹ گیا ہے۔ میں نے ٹوٹے ہوئے آئینے کی طرف دیکھا اور
اپنے بیٹے کو گلے لگا لیا اور کہا: بیٹا! یہ آئینہ ٹوٹا ہوا نہیں یہ مسکرا رہا ہے جب آئینے سے
کسی کو "شناخت" مل جائے تو وہ مسکرانے لگتا ہے اور پھر ہم باپ بیٹا گھنٹوں روتے
رہے تھے۔

○○○

ایک دن کا بادشاہ

جب انسان ضمیر سے زیادہ جاگ جائے یا حقیقت سے زیادہ جان جائے تو وہ حدودِ وقت سے آگے نکل جاتا ہے پھر کوئی ''شکیبؔ'' فصیل جسم پر تازہ لہو کے چھینٹوں کی پروا کیے بغیر کسی برق رفتار ٹرین سے ٹکرا کر وقت کو تھام لیا کرتا ہے۔ میں جب بھی ضمیر کو تھپکیاں دے کر اور ''زمینی حقائق'' کی لوری سنا کر سلانا چاہتا ہوں تو میرے اندر کے کھیت میں سوالوں کی فصل اُگ آتی ہے حاکم وقت کا کسان اپنے جبر کی شاہی درانتی سے ان خوشوں کا سر قلم کر دیتا ہے مگر برس بھی گزر نہیں پاتا یہ فصل دوبارہ سر اٹھا لیتی ہے اور پھر میرے اندر کوئی گنبد میں دی گئی صدا کی طرح گونجنے لگتا ہے اور پھر میرے اندر کے دربار کا غلام سر جھکائے بادشاہ بننے کے خواب دیکھنے لگتا ہے کسی آبی کنوئیں کے ''تشنہ بوکے'' کی طرح مجھے کبھی پیاس کی سمجھ نہیں آئی۔ کنوئیں سے پانی لے کر سب کو سیراب کرنے والا خود کیوں پیاسا رہ جاتا ہے۔ صحرا اور پیاس میں رقابت کیوں ہے؟ اور نہ ہی میں کبھی یہ جان پایا ہوں کہ میرے اندر کا چراغ کیوں کسی سرپھری ہوا کا منتظر رہتا ہے۔ تِل بھی حیران ہیں کہ چراغوں کو کس کی نظر کھا گئی ہے۔ اب چراغ روغن سے

نہیں لہو سے جلیں تو روشنی دیتے ہیں۔ اب میرے خواب میری پلکوں پر دستک نہیں دیتے وہ جانتے ہیں تعبیر کا آسیب مُہیب سناٹوں کو جنم دیتا ہے۔

میرا بچپن فاقوں کی گود میں گزرا ہے میں ہمیشہ وعدوں، ہمدردیوں، دلاسوں اور تسلیوں کے کھلونوں سے کھیلا ہوں میرے کانوں میں ابھی تک غربت کے اژدھے کی پھنکار گونجتی ہے ہمارے گھر کا چولہا اکثر ٹھنڈا رہتا تھا مجھے گُڑ کھانے کا شوق جنون کی حد تک تھا مگر جہاں دو وقت کی روٹی بمشکل ملتی ہو اور جہاں فاقوں کا راج ہو وہاں گڑ جیسی ''مہنگی'' چیز کہاں سے آتی۔ جب میں بادشاہوں کے قصے سنتا کہ ان کے خزانے ہیرے جواہرات اور سونے سے بھرے ہوتے تھے۔ ان کا قیمتی اور پر تکلف دستر خوان ہر لمحہ مزے دار کھانوں سے آباد رہتا تھا۔ تو میں سوچا کرتا تھا بادشاہ کتنا خوش قسمت انسان ہوتا ہوگا وہ جی بھر کر گڑ کھاتا ہوگا اس کا محل گُڑ سے بھرا ہوتا ہوگا۔

پھر میرے دل میں بادشاہ بننے کا جنون پیدا ہو گیا، میں بادشاہ بننا چاہتا تھا چاہے ایک دن کے لیے ہی کیوں نہ ہو، میں بادشاہ بن کر اُس دن جی بھر کر گڑ کھانا چاہتا تھا ساری سلطنت کا گڑ اکٹھا کرنا چاہتا تھا۔ چاہے اس کے بعد مجھے عمر بھر گُڑ نہ ملے مجھے اس دن کوئی روکنے والا نہ ہو اس دن تمام غلام مجھے گُڑ کھلانے پر مامور ہوں۔ اُس دن مجھے کوئی بھی میری خطاؤں پر روکنے والا نہ ہو۔

اور پھر اچانک نہ جانے کیا ہوا شہرت اور دولت کا آفتاب میرے آنگن میں ایسا چمکا کہ سارا جیون روشن کر گیا اور پھر زندگی کے جس شیشے سے میں دنیا کو دیکھا کرتا تھا میں نے اس شیشے کے پیچھے چاندی کا مُلمع چڑھا لیا اور پھر یہی شیشہ آئینہ بن گیا اب اس سے صرف مجھے اپنا آپ ہی نظر آتا ہے۔ یہ آئینہ بھی کیا چیز ہے انسان کو فنا کے ذوق سے آشنا نہیں ہونے دیتا۔

اس دن جب میں دُنیاوی مصروفیات سے تنگ آکر دُور ویرانے میں شہر سے بہت

دور ایک خشک باغ سے گزر رہا تھا جس کے خشک پتے میرے پاؤں کے نیچے سسک رہے تھے اور مجھے پچھلے موسموں کے عشق کی طرح کسی متروک راستے سے جانے سے روک رہے ہوں مجھے بانسری کی سسکتی ہوئی لے سنائی دی جو مجھے ماضی کے سرسبز پہاڑوں پر لے گئی جس پر یادوں کی سفید برف دُھند کی اداسی کا آنچل لیے گہری شام ہونٹ دانتوں میں دبائے سسک رہی تھی۔ جب کوئی اپنے اصل سے دور ہو جاتا ہے تو وہ اپنے اصل کا زمانہ پھر تلاش کرتا ہے جب سے اسے بنسلی سے کاٹا گیا ہے بانسری کی لے سسک رہی ہے وہ ہر سننے والے سے فریاد کرتی ہے تم نے دیکھا ہے وہ بانسوں کا جنگل جس سے مجھے کاٹ کر لایا گیا ہے۔ مجھے لگا میرا اصل میرا بچپن ہے مجھے بھی بچپن سے کاٹ کر جوانی میں پھینک دیا گیا ہے۔ مجھے اپنا باپ یاد آ گیا جس کی آنکھوں کی نمی کہتی تھی شب فرقت زیادہ دور نہیں ہے۔ مجھے یاد ہے ایک دن جب میں دوسری کلاس میں تھا انہوں نے مجھے بلایا اور پیار کیا اور بولے: بیٹا دل لگا کر پڑھا کرو، علم ایک نعمت ہے اور نعمت سے بغاوت زوال کا باعث ہے کہنے لگا ابتدا میں چمگادڑوں کی آنکھیں تھیں مگر اندھیروں میں رہ کر اور ان کو استعمال نہ کر کے انھوں نے کفرانِ نعمت کیا اسی لیے ان سے آنکھوں کی نعمت واپس لے لی گئی ہے۔ کہنے لگے: علم کے نور سے دنیا کو دیکھو میں نے پوچھا: بابا! آپ حضرت قائداعظمؒ کے بارے میں کیا کہتے ہیں:

بابا کی آنکھوں میں آنسو آ گئے۔ بولے بیٹا!

''جن کو رب چُن لے ان پر تبصرہ نہیں کیا کرتے ان کا بس احترام کیا کرتے ہیں ان کی عزت کیا کرتے ہیں۔''

میں نے پوچھا: بابا!

پوجا اور عبادت میں کیا فرق ہے؟

بولے:

پُتر جس کا جواب آ جائے وہ عبادت ہے اور جس کا جواب نہ آئے وہ پوجا ہے۔

میں نے کہا: بابا جنت میں کون جائے گا بولے پُتر جنت میں وہ جائے گا جن کے دل پرندوں کی مانند ہوں گے کیونکہ پرندے آپس میں جھگڑا نہیں کرتے، فساد نہیں پھیلاتے، رزق کے معاملہ میں توکل کرتے ہیں کل کی فکر نہیں کرتے، اللہ کی حمد وثناء اور تسبیح بیان کرتے ہیں اور تنکوں سے گھونسلے بناتے ہیں۔ ایک دن کہنے لگے: بیٹا! رزق حرام کے قریب بھی مت جانا اس کو کبھی بھی اکٹھا نہ کرنا ہر وہ پیسہ جو کسی کا استحصال کر کے حاصل کیا جائے وہ رزق حرام ہے۔ میں نے کہا: بابا! میں عہد کرتا ہوں رزق حرام نہیں کھاؤں گا۔ بولے بیٹا! میں نے صرف اکٹھا کرنے کی بات کی ہے۔

میں نے حیرانی سے پوچھا: بابا! میں کچھ سمجھا نہیں۔

کہنے لگے:

کوئی آگ کو کھا سکتا ہے کیا؟

یاد رکھو!

بندہ رزقِ حرام نہیں کھاتا، رزق حرام بندے کو کھا جاتا ہے۔

مجھے لگتا ہے میرے باپ کو آگہی کھا گئی تھی وگرنہ وہ اپنے مرنے تک ضرور جیتا اور جس دن میں ان کی قبر پر مٹی ڈال رہا تھا مجھے ان کے یہ الفاظ شدت سے یاد آ رہے تھے جو وہ بار بار کہا کرتے تھے:

''غازی کی موت صرف اسے نصیب ہوگی جو شہید کی زندگی گزارے گا۔''

پھر مجھے وہ یاد آئی جس کو میں کبھی بھی بھول نہ سکا تھا مجھے لگتا ہے بھول جانا شاید دنیا کا سب سے مشکل کام ہے وہ دبستانِ حسن کے مشرقی باب کا آخری مستند حوالہ تھی مجھے وہ الفاظ کسی لُغت میں نہیں ملے جو اس کی خاموشی ادا کرتی تھی۔ اس کی بڑی بڑی سیاہ آنکھوں میں خانہ بدوش امیدوں نے پڑاؤ ڈال رکھا تھا، مگر اس کی جواب آنکھوں میں

ہزاروں سوال بھی خیمہ زن تھے۔اس کی خواب آنکھوں اور چہرے میں عجیب خوبصورت سا اختلاف تھا سوئے ہوئے چہرے پر جاگتی آنکھیں یا جاگتے چہرے پر سوئی ہوئی آنکھیں، یہ عشق کے سودے بھی عجیب ہوتے ہیں۔ یہ سود وزیاں سے مُبرّا ہوتے ہیں۔ چاہے اس میں متاعِ عمر ہی کیوں نہ چلی جائے ہم جب بھی ملتے ہمارے دونوں کے درمیان تیسرا ایک پاگل سی چپ ہوتی۔ شاید شبِ فرقت کا خوف محبت کے خمیر میں شامل ہے۔

آئینہ گر کب تک زخموں سے بچ سکتا ہے اور پھر ایک دن تعبیر کے نقش ونگار سے سجا میرا خواب بکھر گیا۔ اس کا باپ اپنے دور کا ایک لیجنڈ گلوکار تھا جس کے لاکھوں مدّاح تھے شہرت اور دولت اس کے گھر کی باندی تھی۔ اس کے باپ نے میرے Status کو دیکھتے ہوئے رشتے سے صاف انکار کر دیا۔ شاید Status کی دیوار کے سوراخ وضاحتوں اور اخلاقی اقدار کی اینٹوں سے نہیں بھرتے، میری التجاؤں اور مشعل کے آنسوؤں نے بہت احتجاج کیا مگر اس کے والد کا لہجہ تاریخ کی طرح سفاک تھا۔ تاریخ بھی ہمیشہ دوٹوک اور بے لاگ فیصلے کیا کرتی ہے۔

پھر اس کے بعد زندگی کیا تھی فقط بیوہ رُتوں کا نوحہ تھی مجھے یوں لگا جیسے وہ چپکے سے دبے پاؤں میری زندگی کی کہانی سے نکل گئی ہو اور پھر جیسے وقت رُک گیا ہو۔ میں ہر لمحہ ہر سانس اس کو یاد کرتا رہا، پھر مجھے معلوم ہوا یاد کرنے سے وقت رُک جاتا ہے۔ بھول جانے سے وقت کو پَر لگ جاتے ہیں ہم سبھی لوگ خود کو اور دوسروں کو بھول گئے ہیں۔ جبھی تو وقت سے برکت ختم ہوگئی ہے۔ صدیاں سالوں میں، سال مہینوں میں اور مہینے ہفتوں میں بدل گئے ہیں۔ عمریں مختصر ہوگئی ہیں اور ہر کوئی وقت کی نقدی کم ہونے کا رونا رو رہا ہے۔

پھر میں نے اس کو ہزاروں خط لکھے میں نے لکھا: میں وہ برف کا نازک ٹکڑا ہوں

جسے تم رکھ کر بھول گئے ہو۔ میں قطرہ قطرہ پگھلنے کی اذیت سے گزر رہا ہوں۔ جانے تم کدھر سے آجاؤ میں نے ہر سمت سے دیوار گرا رکھی ہے۔ میری سلگتی آنکھوں کا رنگ تنہائی کے رنگ جیسا ہو گیا ہے۔ سوکھی ٹہنیوں کا دُکھ جاننا چاہتے ہو تو خشک پتوں سے پوچھو میں نے سنا ہے اس نے بھی مجھے ہزاروں خط لکھے مگر میری ہی طرح اس نے بھی کوئی خط پوسٹ نہیں کیا۔

دوستوں کے ذریعے سے اس کی خبر ملتی رہتی تھی، اس کے والد نے پردیس میں جو اس کا رشتہ طے کیا تھا وہ ٹوٹ گیا تھا پھر اس کے بعد مشعل نے شادی سے انکار کر دیا تھا۔ میں نے اس دن اپنے رب سے دُعا کی۔ اے رب کائنات میری بچپن کی معصومیت اور اخلاص کے صدقے مجھے سکون کی نعمت عطا فرما۔ میری خطاؤں سے درگزر فرما۔ اے پروردگار عالم! تو جانتا ہے جب میں دوسری جماعت میں پڑھتا تھا جب ہمارے استاد نے کہا تھا کل تمام بچے ایک خط لکھ کر لائیں گے یہ خط وہ اس کے نام لکھیں گے جس سے وہ سب سے زیادہ پیار کرتے ہوں گے تو اے رب کریم میں نے یہ خط آپ ہی کے نام تو لکھا تھا۔

اس دن میری اکتیسویں سالگرہ تھی میں گھر میں تنہا بیٹھا اس کو یاد کر رہا تھا میری نظر اخبار پر پڑی خبر تھی، لیجنڈ گلوکار صداقت علی عرصہ دراز سے ہسپتال میں زیر علاج ہیں اور تنہائی کے عذاب سے گزر رہے ہیں ان کے مداح بھی ان سے ملنے نہیں آتے، ماضی میں شہرت کے آسمان پر چمکنے والا آفتاب اب بے کسی سے زندگی کے دن پورے کر رہا ہے ماضی کو فراموش کر کے میں اس سے ملنے ہسپتال پہنچ گیا۔ میں نے دیکھا: وہ ہڈیوں کا ڈھانچہ بن چکا تھا مجھے دیکھ کر اس کی آنکھوں میں شناسائی ابھری۔ ارشد مسعود قدوسی اس کے ہونٹوں سے نکلا اس کی آنکھوں میں آنسو آ گئے، کافی دیر وہ خاموش رہنے کے بعد بولا:

وقت کی چاپ کس نے سنی ہے جاؤ وقت کو پازیب پہنا دو بڑی خاموشی ہے۔ پھر میری طرف دیکھ کر بولا: قدوسی صاحب! یہ مصروف لوگ مجھے دفنا بھی پائیں گے یا نہیں۔ اس لمبی بیماری نے مجھے بہت فائدہ دیا ہے میں سب کو پہچان گیا ہوں اور خود کو بھی مجھے آگہی کی نعمت اسی بیماری نے دی ہے۔ شہرت کا سورج عین سر پر ہو تو اپنا سایہ بھی نظر نہیں آتا۔

پھر اچانک مشعل کمرے میں داخل ہوئی، میں نے اسے سات سال بعد دیکھا تھا: وہی لفظوں کو اعتبار بخشتا حسن وہی جاگتے چہرے پرسوئی ہوئی آنکھیں اس نے میری طرف دیکھا اور پھر اس کی آنکھوں میں آنسو آ گئے۔ پھر وہ اپنے باپ کے پہلو میں بیٹھ گئی۔

صداقت علی خان نے پہلے میری طرف اور پھر اپنی بیٹی مشعل کی طرف دیکھا اور بولے: مجھے اپنے فیصلے پر دُکھ اور پچھتاوا ہے ہو سکے تو تم دونوں مجھے معاف کر دینا اور پھر مشعل کا ہاتھ پکڑ کر میرے ہاتھ میں دے دیا اور بولے: میری دعائیں آپ کے ساتھ ہیں بیٹیاں اگر ماں باپ کی دعاؤں کے ساتھ نئے سفر کا آغاز کریں تو منزلیں ان کے پاؤں کے نیچے بچھا دی جاتی ہیں۔

اور پھر میری طرف دیکھا اور بولے: تمھارا کوئی سوال ہے؟

جی: میں نے جواب دیا۔

مشعل نے پہلی بار زندگی میں میری طرف حیرانی سے دیکھا تھا میں مجاز سے حقیقت کا سفر کرنا چاہتا ہوں۔

میرے دو سوال ہیں

رب کہاں سے ملتا ہے

اور

میں بادشاہ بننا چاہتا ہوں چاہے ایک دن کے لیے ہی کیوں نہ ہو، ایسا کیوں ہے۔

صداقت علی ہلکا سا مسکرائے اور بولے:

محبت تو ایک بینائی ہے تم نے محبت سے کچھ بھی نہیں سیکھا؟

سنو!

ربّ کہیں گم نہیں ہوا کہ جسے ڈھونڈنا پڑے ربّ نے تو اپنا مسکن بتا دیا ہے کہ وہ اپنے بندے کی شہ رگ سے قریب رہتا ہے رب کو اپنے اندر سے دریافت کرنا پڑتا ہے جاؤ جنون کے جھاڑو سے اپنا میلا اندر صاف کرو اور اخلاص کا دِیا مَن میں جلاؤ، ربّ نظر آجائے گا۔

اب رہا دوسرا سوال

رب اور بندے کا یہی تو اختلاف ہے بندہ چاہتا ہے جو یہ ایک دن کی عارضی زندگی ہے وہ بادشاہ بن کر گزارے مگر رب کہتا ہے جھلّیا یہ ایک دن کی عارضی زندگی میں غلامی اختیار کر لے میں نہ ختم ہونے والی ابدی زندگی میں تجھے بادشاہ بنا دوں گا۔

اور پھر ماضی کا لیجنڈ گلوکار سانسوں کی دوڑ ہار گیا اور پھر ہم نے ان کے چہرے پر چادر ڈال دی ہم دونوں ہی نہیں پورا ہسپتال رو رہا تھا اور پھر ارشد مسعود قدوسی ''ایک دن کا بادشاہ'' بننے کے بجائے ''غلام'' بن چکا تھا۔

OOO

قائد ہم شرمندہ ہیں

(ولادتِ قائد کے دِن روزنامہ جنگ میں لکھا گیا مضمون)

فرمانِ قائد ہے۔

''یہ مشیت ایزدی ہے۔ یہ محمد مصطفیٰ صلی اللہ علیہ وسلم کا روحانی فیضان ہے۔''

جن دنوں علامہ شبیر احمد عثمانی حیدر آباد دکن میں حدیث نبویؐ پر کام کر رہے تھے تو متعدد بار قائد اعظم نے ان سے پیغامات اور خط و کتابت کے ذریعے ملنے کی کوشش کی لیکن علامہ شبیر احمد عثمانی قائد اعظمؒ کو مغربی تعلیم یافتہ تصور کرتے ہوئے نظر انداز کرتے رہے اور نہ پیغام اور خطوط کا جواب بھیجا اور نہ ہی ان کی ملاقات کی خواہش کا کوئی خاطر خواہ جواب دیا اس صورت حال کے پیش نظر قائد اعظم نے اللہ رب العزت کی بارگاہ اور سرورِ کائنات حضور اکرمؐ کے حضور علامہ صاحب کی اس بے رخی کو سامنے رکھتے ہوئے گڑگڑا کر دعا کی ہوگی چنانچہ انکی یہ ''دعا'' مستجاب ہوئی کس قدر خوش قسمت ہیں ہمارے قائد اعظمؒ کہ ایک رات آقائے نامدار تاجدارِ دو عالم حضور اکرمؐ سے ''شرفِ ملاقات'' کرتے ہیں اور حضور اکرمؐ اور قائد اعظمؒ کو تسلی و تشفی دیتے ہیں اور بالکل اسی رات حضور اکرم صلی اللہ علیہ وسلم علامہ شبیر احمد عثمانی کو (جو حیدر آباد دکن میں مقیم تھے) خواب میں شرفِ ملاقات بخشتے ہیں

اور حکم دیتے ہیں کہ ''ہمارا ایک امتی آپ سے ملنا اور رہنمائی حاصل کرنا چاہتا ہے آپ بمبئی جائیں اور اس سے ملاقات کریں اور اس کی رہنمائی کریں۔''

حضور اکرمؐ کا حکم ہو اور انسان پس و پیش کرے ایک مومن اور مسلمان تو کبھی تصور بھی نہیں کر سکتا اور پھر علامہ شبیر احمد عثمانی اور قائداعظمؒ جیسے ''عاشقانِ رسولؐ تو سمجھتے تھے کہ انہیں دونوں جہاں کی دولت مل گئی حضور اکرمؐ کا ''دیدار'' اور نبی آخر الزمانؐ کی ''بشارت'' انہوں نے کبھی سوچا بھی نہیں تھا ان کی خوش قسمتی کا کوئی حساب نہ تھا۔ شاداں و فرحاں مولانا شبیر احمد عثمانی سب کچھ چھوڑ کر بمبئی پہنچتے ہیں اور جب قائداعظم کے در دولت پر پہنچتے اور ملازم کو اپنے آنے اور قائداعظمؒ سے ملاقات کی خبر دیتے ہیں تو قائداعظم سراپا آنکھیں بچھائے ان کے انتظار میں اپنے ''لان'' میں منتظر ہوتے ہیں۔ علامہ شبیر احمد عثمانی اندر تشریف لاتے ہیں تو قائداعظمؒ کو ''سراپا انتظار'' دیکھتے ہیں اور پھر دونوں ''عاشقانِ رسولؐ'' کے درمیان مندرجہ ذیل ''مکالمہ'' ہوتا ہے۔

قائداعظمؒ! حضور والا میں جب مسلسل آپ کو پیغامات اور خطوط ارسال کرتا رہا اور آپ سے ملاقات اور رہنمائی کا متمنی رہا تو آپ نے توجہ نہیں فرمائی لیکن جب ''ان'' (حضور اکرم صلی اللہ علیہ وسلم) کا حکم ہوا ہے تو تشریف لے آئے ہیں۔

علامہ شبیر احمد عثمانی: کیا آپ کو بھی حضور سرورِ دو عالمؐ کی ''بشارت'' ہوئی ہے؟

قائداعظم: میں آپؐ (حضور اکرمؐ) کے ''ارشاد'' کے مطابق ہی آپ سے ملاقات کیلئے کوشش کرتا رہا ہوں علامہ شبری احمد عثمانی کیا یہ سچ ہے؟

قائداعظم یہ حقیقت ہے۔

مشہور امریکی مورخ سٹینلے والپرٹ قائداعظمؒ کی عظمت کا ذکر ان الفاظ میں کرتے ہیں۔

''بہت کم شخصیات تاریخ کے دھارے کو قابلِ ذکر انداز میں موڑتی ہیں اس سے

بھی کم وہ افراد ہیں جو دنیا کا نقشہ بدلتے ہیں اور ایسا تو شاید ہی کوئی ہو جسے ایک قومی ریاست تخلیق کرنے کا اعزاز حاصل ہو جناح نے یہ تینوں کام کر دکھائے۔''

میرا قائد کیا سوچتا ہے؟

''میری آرزو ہے کہ پاکستان صحیح معنوں میں ایک ایسی مملکت بن جائے کہ ایک بار پھر دنیا کے سامنے فاروقِ اعظمؓ کے سنہری دور کی تصویر عملی طور پر کھنچ جائے خدا میری اس آرزو کو پورا کرے۔''

میں عمر بھر بت پرستی کے مندر اور توحید کے کعبہ کے درمیان معلق رہا اس دن زندگی میں پہلی بار ہمت کر کے اور باوضو ہو کر قائد کی آنکھوں میں جھانکا اور پھر میری میان توحید کی شمشیر سے بھر گئی میرے قائد کی آنکھوں میں ایک پراسرار سا عزم تھا ''کن فیکون'' جیسا عزم مگر ان کی آنکھوں میں ایک عجیب سا گلہ بھی تھا جیسے تیر کھا کر مڑ کر دیکھیں اور اپنوں سے ملاقات ہو جائے جیسے اولاد باپ کے احسانات بھول جائے جیسے کوئی امین خیانت کا مرتکب ہو جائے۔ آج پہلی بار میں نے حوصلہ کر کے قلم پکڑا تو شعورِ ذات نے مجھے وقت کے کٹہرے میں لا کھڑا کیا اور میں نے شرمندگی کے کاغذ پر آنسوؤں اور ہچکیوں کی زبان میں آب دیدہ لفظوں کی سیاہی سے ندامت کے قلم سے لکھا۔

قائد ہم شرمندہ ہیں۔

میں بیک وقت کئی کیفیات سے گزر رہا ہوں کبھی اپنی بے بسی پر ہنسنے کو دل چاہتا ہے تو کبھی جی چاہتا ہے ایسا ماتم کروں کہ دیکھنے والی ہر آنکھ برسوں پرنم ہو جائے بالکل ایسے ہی جیسے فاسفورس کی بھٹی سے نکلنے والے خون سے لکھی لال مسجد اور جامع حفصہ کی کہانی صدیوں تک ہر نئے آنے والے زمانے کی آنکھوں سے آنسوؤں کا خراج لیتی رہے گی۔

1947ء میں ''شیو سینا نگر'' کے درندوں اور راہزنوں سے لٹنے والا مسافر بھی نہ جانے کیوں خوش تھا شاید اس کی امید بھری آنکھوں میں ہزاروں سہانے خواب چھپے تھے

شاید پوری قوم قائد کی پرعزم آنکھوں سے دیکھنے کی عادی ہو چکی تھی میرے قائد کی آنکھوں کو غور سے دیکھو عزم و استقلال کے شاہین جیسی آنکھیں شفیق باپ کی شفقت اور پیار لیے درویش آنکھیں میرا قائد آہنی کہسار کی مانند تھا جس سے ٹکرا کر ہر طوفان راستہ بدل جایا کرتا تھا۔ جس کے عزم سے ''سفید بنیا'' اور ''سیاہ بنیا'' دونوں خوفزدہ تھے۔

میرا قائد مردِ مومن تھا اقبال کا مردِ مومن جو سراپا خودی تھا جس کا کردار ہمالیہ تھا صوفی برکت علی کے بقول مومن کا عزم کن فیکُن کا درجہ رکھتا ہے مگر ہمارا عزم کہاں ہے؟ اب تو سوال پیدا ہوتا ہے ہماری کچھ سوچ ہے بھی یا نہیں پانچ آمروں کی ڈسی یہ قوم اب قوم رہی بھی ہے یا ہجوم بن گئی ہے۔ اس کی سوچ کہاں گئی اس نے تو ملتِ اسلامیہ کے سر کا تاج بننا تھا کیوں آٹے اور چینی کی لائنوں میں لگی دھکے اور لاٹھیاں کھا رہی ہے۔

کیا ایسا تو نہیں ہم نے اپنا فرض ادا نہ کیا ہو
فرض کیا ہے
وقت کی آواز پہ لبیک کہنا
وقت کی آواز کیا ہے
قائد کے فرمان کی روشنی میں
خود شناسی اور خود احتسابی

خود شناسی اور خود احتسابی سے گریزاں قومیں سقوطِ ڈھاکا جیسے سانحات سے دو چار ہو جایا کرتی ہیں سانحہ پشاور میری آنکھوں کی نیند چھین کر لے گیا ہے ان معصوم بچوں کے خون نے میری آنکھوں کی سرخی کو اور بڑھا دیا ہے۔ یہ بچے مجھ سے پوچھتے ہیں انکل ہماری عمریں تو رنگوں سے کھیلنے، جگنوؤں اور تتلیوں کے پیچھے دوڑنے اور ماں کی جھولی میں سر رکھ کر سونے کی تھیں ہمیں یہ سفید لباس کیوں پہنا دیا گیا ہے۔ کیا تمام دنیا کو لڑنے کے لئے جنگ کے لئے ہمارا ہی ملک نظر آتا ہے۔ انکل ہمیں ڈالر نہیں چاہییں ہمیں امن

چاہیے ان معصوم بچوں کی شہید روحیں نوحہ گر ہیں اور پوچھتی ہیں بابائے قوم نے یہ ملک اس لیے بنایا تھا کہ ہمارے خون سے ہولی کھیلی جائے انکل آپ دوسروں کی جنگ اپنے ذمے کیوں لیتے ہیں انکل انتہائی معذرت کے ساتھ عرض ہے۔ آپ سے اپنی ذات تو سمیٹی نہیں جاتی آپ خدائی کے طلبگار بن گئے ہیں۔

حقوق اور فرائض کی ذمہ داری میں ہم کہاں کھڑے ہیں؟

مادرِ وطن کا حق کیا ہے؟

بانی وطن سے محبت اور اس کے باسیوں سے محبت اور اس کے محسنوں کی عزت وگرنہ اس ملک میں دوبارہ کبھی محسنِ پاکستان ڈاکٹر عبدالقدیر پیدا نہیں ہوگا۔ عزت کروانے کا شوق ہو تو عزت والے کام کرنا پڑتے ہیں اپنے کردار کو ''جناح'' کرنا پڑتا ہے۔ تحمل، برداشت، بردباری اور ایثار کے دانوں کو زندگی کی تسبیح میں پرونا پڑتا ہے ذہنوں اور گھروں کو کتابوں کے زیور سے آراستہ کرنا پڑتا ہے علم والی قومیں ہی قدآور قوموں کی صف میں کھڑی ہوتی ہیں وگرنہ دنیا کا کمزور اور غلام قوموں سے رویہ کیا ہوتا ہے؟

Stick or Carrot

Foe or Friend

تاریخ کے دستر خوان پر میں نے ہمیشہ غلام اور کمزور قوموں کو ہی طاقتور اور کتاب دوست قوموں کا نوالہ بنتے دیکھا ہے۔

میرے قائد کی فراست سے دشمن خوفزدہ تھا میرا قائد جانتا تھا رب اپنے بندوں کو غلام دیکھنا نہیں چاہتا اسی لیے تو قرآن میں غلامی کے آداب نہیں سکھائے گئے میرا قائد جانتا تھا غلام اور غلامی کا کوئی مذہب نہیں ہوتا غلام قومیں اپنی روٹی کے لیے کشکول کی طرف دیکھتی ہیں اور آزاد قوموں کا رزق ان کے نیزے کی نوک پر ہوتا ہے۔

میرے قائد کی بصیرت جانتی تھی غلامی کے کھیت میں یا تو بھوک اگتی ہے یا گدائی

کے کشکول تمام عیوب میں غلامی ہی ایک ایسا عیب ہے جو اخلاق کی پستی، دنایت اور بغض وعناد جیسے ناپاک رذائل انسان کے اندر پیدا کر دیتا ہے۔ میرا قائد جانتا تھا غلامی کرائے کا وہ گھر ہے جس کو جتنا بھی سجالیں مگر اپنا نہیں ہوتا۔ غلامی کے پاؤں میں سدا ذلت کی پائل چھنکتی ہے۔ غلاموں کی زندگی میں کوئی بڑا نصیب العین نہیں ہوتا مقصدِ حیات کے بغیر زندگی کوڑے دان کے سوا کچھ نہیں۔ میرے قائد کو علم تھا کہ غلام اگر کوزہ گری بھی سیکھ لے گا تو فقط کاسے ہی بنائے گا اور غلاموں کی صحبتیں نور سے خالی شامیں خون میں ڈوبی اور قفس کی ہوائیں زہر سے بوجھل ہوتی ہیں میرا قائد جانتا تھا پرندہ زیادہ دیر قفس میں رہ جائے تو پھر قفس اس کے اندر رہنے لگتا ہے۔ میرے قائد کو علم تھا کہ غلامی ذہنوں کو صحرا بنا دیتی ہے اور لہجوں کو دسمبر غلام کو آزاد بھی کر دو تو وہ صدیوں من وسلوٰی کا غلام رہے گا اسے پنجرے میں پڑی سونے کی کٹوری بھاتی رہے گی۔

میرے پاس دیکھنے والی آنکھ ہوتی تو میں سمجھ سکتا کہ میرے قائد نے مجھے ملک نہیں ایک مینار والی مسجد لے کر دی تھی جس کے باسیوں کا مذہب پاکستان اور دین اسلام ہونا چاہئے تھا مگر میں غلام ہی رہا اور اس سجدہ گاہ کا احترام نہ کر سکا یہ ایک درویش کا تحفہ تھا مگر اس تحفے کی قدر نہ کر سکا اور ناقدرا اور بے مروت کہلوایا۔ یہ ملک ایک وعدہ تھا جسے میں ایفا نہ کر سکا۔

کبھی کبھی میں اپنے بیٹے عمر بلوچ سے خوفزدہ ہو جاتا ہوں کہ کہیں اس کا شعور نہ جاگ جائے اگر اس کا شعور جاگ گیا تو کہیں وہ میرا گریبان نہ پکڑ لے اور مجھے کہے بابا مجھے یہ دہشت گردی میں ڈوبا یہ پاکستان نہیں چاہیے مجھے یہ آدھا پاکستان نہیں چاہیے مجھے یہ قومیتوں میں بٹا پاکستان نہیں چاہیے مجھے رشوت، کرپشن، ماورائے آئین و قانون اقدامات، اقربا پروری، دوست نوازی، بیرون ملک سرمائے کا سفر، ملاوٹ اور عام شہری کی بے بسی والا پاکستان نہیں چاہئے مجھے وہ پاکستان چاہیے جو اقبال کے خوابوں کی تعبیر ہو

مجھے وہ پاکستان چاہیے جو میرے قائد نے ہمیں دیا تھا مجھے وہ پاکستان چاہیے جس کے سپنے میرے قائد کی آنکھوں میں چھپے ہیں مجھے وہ پاکستان چاہیے جو محبت و امن کا گہوارہ ہو۔

ہر آمر کا ایک المیہ ہوتا ہے ہر آمر اپنے ارد گرد بونے رکھتا ہے اور بونوں کی حکومتیں کبھی قد آور شخصیات پیدا نہیں کر سکتیں۔

اے قائد ہم شرمندہ ہیں ہم تیری امانت کی حفاظت نہ کر سکے اس ناخلف اولاد کی طرح جو اپنے باپ کی رحلت کے بعد اس کی تمام وراثت کو کوڑیوں کے بھاؤ بیچ ڈالتی ہے اور اس کی عزت کو نیلام کر دیتی ہے۔

کھایا گیا ہے بانٹ کے کس اہتمام کے ساتھ

جیسے میرا وطن کوئی چوری کا مال تھا

حضرت عمرؓ کے دور کا ایک واقعہ ہے کہ بستی کے رہنے والوں نے ایک پیاسے مسافر کو پانی نہ دیا اور وہ پیاس کے باعث مر گیا تو حضرت عمرؓ نے اس کا خون بہا خود دیا اور پھر بستی والوں سے وصول کیا اس فاروقی فیصلہ کی وجہ سے قانون بن گیا کہ اگر بستی میں کوئی شخص بھوک پیاس سے مر جائے تو اہل بستی اس کے خون کے ذمہ دار ہوں گے آج جو خود کشیاں ہو رہی ہیں قائد کے اس دیس میں ذمہ دار کون؟

حکومت، عوام یا سسٹم

دوش کس کو دیں

شاید ہم سب ہی قصور وار ہیں کیونکہ ہم سب نے اپنا اپنا فرض ادا نہیں کیا۔

فرض کیا ہے۔

وقت کی آواز پہ لبیک کہنا

اور وقت کیا کہتا ہے۔

نہ تو زمین کے لیے ہے نہ آسمان کے لیے

جہاں ہے تیرے لیے تو نہیں جہاں کے لیے

اور

اپنی دنیا آپ پیدا کر اگر زندوں میں ہے

پاکستان کو وجود میں آئے 70 برس ہونے کو ہیں شہدا ہم سے سوال کر رہے ہیں کیا اس پاکستان کے لیے ہم نے اپنی عزتوں مال اور جانوں کا نذرانہ پیش کیا تھا جہاں افلاس، بھوک اور دہشت گردی کا بسیرا ہے جہاں لوگ قرآن رکھتے ہوئے بھی جہالت کا شکار ہیں جہاں محبت اور امن سہمے ہوئے ہیں ہم جتنے بھی دعوے کرلیں مگر حقیقت یہ ہے کہ یہ پاکستان تو ہے مگر یہ میرے قائد کا پاکستان نہیں۔ یہ زمین کا ٹکڑا تو ہے مگر اس میں نظریہ پاکستان کی روح نہیں۔ ہمارے پاس صرف اعتراف ہی اعتراف ہے اور ندامت کے آنسو

اے قائد ہم شرمندہ ہیں........

قائد ہم شرمندہ ہیں۔

○○○

خود گزیدہ

چُپ راستے کی چاپ سہم جائے یا کوئی مظلوم آسمان کی طرف دیکھے اور خاموش ہو جائے تو اندر ایک عجیب سا شور برپا ہو جاتا ہے۔ مجھے ہنستے ہنستے روتے اور روتے روتے ہنستے لوگ بہت اچھے لگتے ہیں اس نے مسکراتے ہوئے کہا اور پھر اس کی آنکھوں میں ساون بھر آیا میں نے تڑپ کر اس کا سر اپنی گود میں لے لیا۔ رات کی سیاہ زلفیں شام کے سرمئی کاندھوں پر گر چکی تھیں۔ آسمان پر بادلوں کے چند شریر ٹکڑے راستہ بھٹکی ہوئی دعاؤں کی طرح دوڑ رہے تھے اور ٹمٹماتے تارے ان راستہ بھولی دعاؤں کو دیکھ کر چشم نم لیے اداس کھڑے تھے۔ دعاؤں کو اگر اخلاص کی سرگوشی اور آنکھ کا پانی میسر نہ آئے تو وہ منزل تک نہیں پہنچ پاتیں اور راستوں ہی میں بھٹک جاتی ہیں۔ سفر کو معافی سے شروع ہونا چاہیے اور ہر نئے دور کا آغاز معافی سے ہی ہوا ہے۔ فطرت کے بھی اپنے ہی راز ہیں جو ان رازوں کو پالیتا ہے اسے انعام یافتہ بنا دیا جاتا ہے رات بھی ایک راز کا نام ہے یہ ہر حاتم سے ایک چراغ مانگتی ہے اور جو مسافر شب بھر اپنا دیا بجھنے نہیں دیتا یہ صبح اس کو آفتاب عطا کر دیتی ہے مجھے سورج اچھا لگتا ہے اسے اپنی روشنی کو ثابت نہیں کرنا پڑتا۔ سچ بھی وہی ہوتا

ہے جسے ثابت نہ کرنا پڑے جو آنکھوں کو چندھیا دے۔ عام مٹی میں آنکھیں بونے سے صرف خواب ہی اگتے ہیں مگر جو آنکھیں مدینہ میں بوئی جائیں وہاں سے ایسے آفتاب اگتے ہیں جن کی روشنی پوری کائنات کو روشن کر دیتی ہے۔

ابا ہم کیسے لوگ ہیں جو در بند کر کے دیپ بجھا کر درختوں اور رشتوں کو کاٹ کر پرندوں اور جگنوؤں کو مار کر تتلیوں کو اداس کر کے خوش ہو جاتے ہیں اس کے پاس ہمیشہ سوال جیسا جواب اور جواب جیسا سوال ہوتا تھا۔

بیٹا ہم صدیوں غلام رہنے والے اپنی فطرت میں اذیت پسند لوگ ہیں بیٹا ہم معافی جیسے بڑے اور معتبر لفظ سے نا آشنا ہیں ہماری عمر کا گیلا بالن ساری زندگی سلگ سلگ کر دھواں دیتا رہتا ہے اور پھر چاروں طرف خاموشی چھا گئی۔ لوگ خودغرض ہو جائیں یا لفظ مسخ شدہ لاشیں بن جائیں دنیا گونگی ہو جائے یا آدمی بہرہ ہو جائے درد آواز چھین لے یا قصرِ جہانگیر زنجیر سے خالی ہو جائے پھر ایسی تنہا دنیا رہنے کے قابل نہیں رہتی۔

ہم دونوں باپ بیٹا گاؤں میں اپنے گھر کے کھلے آنگن میں سونے کے لیے لیٹے تھے۔ وہ امریکہ سے ڈاکٹر بن کر تین ماہ پہلے ہی لوٹا تھا۔ اس کی ماں نے اپنی آنکھوں کی سلائیوں سے اس کے لیے بہت سے خواب بنے تھے میری بھی یہی خواہش تھی وہ پردیس جا کر بہت سا پیسہ کمائے مگر وہ کہنے لگا ابا میں اب ملک سے باہر نہیں جاؤں گا اسی ملک میں رہ کر اس کی خدمت کروں گا۔ ابا وطن کو ہماری ضرورت ہے خالی وطن کی محبت کے دعوے کرنے کا کیا فائدہ ابا گائے پوجا سے نہیں مالک کی بہتر دیکھ بھال اور تازہ عمدہ چارے سے خوش ہوتی ہے۔ کہنے لگا ''ہونٹوں پر اگر کربلا لکھ لیا جائے تو پھر دریا کی کوئی شرط ماننی نہیں پڑتی۔'' ابا تانبے سے سونا بنانے کے خبط میں مبتلا انسان عمر بھر سکون نہیں پا سکتا اور جس دریا سے لوگ پانی بھرنا چھوڑ دیں مچھیروں کے گیت خاموش ہو جائیں۔ کشتیاں ٹوٹ جائیں اور پتوار بکھر جائیں اور ملاح صحرا نشین ہو جائیں وہ دریا دریا نہیں رہتے ندی نالے

بن جاتے ہیں اور پھر موسموں کے کیلنڈر سے ساون بھادوں اتر جاتے ہیں۔

مجھے یاد آیا میں نے ایک دن اپنے دادا سے پوچھا تھا جس کی مٹھی سے عمر کی کافی ریت گزر چکی تھی اور جس کے چہرے پر جھریوں نے نوے سال کی تاریخ رقم کر رکھی تھی دادا یہ زندگی کیا ہے؟

دادا ہنسا پھر وہ آسمان جس پر بادلوں کے چند آوارہ ٹکڑے تیر رہے تھے کی طرف دیکھ کر بولا پتر یہ زندگی آوارہ بدلی کی چھاؤں جیسی ہے اتنی ہی مختصر اتنی ہی ناپائیدار اور اتنی ہی غیر یقینی پھر میری طرف دیکھ کر بولا انسان کی قدر کیا کرو یہ سب سے قیمتی اثاثہ ہے اور پھر وہ منہ ہی منہ میں بڑبڑایا ہم بھی عجیب لوگ ہیں چراغ بجھا کر شب کو جلا لیتے ہیں۔ میں نے اچانک سوال کیا دادا رب کیسے ملتا ہے۔

دادا نے چونک کر میری طرف دیکھا اور پھر آنکھیں بند کر لیں کافی دیر خاموش رہنے کے بعد بولا

رب تک پہنچنے کا سب سے محفوظ راستہ سنتِ نبوی ہے۔ پھر بولا

خاموشی، فاقے اور رات کے سجدے یہ بھی رب تک پہنچا دیتے ہیں۔ اولیس پتر میں تمہیں ایک عجیب بات بتاؤں مجھے نہ جانے یہ کیوں لگتا ہے رب جمعہ کی پہلی اذان کے وقت مسجد میں آتا ہے جو شخص اس وقت سب کو معاف کر کے اللہ کو اللہ سے مانگ لیتا ہے اسے رب مل جاتا ہے۔

ابا مجھے آج کہانی تو سنا جیسے مجھے بچپن میں سنایا کرتا تھا میں نے حیرانی سے یوسف کی طرف دیکھا ہاں ابا مجھے بچپن اچھا لگتا ہے۔ آج کے اس تیز رفتار اور مادہ پرستی کے دور نے ہم سے ہمارا بچپن چھین لیا ہے۔ شہروں میں بچے تو ہیں مگر بچپن کہیں کھو گیا ہے۔ جہاں رشتوں کو زوال آ جائے جہاں نانی دادی اولڈ ہوم چلی جائے جہاں بوڑھوں کو بوجھ سمجھ لیا جائے وہاں بچوں کو کہانی کون سنائے گا۔ کہانی اور لوری نہ سننے والے بچے مدر ٹریسا یا ایدھی

نہیں جلاد بنتے ہیں اور تاریخ کو ہیروشیما اور ناگاساکی کی قیامتوں سے آلودہ کر دیتے ہیں۔

یہ کیسا عجیب دور ہے بیٹا پہلے صرف کہانی ہوتی تھی خوابوں میں لپٹی اب کہانی میں کہانی بن جاتی ہے۔

میں نے یوسف کا ہاتھ پکڑ لیا اور کہانی سنانا شروع کی۔

ساحل سمندر پر ایک بڑا برگد کا درخت تھا اس کے ارد گرد آم اور جامن کے درخت تھے دن کو تھکے ماندے مسافر اس کی گھنی چھاؤں تلے آرام کیا کرتے تھے رات کو پرندے اور جگنوں اس کی آغوش میں پناہ لے لیتے تھے۔ تتلیاں دن رات اس برگد کے پتوں سے کھیلتی رہتیں اور اس سے سرگوشیاں کرتی رہتیں۔ کوئل اور بلبل یہاں گیت سنانے آتی تھیں وہ برگد ان سب کے درمیان بہت خوش رہتا تھا۔ قافلے یہاں قیام کیا کرتے تھے اور مسافر ایک دوسرے کو کہانیاں سنایا کرتے تھے اور ایک دوسرے سے ڈھیروں باتیں کرتے تھے۔ پرانے لوگوں کی باتیں بھی یادیں ہوا کرتی تھیں ۔ ہر کوئی کسی نہ کسی کو یاد کر رہا ہوتا تھا۔ یادیں بھی عجیب ہوتی ہیں ۔ وقت کو تھام لیتی ہیں اور دل کی دیوار پر محبت کی سنہری بیلیں چپ چاپ چڑھا دیتی ہیں۔ بھول جانے سے زندہ بھی مر جاتے ہیں اور یاد کرنے سے مرنے والا بھی جی اٹھتا ہے۔ لوگ بدلے تو وقت بھی بدل گیا مادی ترقی نے اخلاقی ترقی کو مات دے دی۔ پھر اس برگد کے سامنے ایک بہت بڑا ہوٹل بن گیا۔ اب برگد گاڑیوں کی پارکنگ کے لئے استعمال ہونا شروع ہوگیا۔ ہر وقت گاڑیوں کا شور، دھواں تیل کی بو مصنوعی قہقہے دولت اور جسموں کی نمائش اور سٹیٹس کے پنجرے میں قید لوگ برگد اداس رہنے لگا اس کو قافلے اچھے لگتے تھے وہ ان کے مسافروں کی کہانیاں سنتا تھا۔ پرندوں، جگنوؤں، تتلیوں کے ساتھ وہ مسکراتا تھا۔ پھر برگد کا درخت بیمار ہو گیا اس کے تمام پتے خزاں کی وادی کی طرف ہجرت کر گئے برگد سوکھ کر ٹنڈ منڈ ہو گیا تھا اب یہاں نہ کوئی پرندہ

آتا تھا نہ جگنوں نہ تتلیاں اور نہ گلہریاں جھولا جھولتی تھیں۔ اب برگد موت کی دعا مانگنے لگا تھا۔ لمبے عرصے کے بعد ایک دن ایک طوطا آ کر برگد پر بیٹھ گیا برگد بہت خوش ہوا۔ برگد نے طوطے سے اس کی اداسی کی وجہ پوچھی تو طوطا بولا میرا جو مالک ہے وہ سامنے والا ہوٹل کا بھی مالک ہے بڑا پریشان رہتا ہے۔ کہتا ہے میں سارا سمندر خریدنا چاہتا ہوں مگر میرے پاس اتنا سرمایہ نہیں ہے برگد بولا اپنے مالک سے کہو تم کنارے خریدلو سمندر خود بخود تمہارا ہو جائے گا۔ طوطا بہت خوش ہوا جب وہ اڑنے لگا تو برگد بولا اپنے مالک سے کہنا تم دنیا کی ہر شئے خرید سکتے ہو مگر سکھ اور سکون نہیں خرید سکتے پر سکون رہنے کے لئے اور سکھ پانے کے لیے برگد بننا پڑتا ہے انسان کو اس دنیا میں شجر بننے کے لیے بھیجا گیا ہے۔ درخت اپنا پھل خود نہیں کھاتا نہ یہ اپنے سایے میں بیٹھتا ہے جو ملا ہے اسے بانٹ کر کھاؤ تنہا کھانے سے نعمتوں میں سے خوشبو اڑ جاتی ہے۔

شہر اب ساحل سمندر تک پھیل چکا تھا۔ شہر جب بھی پھیلتے ہیں گھنے، سہانے چھاؤں چھڑکتے چھتنار نہیں رہتے یہ سب قاتل تیشوں کی نذر ہو جاتے ہیں اور پھر مسافر دھوپ کے زرد کفن میں لپٹا زندہ میت بنا پھرتا ہے۔

پھر ایک دن قاتل تیشے نے اس برگد کا بھی خون کر ڈالا اب یہاں ایک پارکنگ پلازہ ہے برگد نہ رہے تو اجتماعی سوچ ختم ہو جاتی ہے۔ پرندے، جگنوں، تتلیاں اور فطرت ہجرت کر جاتے ہیں اور صرف جسموں کی آلودگی رہ جاتی ہے۔ برگد نہ رہے تو قافلے یہاں قیام نہیں کرتے اور نہ ہی مسافر ایک دوسرے کو کہانیاں سناتے ہیں کہانی ختم ہو جائے تو بچپن مر جاتا ہے جس کا بچپن مر جائے اس کے حرف بھی مر جاتے ہیں اس لئے اسے عمر بھر زندگی کی شاعری کی سمجھ نہیں آتی جس کا بچپن مر جائے اسے عمر بھر زندگی کی لڈو میں 98 کے سانپ کے کاٹ کھائے جانے کا خوف رہتا ہے۔

کہانی سن کر یوسف بچوں کی طرح خوش ہو گیا جیسے اس کا بچپن لوٹ آیا ہو کہنے لگا

ابا تو ٹھیک کہتا ہے انسان کو دنیا میں شجر بننے کے لیے بھیجا گیا ہے مگر وہ آکاس بیل بن جاتا ہے۔ میں نے کہا یوسف پتر ایک بات تو بتا جب سے تو پردیس سے آیا ہے تو کتنا بدل گیا ہے تو مجھے ایک بزرگ اور مرشد کی طرح لگنے لگ گیا ہے کیا تمہیں کہیں سے روشنی مل گئی ہے؟

ابا جب میں امریکہ پڑھنے گیا تو میرے ذہن کے گنبد میں ہزاروں عجیب وغریب سوالوں کے کبوتر ہر وقت غٹرغوں غٹرغوں کرتے رہتے تھے۔ میں خود سے اتنے سوال کرتا تھا کہ جتنے کوئی دوسرا کسی سے کرے تو وہ چیخ اٹھے میں اکثر سوچا کرتا تھا یہ زندگی جو ہم گزار رہے ہیں یہ اصل زندگی تو نہیں ہے۔ سانس لینا اور صرف جیئے جانا یہ تو ایک عادت اور روایت کا نام ہے زندگی تو اس وقت شروع ہوتی ہے جب وہ آدمی سے انسان بنتا ہے۔ اتنے ترقی یافتہ ملک میں لوگ بے شمار نفسیاتی الجھنوں اور بیماریوں کا شکار ہیں ایسا کیوں ہے؟ غور کرنے پر مجھے معلوم ہوا ان لوگوں نے نکاح چھوڑ دیا ہے جس کی سزا صرف یہ قوم ہی نہیں پوری انسانیت بھگت رہتی ہے اور بھگتے گی۔ ساری کی ساری نفسیاتی بیماریاں سنتِ نکاح کو چھوڑنے کی وجہ سے ہیں۔ نکاح تمام رشتوں کو جنم دیتا ہے۔ زندگی کا سارا حسن اور سارا دین رشتوں میں ہے جہاں رشتے سچے، مضبوط اور پرخلوص ہوں گے نفسیاتی مسائل پیدا نہیں ہوں گے۔ قربانی اور وقت رشتوں کے لیے کنکریٹ ہیں رشتوں کے خوبصورت بندھن میں بندھا انسان بارود نہیں بیچتا اور گوانتانا موبے کی جیلوں کو آباد نہیں کیا کرتا۔

مجھے اپنی ماں یاد آگئی رشتوں کے تقدس کو نبھائی ہوئی میں نے ایک دن اپنی ماں سے پوچھا ماں تو سارا دن درود پاک پڑھتی رہتی ہے مگر تو مدینہ کیوں نہیں جاتی اس کی ہچکی بندھ گئی بولی پتر گنبدِ خضریٰ کو دیکھنے کے لیے میں اس معیار کی آنکھیں کہاں سے لاؤں اور پھر وہ اتنا روئی کہ گھنٹوں بول نہ سکی وہ صحیح کہتی تھی انسان کو باہر سے کچھ نہیں ملتا جو کچھ بھی ملتا ہے یا تو اپنے اندر سے ملتا ہے یا پھر مدینے سے۔ پھر ابا میں نے اپنے رب سے دعا

مانگی اے رب العزت مجھے زندگی بسر کرنے کا طریقہ، سلیقہ اور قرینہ عطا فرما۔ اور پھر مجھے روشنی مل گئی پھر مجھے زندگی بسر کرنے کا طریقہ، سلیقہ اور قرینہ آ گیا۔ مگر اب ساتھ میں سب کچھ ہی بدل جاتا ہے۔

پہلے میں سمجھتا تھا سائل لینے آتا ہے مگر روشنی ملنے کے بعد پتا چلا سائل تو آپ کو دینے آتا ہے۔

پہلے میں سمجھتا تھا میزبان مہمان کو کھلاتا ہے آگہی کے بعد پتا چلا مہمان میزبان کا رزق لے کر آتا ہے۔

پہلے میں سمجھتا تھا روشنی کے لیے مغربی اور جدید تعلیم ضروری ہے مگر اب پتا چلا نہ ختم ہونے والی روشنی اور بینائی کے لیے خاکِ مدینہ چاہیے ہوتی ہے۔ پہلے میں اپنی ناکامی کے لیے دوسروں کو موردِ الزام ٹھہراتا تھا مگر بعد میں معلوم ہوا قرآن کہتا ہے ''(اے آدم زاد'' تجھ کو جو فائدہ پہنچے وہ اللہ کی طرف سے ہے اور جو نقصان پہنچے وہ تیری ہی (شامتِ اعمال کی) وجہ سے ہے۔

جب مجھے زندگی بسر کرنے کا طریقہ، سلیقہ اور قرینہ آیا تو مجھے یہ آگہی ملی ہر انسان صفر کی طرح ہوتا ہے وہ جتنا بھی ترقی کر لے چاہے وہ آئن سٹائن ہو، نیوٹن ہو یا سکندر ہو اپنے صفروں میں اضافہ کرتا جاتا ہے مگر رہتا زیرو ہی ہے اگر اس نے خود کو قیمتی اور Valueable بنانا ہے تو اسے ذاتِ واحد کے دائیں جانب آ کر سجدہ ریز ہونا پڑے گا وگرنہ وہ صفر ہی رہے گا۔ اور پیشانی کے قلم سے لکھا جانے والا سب سے معتبر لفظ اپنے خالق کے آگے سجدہ عشق ہے اور عشق جب تک ہجر نہ اوڑھے مکمل نہیں ہوتا۔

اور دوسری بات

اپنے ہر تعلق کو ہر رشتے کو خواہ وہ خالق کے ساتھ ہے یا اس کی مخلوق کے ساتھ ہے۔ اسے غیر مشروط محبتوں کے ساتھ مشروط کر دو زندگی جنت بن جائے گی یہی زندگی بسر

کرنے کا طریقہ، سلیقہ اور قرینہ ہے۔

بابا ہمارا ایک المیہ ہے، ہم عرصہ دراز تک غلامی کی زنجیروں میں جکڑے رہے ہیں ایک عرصہ آزادی کا گزارنے کے بعد غلام دوسروں کو تو معاف کر دیتے ہیں مگر خود کو معاف نہیں کرتے اس لئے خود کو ہر لمحہ اذیت دیتے رہتے ہیں اور دوسروں کو بھی اذیت میں رکھتے ہیں بابا ہمیں دوسروں کے ساتھ ساتھ خود کو بھی معاف کرنا ہوگا اور خود کو معاف کرنے کے لئے پہلے رحمت العالمین کے رب کے رحمان اور رحیم ہونے کا مکمل یقین ہونا لازمی ہے بابا ہم مردم گزیدہ نہیں خود گزیدہ ہیں بابا خود گزیدہ۔

میں نے ہونٹوں کو دانتوں میں دبالیا یوسف نے تڑپ کر میری طرف دیکھا اور اپنا رومال نکال کر میرے کٹے ہونٹوں کا خون صاف کرنے لگا۔

میں ساری رات روتا رہا، سسکتا رہا رب کریم سے معافی طلب کرتا رہا دوسروں کو معاف کرتا رہا۔

صبح کا آغاز ہو چکا تھا فجر کی اذان شروع ہو چکی تھی آسمان پر نور پھیل رہا تھا میں نے گہری نیند میں سوئے ہوئے بیٹے کا ماتھا چوما اور پھر خود کو معاف کر دیا۔

000

بھولا

نسل در نسل غلامی نے میرے اندر زہر بھر دیا ہے۔ میرا مقصد حیات صرف انتقام ہے میرے اندر کا ہلاکو خان ہر لمحہ کھوپڑیوں کے مینار تعمیر کرنے کا سوچتا رہتا ہے کبھی کبھی مجھے لگتا ہے میں وہ پہلا پتھر ہوں جو کسی سنگسار ہونے والے کو لگا ہو یا وہ آخری پتھر ہوں جو اسے مرنے کے بعد لگا ہو۔ شاید اسی لئے میرے اندر کا سورج مکھی آفتاب کی طرف دیکھنے سے گریزاں ہے۔ میری سوچوں کا قلندر ہر دم رقص میں رہتا ہے۔ میرے اندر ہر گھڑی کوئی دھمال ڈالتا رہتا ہے۔ وقت کی ان پتھریلی ناہموار بل کھاتی سڑکوں پر لاٹھی ٹیکتا میرا جیون لڑکھڑاتا ہوا چل رہا ہے۔ میری ماضی کی کتاب دیمک زدہ ہے۔ جب بھی میں اس کو کھولنے کی خواہش کرتا ہوں کوئی نہ کوئی ورق پھٹ جاتا ہے۔ کل جب میں نے اس خستہ حال ماضی کی کتاب کو کھولا تو ''بھولے'' کا ورق میرے ہاتھوں میں آن گرا۔ ہمارے گاؤں (جہاں نیم کے بیسیوں درخت تھے مگر دلوں اور لہجوں میں کڑواہٹ نہ تھی) کا باسی بھولا بھی عجیب تھا۔ اس کے چہرے پر بچوں جیسی معصومیت تھی وہ سب کا دوست تھا۔ مگر کوئی بھی اس کا دوست نہ تھا۔ وہ سب کے کام کرتا تھا اور سب کے مذاق کا نشانہ بھی بنتا تھا

اس کو دیکھ کر سب کی حسِ ظرافت بیدار ہو جاتی تھی۔ اگر کسی نے اس کے ساتھ برا سلوک بھی کیا ہوتا تو نہ تو کسی سے بدلہ لیتا تھا اور نہ ہی اس کی زبان پر کبھی شکوہ آیا تھا۔ جب کبھی میں اس کا مذاق اڑاتا تو میری ماں کہتی پتر بھولے کا مذاق نہ اڑایا کر ایسے لوگ اللہ کی نعمت ہوا کرتے ہیں جس گاؤں جس محلے میں کوئی ''بھولا'' نہ ہو وہاں اللہ کی رحمت نہیں آتی پھر ایسے محلے اور گاؤں شہر بن جایا کرتے ہیں۔ شہر پلازوں کے قبرستان کو کہتے ہیں۔ جب باغات اور ہری بھری فصلوں کی جگہ دکانیں اور پلازے بن جائیں تو یہاں سے خواب اور پرندے ہجرت کر جایا کرتے ہیں۔ شہروں کی راتیں بھی بانجھ ہوتی ہیں ان کی کوکھ میں خواب نہیں ہوتے۔ شہروں میں تکبر کی حکمرانی ہوتی ہے۔ تکبر وہ پیاسا صحرا ہے جو انسان کا تمام علم اور نیکیوں کا دریا پی جاتا ہے۔ جہاں سے فطرت ہجرت کر جائے۔ جہاں پہ پھول، شجر، پرندے، تتلیاں، محبت اور احساس باقی نہ رہے تو وہاں لوگ ہندہ مزاج بن جاتے ہیں اور پھر یہاں ہر کوئی اپنا کلیجہ چھپائے پھرتا ہے۔

مجھے اس وقت ماں کی باتوں کی سمجھ نہیں آتی تھی۔ کہتی تھی مجھے فٹ پاتھ اچھے نہیں لگتے کیونکہ یہاں ''ساغر'' اور مزدوروں کے خواب بکھرے پڑے ہیں کہتی تھی انسان بھی عجیب ہے۔ سورج پہ گھر بناتا ہے اور عمر بھر چھاؤں تلاش کرتا رہتا ہے۔ قبرسان میں دکان بناتا ہے اور گاہک تلاش کرتا رہتا ہے۔ کہتی بیٹا مجھے فن تعمیر سے محبت ہے مگر بیٹا دیواریں بنانے کا کام کبھی نہیں سیکھنا۔ بہتر ہے پل بنانا سیکھ لو کہتی تھی میں نے رب کا رزق ہر جگہ دیکھا ہے۔ سوائے گوداموں کے۔ کہتی تھی فطرت کے ساتھ رہا کرو فطرت کا کام ہی نوازنا ہے۔ رب کی رحمتوں کو ماپنے کی کوشش نہ کیا کرو وہ ہمارے اندازے ہماری سوچ سے بہت آگے اور لامحدود ہے اس کے دربار میں سوال کرنے والا یا اس کے الفاظ اہم نہیں ہوتے بس سوال اہم ہوتا ہے۔

ماں کے دوپٹے میں بہت ساری گرہیں لگی ہوتی تھیں مجھے شک ہے وہ اپنے غم

اسی میں چھپا کر رکھتی تھیں۔ میں نے ایک دن بابا سے پوچھا بابا مجھے ماں کی باتوں کی سمجھ نہیں آتی ایسا کیوں ہے؟ بابا مسکرائے اور بولے تم دنیا دار ہو نہ اس لئے تمہیں ان باتوں کی سمجھ نہیں آتی۔ میں نے پوچھا بابا یہ دنیا کیا ہوتی ہے؟ بابا مسکرائے اور بولے پتر جہاں اندھا اندھے کا مذاق اڑائے وہ دنیا ہے۔ کہنے لگے ایک کام کرو تمہیں دنیا کی سمجھ آ جائے گی جہاں جیت اٹل ہو وہاں جان بوجھ کر ہار جانا۔ میں نے حیرانی سے پوچھا اس سے کیا ہوگا۔ بابا بولے اس سے تمہارے اندر عشق کا پودا اگ آئے گا پھر اس کے سائے میں بیٹھ کر گنتی یاد کرنا جب تم ساری گنتی یاد کر لو گے تو ماں کی باتوں کی ہی نہیں ساری کائنات کی سمجھ آ جائے گی۔ میں نے پوچھا بابا یہ عشق کی گنتی کیا ہوتی ہے۔ بابا مسکرائے اور کہا بہت آسان ہے یہ دو سے شروع ہوتی ہے اور ایک پر ختم ہو جاتی ہے۔ نہ سمجھ آئے تو بھولے سے سیکھ لینا اسے ساری گنتی آتی ہے۔

مجھے یاد آیا ہمارے استاد نے ایک دن کلاس میں سوال دیا جان دار اور بے جان میں کیا فرق ہے؟ سب نے لکھا سانس لینے والے جاندار ہیں اور باقی سب بے جان مگر بھولے کا جواب تھا جو اللہ کی تسبیح وحمد وثنا بیان کرے وہ جاندار ہے باقی سب بے جان کیونکہ ارض وسماوات کی تمام مخلوق اللہ کی تسبیح بیان کر رہی ہے۔

بھولا باہر پڑھنے چلا گیا اور میں گاؤں چھوڑ کر شہر آ گیا میری ماں اس دن بہت روئی تھی کہنے لگی ہمارے پاس رب کا دیا ہوا بہت ہے۔ دولت دنیا کی زنجیر ہے اور زنجیروں سے محبت کرنے والے کبھی آزاد نہیں ہوتے۔ سدا غلام رہتے ہیں۔ کہنے لگی اگر مال و دولت اور اس دنیا کی حیثیت مچھر کے پر کے برابر بھی ہوتی تو رب اپنے نا ماننے والوں اور کافروں کو کبھی نہ دیتا۔ میرے باپ نے مجھے روکا نہیں مگر میں نے ان کی آنکھوں میں شبنم دیکھی تھی۔ مگر میرے اندر دولت کی ہوس اتنی تھی کہ سب کی محبتوں کو چھوڑ کر میں شہر چلا آیا۔ میں نے شہر میں آ کر بہت پیسہ کمایا بہت سا بینک بیلنس اکٹھا کیا اور بہت سی جائیداد

خریدی۔ اور پھر یہیں کا ہو کر رہ گیا۔ پتھروں کے شہر انسانوں کو بھی پتھر بنا دیتے ہیں یہ انسان سے معصومیت چھین کر اسے بے حس بنا دیتے ہیں۔ اس لئے شہروں میں ''بھولے'' نہیں ہوتے سب زیرک اور ہوشیار ہوتے ہیں۔

ماں کے آنسوؤں اور دعاؤں نے اثر دکھایا مجھے لگا میں کسی سراب کے پیچھے بھاگ رہا ہوں۔ نہ جانے مجھے یہ کیوں گیان ہوا کہ میرا اور دنیا کا تعلق ''سر'' اور ''کتبے'' کی طرح ہے جو ساتھ تو رہیں گے مگر کبھی مل نہیں پائیں گے۔ مجھے اپنے باپ کی بات یاد آگئی ایک دن کہنے لگے ''زندگی تو ہلکی پھلکی ہے سارا بوجھ تو خواہشوں کا ہے۔'' بابا کہتے تھے حسن خاموش بھی ہو تو بولتا ہے اور آرائش جمال کے بعد آئینہ گر جائے تو اسے حسن کہتے ہیں اور زندگی کا حسن یہ ہے کہ آدمی Guilt free زندگی گزارے۔ اس کے اندر کوئی خلش نہ ہو۔ اگر دنیا ہی میں ساری راحتیں اور خوشیاں میسر ہوتیں تو جنت کا تصور ہی بے کار تھا اور جو کہانی آپ دوسروں کے لئے لکھتے ہیں قدرت اسی کہانی پر آپ کی فلم بنا دیتی ہے۔ اور یہی فلم روزِ محشر پیش کی جائے گی۔

میں عمر بھر دولت و دنیا ہی کی کہانی لکھتا رہا اور مقصد حیات کو پس پشت ڈالے رکھا اور سکون سے محروم رہا۔ ماں صحیح کہتی تھی جس دن تم کو معلوم ہو جائے گا کہ اصل چیز کثرت نہیں برکت ہے تمہاری واپسی شروع ہو جائے گی میں زندگی میں کبھی رویا نہ تھا اب مجھ میں ایک نئی تبدیلی آگئی تھی میں بات بات پر رونے لگتا تھا ماں کہتی تھی تم پتھر دل ہو اللہ کی رحمت صرف نرم دلوں پر اترتی ہے۔

بھولا تعلیم مکمل کر کے وطن واپس آچکا تھا اور وہ گاؤں میں اپنے کھیتوں میں کاشت کاری کر رہا تھا۔ پھر اچانک میں نے ایک فیصلہ کیا اپنا سب کاروبار بچوں کے حوالے کیا اور گاؤں چلا آیا۔ میرے گھر جانے والی پگڈنڈی پر گھاس اگ چکی تھی ماں کہتی تھی گھروں کو جانے والی پگڈنڈیوں پر اگر گھاس اگ آئے اور نام عہدوں کے ساتھ لکھے جانے لگیں تو

سمجھ لینا انسانیت کو زوال آ گیا ہے۔

گھر میں ماں آج بھی پہلے دن کی طرح میری منتظر تھی ماں اس دن مجھ سے لپٹ کر بہت روئی۔ میرے آنسو دیکھ کر اس دن میرا باپ بھی بہت رویا تھا۔ ماں دوپٹے سے میرے آنسو پونچھتے ہوئے بولی پتر تو پریشان نہ ہو میرے آنسو تو خوشی کے آنسو ہیں، پلکوں کی منڈھیروں پر بیٹھے آنسوؤں کے یہ پرندے اب کئی دن تک دل کے صحن میں اترتے رہیں گے پتر تجھے کیا معلوم ماں کیا ہوتی ہے جس دن سے وہ ماں بنتی ہے اس دن سے اس کی آنکھوں کی نمی کبھی ختم نہیں ہوتی۔ مسجد میں سے اذان کی آواز سنائی دینے لگی۔ ماں نے اپنا دوپٹہ سر پر لے لیا اور خاموش ہوگئی جب اذان ختم ہوئی تو بولی تم میری خوشی دیکھ رہے ہوناں جب بندہ اس کی طرف رجوع کرتا ہے تو رب اس سے بھی 70 گنا زیادہ خوش ہوتا ہے۔ مجھے یقین تھا تو ایک دن ضرور لوٹے گا میں نے پوچھا ماں تجھے کیسے یقین تھا کہ میں ایک دن ضرور لوٹوں گا۔ ماں بولی پتر دعاؤں میں بڑی طاقت ہوتی ہے۔ ماں کی سوچوں کے مکان پر اس کی اولاد کی تختی لگی ہوتی ہے اور ماں کے غارِ دل پر کچھ چیزیں وحی کی طرح اترتی ہیں۔

ماں بولی جا بھولے سے مل وہ اکثر میرے پاس آتا رہتا ہے تیری ہی باتیں کرتا رہتا ہے۔ بھولا بھی کہتا تھا تو ضرور واپس لوٹے گا۔ پتر اتنا پڑھنے کے باوجود بھی وہ ذرا سا نہیں بدلا ابھی بھی بچوں کی طرح معصوم اور بھولا بھالا ہے۔ لوگ اب بھی اسے دھوکہ دینے اور مذاق کا نشانہ بنانے سے باز نہیں آتے وہ اب بھی دھوکہ کھا کر مذاق کا نشانہ بن کر بھی غصہ نہیں کرتا بلکہ بچوں کی طرح مسکراتا رہتا ہے۔ اللہ اسے ہمیشہ سلامت رکھے۔

بھولا مجھ سے مل کر بچوں کی طرح پھوٹ پھوٹ کر رویا کہنے لگا تم نے اچھا کیا واپس لوٹ آئے شہروں میں اگر سفر نہ بھی مارے تو اجنبیت مار دیتی ہے۔ انسان دوستوں اور پودوں کے بغیر نامکمل ہوتا ہے۔ میں نے پوچھا بھولے تجھے پاکستان کے

حالات کا تو علم ہی ہے یہاں دہشت گردی سے لوگ خوف زدہ ہیں تو پھر بھی لوٹ آیا ہے کیا تجھے ڈر نہیں لگتا کہنے لگا۔

جمال خاں پاکستان کا مشکل وقت گزر چکا ہے اور اچھا وقت شروع ہونے والا ہے تعبیر کا سورج ہمارے صحنوں کو روشن کرنے والا ہے اب ہر آنگن میں اجالا ہوگا اب بات سالوں کی نہیں صرف مہینوں کی ہے۔ ارتھر شوپنہار کہتا ہے۔

سچ تین مراحل سے گزرتا ہے پہلے مرحلہ میں اس کا مذاق اڑایا جاتا ہے دوسرے مرحلے میں اس کی متشدد طریقے سے مخالفت کی جاتی ہے اور تیسرے مرحلے میں اسے یوں تسلیم کر لیا جاتا ہے جیسے اس سچائی کو کبھی ثبوت کی ضرورت ہی نہ تھی اللہ کا شکر ہے پاکستان کے سچ کا تیسرا مرحلہ تقریباً شروع ہو چکا ہے۔

میں نے پوچھا بھولے یہ دو قومی نظریہ کیا ہے؟

کہنے لگا جمال ''خدا پرست اور بت پرست کبھی ایک نہیں ہو سکتے۔''

قرآن نے دو قومی نظریہ کو یوں بیان کیا ہے۔

''اور وہی تو ہے جس نے دو سمندروں کو ملا دیا ایک کا پانی شیریں ہے پیاس بجھانے والا اور دوسرے کا کھاری چھاتی جلانے والا اور دونوں کے درمیان ایک آڑ اور مضبوط اوٹ بنا دی۔''

میں نے کہا بھولے تم نے سارا یورپ دیکھا ہے بتاؤ اسلام کا عروج کیسے ممکن ہے؟

کہنے لگا۔

دین کبھی مناظروں سے نہیں پھیلا مناظرے شکست دیتے ہیں اور شکست کھانے والا کبھی آپ کو دل سے قبول نہیں کرے گا۔ دین ہمیشہ خدمت سے پھیلا ہے بس خدمت میں لگے رہو۔ سنو جمال خان

زندگی راضی بالرضا ہونے کا نام ہے اللہ رب العزت انسان سے اس کی سب سے پیاری چیز مانگتا ہے اور پھر راضی بالرضا ہونے والے سے وہ اس کی پیاری چیز بھی نہیں لیتا اور پھر اس پر راضی ہو کر ''مینڈھا'' بھیج دیتا ہے۔

سنو جو میں سمجھتا ہوں کہ

رب کی انسان سے ایک ہی طلب ہے کہ وہ ویسا ہی لوٹ کر آئے جیسا کہ اس نے اسے دنیا میں بھیجا تھا معصوم بچے کی طرح جس کے دل میں نہ لالچ ہوتا ہے نہ بغض کینہ نہ اس میں حسد ہے اور نہ کسی سے دشمنی نہ وہ جھوٹا ہوتا ہے اور نرم دل ہوتا ہے ذرا سی بات پر رونے لگتا ہے اور معمولی سی چیز ملنے پر خوش ہو جاتا ہے۔ ماں جتنا بھی مارے دوڑ کر ماں کی طرف ہی آتا ہے اسی سے لپٹ جاتا ہے۔ جتنا بھی کھیل کود لے واپس ماں کی گود ہی میں آتا ہے۔ رب کو مکار، چالاک، عیار، دنیا دار اور قارون اچھے نہیں لگتے اسے ''اسماعیل'' اچھے لگتے ہیں جو خدا اور باپ کی رضا کے سامنے سرنگوں رہتے ہیں۔ رب کو بھولے بھالے لوگ اچھے لگتے ہیں۔

میں جب گھر کی طرف لوٹنے لگا تو وہ بولا

میری ایک بات مانو گے

جی!

میرے سارے دانت گر چکے ہیں میں رب کے پاس ایسے جانا چاہتا ہوں جیسا اس نے مجھے بھیجا تھا معصوم بھولا بھالا بچہ جب تم مجھے قبر میں اتارو تو میرا کفن نکال لینا میں دنیا سے کوئی چیز ایسی نہیں لے کر جانا چاہتا جو میں وہاں سے لے کر نہیں آیا۔

میں گھر واپسی میں چلتا ہوا سوچ رہا تھا کفن تو ایک تحفہ ہوتا ہے جو اس کے پیارے اسے دیتے ہیں۔ بھولا تو بھولا ہی رہا اگر میں نے تیری بات مانی تو لوگ مجھے زندہ دفن کر دیں گے۔ اجالا تاریکی میں گم ہو جائے تو مل سکتا ہے مگر تاریکی تاریکی میں ضم ہو جائے تو

شناخت نہیں کرسکتے۔ میں اسے کیا بتاتا بھولے ہم اس دور میں زندہ رہ رہے ہیں جہاں ہر شخص نے اپنا مکان وہی رکھا ہے مگر پتہ تبدیل کرلیا ہے اس لئے کسی بھولے کو کوئی ''دانا'' نہیں مل سکتا۔ کتنا ''المیہ'' ہے اب پورے ملک میں سب ''دانشور'' رہتے ہیں اب کسی محلے، کسی شہر اور کسی گاؤں میں کوئی ''بھولا'' نہیں رہتا۔

ooo

زندگی

بے ثمر شاخ کے دُکھ اور بانجھ عورت کی مامتا کی طرح مجھے کبھی زندگی کی سمجھ نہیں آئی زندگی ہے بھی عجیب معمہ، ایک گورکھ دھندا ایک گنجلک جس کی ڈور کا دوسرا سرا تلاش کرتے کرتے عمر کی ساری بینائی اماوس بن جاتی ہے۔ یہ ایک ایسا گورکھ دھندا ہے جو اس کو گزارنا چاہتا ہے۔ یہ اس کو گزار جاتی ہے صدیوں کا سفر کر کے منزل کے قریب پہنچو تو معلوم ہوتا ہے اصل منزل تو وہی تھی جہاں سے سفر کا آغاز کیا تھا۔ دولت اور اشیاء کا انبار اکٹھا کر لو مگر یہ وہم ہی نہیں جاتا کہ کہیں یہ وہم ہی نہ ہو اس کے اندر کا بچپنا ہی نہیں جاتا ہر وقت چھپن چھپائی کھیلتی رہتی ہے ہر بار آواز دے کر چھُپ جاتی ہے۔ جو اس کو ڈھونڈ لیتا ہے اُس سے خفا ہونے لگتی ہے۔ کبھی کبھی تو اندھی سکھیوں سے بھی آنکھ مچولی کھیلنے لگ جاتی ہے۔ اس کی گنتی بھی عجیب ہے لامحدود سے شروع ہو کر ''ایک'' پر ختم ہو جاتی ہے۔ اس کی جنت ماں کی گود اور محبت ہے جہنم نفرت کی آگ ہے۔ نظر انداز کرنے سے اور کندھا نہ دینے سے سفید لباس پہن کر کبھی نہ جاگنے کے لیے گہری نیند سو جاتی ہے۔ عمر بھر موت سے گریزاں رہتی ہے مگر آخر میں اس کو گلے لگا لیتی ہے۔ اپنے اندر سراب چھپائے دنیا کے

صحرا میں پیاسی بھٹکتی رہتی ہے۔ اس کے اندر سے کوئی بولتا ہے تم ایک وہم ہو، تم ایک Illusion ہو مگر آئینہ اُسے ہر بار گمراہ کر دیتا ہے اس کو بچھڑنے اور قربت کے ڈھنگ بھی نہیں آتے دور رہ کر بھی قربتوں میں رہتی ہے اور کبھی کبھی ساتھ رہ کر بھی اجنبی رہتی ہے۔ شب ہجراں ہو تو قیامت جیسی لمبی کہ گزرنے ہی نہ پائے اور مختصر اتنی جیسے وصل کی شب اور کبھی کبھی تو ایک ادھورا خط لکھنے میں بیت جاتی ہے۔ مصلحتیں اس کا سارا روپ رنگ چوس لیتی ہیں اس کے موسم بدلتے رہتے ہیں۔ کبھی تپتی ریت، جلتے آنگن اور سلگتے سائے اور کبھی کبھی صرف یخ برفیلی ہجر کی اُداس شامیں مگر جب یہ احساس کے منصور کی بیعت کر لیتی ہے تو یہ آنکھیں اوڑھ لیتی ہے اور سارے موسم ساون بھادوں بن جاتے ہیں۔ اسے ٹھنڈے توّے کی روٹی کی طرح کبھی احترام نہیں ملا اسے بگڑے تیور کے ساتھ کُھرچا جاتا ہے۔ یہ اکثر خوابوں کے شہر میں جا کر آنکھیں بھول آتی ہے اسے جب بھی خواب کے شہزادے سے عشق ہوا دیوار میں چُنوا دی گئی۔ مجنوں کا سر اور شیشہ ہمیشہ زندگی کے پتھر سے خائف رہتے ہیں۔ اس کا سب سے بڑا سچ بھی یہ ہے کہ اسے جھوٹ بہت پسند ہے۔ اسی لیے تو ایک ''ثابت سچ'' کو ثابت کرنے کے لیے عمر گزار دیتی ہے۔

اُس دن ایک عجیب بات ہوئی میں اپنے گاؤں سے باہر کھیت میں نئی فصل کے لیے بیج بکھیر رہا تھا میں نے چاچے بسّے کو دیکھا وہ سر جھکائے شہر سے آنے والی پگڈنڈی پر چلتا ہوا گاؤں کی طرف جا رہا تھا۔ جب اُس کی نظر مجھ پر پڑی تو وہ میرے پاس چلا آیا۔ سلام دُعا کے بعد وہ بولا حفیظ پُتر میں شہر چھوڑ کر مستقل گاؤں آ گیا ہوں۔ میں نے حیرانی سے چاچے بسّے کی طرف دیکھا۔ چاچے بسّے نے پہلے مجھے دیکھا اور پھر آسمان کی طرف دیکھا اور بولا، تحفے میں ہمیشہ قیمتی اور خوبصورت چیز دیا کرتے ہیں۔ عمر کا سب سے خوبصورت اور قیمتی حصہ جوانی ہوا کرتا ہے رب کو اپنی جوانی دے دو۔ بڑھاپے میں تو سب ہی نیک ہو جایا کرتے ہیں۔ پھر اُس نے نظریں جھکا لیں اور بولا تاخیر سے بولا جانے والا

سچ بھی جھوٹ ہی کی طرح ہوتا ہے اور پھر گاؤں کی طرف بڑھ گیا اور میں پتھر بنا اُس کو دور تک جاتا دیکھتا رہا۔

چاچا بسّا جس کا اصلی نام بصیرت علی تھا ایک عام سا اور جھگڑالو شخص تھا۔ لوگ اُسے اوباش اور آوارہ آدمی کے نام سے جانتے تھے۔ مار پیٹ، لڑائی جھگڑا، دشمنی، عداوت اُس کا وطیرہ تھا ہر شریف آدمی اُس سے ملنے سے گھبراتا تھا۔ گھر والوں نے روز روز کی لڑائی جھگڑے سے تنگ آ کر اُسے شہر بھیج دیا تھا۔ سنا ہے وہاں اُس نے ایک اخبار کے دفتر میں نوکری کر لی تھی۔ کچھ عرصہ بعد وہ ایک بہت بڑے کالم نگار کے رُوپ میں سامنے آیا جس کے نشترِ قلم سے ہر شخص خوف زدہ تھا۔ آج جب ایک عرصہ کے بعد گاؤں پلٹا ہے تو کتنا بدل گیا ہے۔ اَب وہ پہلے جیسا چاچا بسا نہیں رہا تھا جیسے اُس کا دُوسرا جنم ہو۔ وہ ہر دم سوچوں میں گم رہتا تھا۔ اُس کے ہونٹوں پر چپ کا قفل لگ گیا تھا۔ اُسے جب بھی دیکھو گاؤں سے دُور کسی شجر کے نیچے تنہا بیٹھا سوچ رہا ہوتا تھا۔ یہ تنہائی اَور خاموشی بھی عجیب چیز ہے۔ کبھی کبھی اِس کے مسافر کو ''کن'' کا ساحل عطا کر دیا جاتا ہے۔

گاؤں والے اُس کے بارے میں عجیب عجیب باتیں کرتے تھے۔ کوئی کہتا اُس پر کسی نے جادُو کر دیا ہے کوئی بولتا اُس کو کسی کی نظر لگ گئی ہے۔ ماسی جنتے کا خیال تھا' اُس کو شہر میں کسی سے عشق ہوا ہوگا اور عشق میں ناکامی پر اُس کا یہ حال ہوگیا ہے۔ کچھ لوگ سمجھتے تھے' اُس پر آسیب کا سایہ پڑ گیا ہے۔ غرضیکہ جتنے 'منہ' اُتنی باتیں۔ میں نے ایک دِن چاچے بسّے سے پوچھا: ''تم میں اِتنی بڑی تبدیلی کیسے آئی۔'' اُس نے آسمان کی طرف دیکھا اَور بولا: ''میری ڈیوٹی لگ گئی ہے۔ مجھے مخلوق کو آکسیجن دینی ہے۔ پھر اُس نے ایک ننھے سے پودے کی جڑ نکالی اَور بولا: ''جڑیں اَندھیرے میں رہتی ہیں اَور پھر اَور زیادہ اندھیرے اور حبّس کی طرف سفر کرتی ہیں۔ اگر ایسا نہ ہو تو کوئی شجر ہرا نہ رہ سکے اشجار نہیں ہوں گے تو آکسیجن کہاں سے آئے گی۔ اور پھر وہ مسکرایا کتنی سردی ہے چلو تم کوئی دھوپ

سی بات کرو۔

اُس رات خنکی بڑھ گئی تھی۔ یہ جنوری کی ایک انتہائی سرد اور دُھندلی رات تھی۔ آسمان نے اپنے ماتھے پر چاند کا جھومر سجا لیا تھا۔ چاندنی گاؤں کے قبرستان میں دربدر پھر رہی تھی۔ سکوت کا مکمل پہرہ تھا مگر کبھی کبھی خامشی کونے کے گھائل کی طرح سِسک پڑتی تھی کبھی کبھی گاؤں سے کسی کُتے کی ہلکی سی بھونکنے کی آواز آ جاتی تھی۔ کھڑکیوں نے اپنے چہرے بھاری پردوں میں چھپا لیے تھے۔ میں اور چاچا بسا گاؤں سے تھوڑی دور قبرستان کی دیوار سے تھوڑے فاصلے پر پیپل کے ایک بڑے درخت کے نیچے خاموش بیٹھے تھے درخت پر کسی نے اپنے پیاروں کے نام لکھ رکھے تھے۔ چاچے بسے نے میری طرف دیکھا اور بولا حفیظ پُتر میں نے آج تک اُس شجر کو کبھی سوکھتے نہیں دیکھا جس پر کسی نے اپنے پیاروں کے نام لکھے ہوں اب تو درختوں پر اپنے پیاروں کے نام لکھنے کا رواج ہی نہیں رہا ماڈرن انسان کی زبان تو اب صرف اعداد وشمار ہی رہ گئی ہے۔ اور فطرت کا سب سے بڑا راز اخلاص ہے۔ محبتیں اور آسانیاں بانٹتے رہا کرو آدمی کو یہاں تقسیم کرنے اور بانٹنے کے لیے بھیجا گیا ہے جس کنویں سے لوگ پانی بھرنا چھوڑ دیں وہ سوکھ جاتا ہے۔ یہی سچ ہے۔ ضروری تو نہیں کسی ایک سچ کو ماننے کے لیے کسی دوسرے سچ کا انکار کیا جائے ایک سچ سے دو مختلف رنگوں کا سچ بھی تو پھوٹ سکتا ہے۔ حفیظ پُتر سچ کو مان لیا کرو یہ سب سے آسان ہے۔ سچ کو سمجھنے کے لیے تو یہ عمر نا کافی ہے۔ چاچے بسّے نے چاند کی طرف دیکھا اور بولا جب ہم خود کو مرکز مان کر کائنات کی پیمائش کرتے ہیں تو کائنات ہمارے قد سے بھی چھوٹی نظر آنے لگتی ہے۔ زندگی ظرف کی طرح ہوتی ہے اتنی ہی چھوٹی اتنی ہی بڑی۔ پھر چاچے نے قبرستان کی کچی دیوار کے ساتھ کٹے ہوئے درخت کی طرف دیکھا اور پھر بڑے افسردہ لہجے میں بولا یہ فکری بانجھ پن ہے۔ یا ابھی انسانی شعور نے اتنی ترقی نہیں کی کہ وہ درختوں کے کاٹنے کو قتل قرار دے۔

میں نے پوچھا چاچا مجھے ایک بات تو بتا مجھے بیس سال ہو گئے ہیں تہجد ادا کرتے اور عبادت کرتے مگر مجھے اس کا جواب نہیں آیا۔ مجھے میری عبادت کا جواب کیوں نہیں آتا؟

چاچے نے میری طرف دیکھا اور بولا ہم انسانوں سے سسکی بھر کے فاصلے پر رہتے ہیں اور غُربا کو قہقہوں کے فاصلے پر رکھتے ہیں۔ اُس کی مخلوق سے پیار رب سے پیار ہے یاد رکھو جب عبادت کا جواب نہ آئے تو سمجھ لینا رب تمھاری پہلی ترجیح نہیں ہے جس دن اللہ رب العزت تمھاری پہلی ترجیح ہوں گے۔ سیکنڈ کے ہزارویں حصے میں اس کا جواب آئے گا۔ آپ کو آپ کے ہر کام میں اللہ یاد رہے یہی دین ہے آنکھ میں پانی ضرور رکھو خشک آنکھ سے کچھ عطا نہیں ہوتا۔

اُس دن ایک عجیب بات ہوئی چاچا بسا جس اخبار میں لکھتا تھا اُس کا مالک گاؤں پہنچا اُس نے ایک بلینک چیک پر دستخط کر کے وہ چیک چاچے کو دیا اور بولا تم اس پر جتنی چاہے رقم لکھ سکتے ہو۔ مگر تم پھر سے ہمارے اخبار کے لیے لکھو تم ہماری پالیسی تو جانتے ہی ہو چاچے نے وہ چیک واپس کر دیا اور بولا شیخ صاحب معذرت چاہتا ہوں اب مجھ سے جھوٹ نہیں لکھا جاتا، نہ نفرت پھیلائی جاتی ہے۔ جہاں جھوٹ ہو وہاں برکت اُٹھالی جاتی ہے بہاروں کو اگر قتل کر دیا جائے تو صدیوں تک ہواؤں سے لہو کے ذائقے نہیں جاتے۔ سمجھ بھی نصیب والوں ہی کو ملتی ہے جس ملک کا دانشور سِکّوں کے گھنگھرو پہن لے وہاں قلم بھی ناچتی ہے۔ لفظ بھی رقص کرتے ہیں اور انسانیت بھی ناچتی ہے۔ بارود اور بم خواہ کتنے ہی خوشنما کیوں نہ ہوں قابلِ نفرت ہیں جہاں نفرت کے بیج بوئے جائیں بارود آسانی سے دستیاب ہو اور غربت پیٹ پر پتھر باندھے کھڑی ہو وہاں قبرستان امیر ہو جایا کرتے ہیں۔

زندگی دھیمے سُروں میں گنگنا رہی تھی اگرچہ مجھے زندگی کے لوگرِتھم کی سمجھ نہیں آئی تھی۔ مگر چاچے بسے کی رفاقت کے بعد چیزیں گمان سے یقین میں بدلنے لگی تھیں مجھے

اپنی ماں کی بات یاد آ گئی کہنے لگی جو آپ کے گمان کو یقین میں بدل دے وہ آپ کا مُرشد ہوتا ہے۔ ماں کہتی ہے دُعا اُس وقت قبول ہوتی ہے جب اُن لوگوں کے ہاتھ نیچے ہو جائیں جن پر آپ نے ظلم کیا ہو اُس دن میں اور چاچا بسا گاؤں کے پنڈال کے ساتھ نیم کے درخت کے نیچے بیٹھے تھے میں نے کہا چاچا آج آپ کو بتانا ہی پڑے گا تم میں یہ تبدیلی کیسے آئی۔

چاچا بسا کافی دیر خاموش رہا پھر بولا، تو سُنو!

میں اُس دن ماڈل ٹاؤن لاہور میں بابے اشفاق کی داستان سرائے والی سڑک پر جا رہا تھا تو ایک رکشا سڑک کے کنارے کھڑا تھا۔ جب میری بائیک اُس رکشے والے کے پاس سے گزرنے لگی تو رکشے والے نے بغیر دیکھے رکشا موڑ دیا اور میرا موٹر سائیکل رکشے سے ٹکرا کر دور جا گرا اور میں زخمی ہو کر دور جا گرا میں شدید زخمی تھا۔ مگر ہوش میں تھا۔ مجھے رکشے والے پہ بے انتہا غصہ آیا۔ میں نے چاہا کہ اُٹھوں اور پہلے تو رکشے والے کو خوب ماروں اور پھر پولیس کے حوالے کر دوں مگر اچانک ذہن میں ایک خیال آیا میں کس نبیؐ کا اُمتی ہوں جنھوں نے اپنے چچا کا کلیجہ چبانے والی کو بھی معاف کر دیا تھا۔ آپؐ نے تو پتھر مارنے والے طائف والوں کو بھی معاف فرما دیا تھا۔ میں تو رحمت اللعالمین کا اُمتی ہوں جنھوں نے فتح مکہ میں سب دشمنوں کو معاف فرما دیا تھا۔ پھر میں نے اپنے اندر نگاہ ڈالی میرے نامہ اعمال کی دیوار مکمل سیاہ تھی اس دیوار پر ایک بھی ہلکی سی لکیر بھی سفید نہ تھی۔ پھر میں نے ایک فیصلہ کیا۔ اُتنی دیر میں رکشے والا مجھے اُٹھانے کے لیے جھک چکا تھا۔ اُس نے ندامت اور شرمندگی سے مجھے اُٹھایا پھر میرے ٹوٹے ہوئے موٹر سائیکل کو اُٹھایا اور بولا صاحب جی مجھ سے غلطی ہو گئی۔ مجھے معاف کر دو میں پریشانی میں تھا دیکھ نہ سکا پھر اُس نے میرے ٹوٹے ہوئے موٹر سائیکل کو دیکھا اور جیب سے چار ہزار نکالے اور بولا آپ کے موٹر سائیکل کا نقصان تو زیادہ ہوا ہے مگر میرے پاس بس یہی پیسے ہیں یہ رکھ

لیجیے۔ میں نے اُس کو گلے لگالیا اور کہا یہ پیسے واپس رکھو میں نے تمھیں غیر مشروط معاف کیا بلکہ تم تو میرے محسن ہو۔ میں اُس کو حیران و پریشان چھوڑ کر موٹر سائیکل کو گھسیٹتا ہوا مکینک کے پاس لے گیا اور پھر وہاں سے ہسپتال گیا مرہم پٹی کروائی اور گھر چلا آیا۔ اور پھر میں نے رب سے ایک دُعا مانگی اے رحمت العالمین کے رب اے غفور و رحیم رکشے والے نے اپنا جرم تسلیم کیا اور میں نے اُسے غیر مشروط معاف کر دیا اے یوم حساب کے مالک میں اپنے جرائم تسلیم کرتا ہوں اور اُن پر شرمندہ بھی ہوں۔ تو، تو غنی ہے کملی والےؐ رحمت العالمین کا بھی رب ہے مجھے بھی غیر مشروط معاف فرما دینا اور پھر میں نے دیکھا میرے اندر ایک سفید لائن اُبھر آئی تھی۔ اس سفید باریک سے لکیر سے اتنی سفید دودھیا پُرنور روشنی نکلی اُس نے میرے اندر کی سیاہ دیوار کو بھی روشن کر دیا۔ میرے اندر ایک عجیب سی روشنی پھیلی ہوئی ہے۔ میری آنکھوں سے کئی پردے ہٹا دیے گئے ہیں مجھے وہ بھی نظر آنے لگ گیا ہے۔ جو عام لوگوں کو نظر نہیں آتا۔ پھر اُس نے میرے کندھے پر ہاتھ رکھا مجھے سامنے بیٹھے لوگوں میں سے کوئی سانپ کوئی بچھو اور کوئی بھیڑیا نظر آنے لگا۔ جب چاچا بسّا میرے کندھے سے ہاتھ اُٹھا لیتا تو وہ انسان نظر آتے مگر جب وہ ہاتھ رکھتا تو مجھے وہی لوگ مختلف موذی جانور نظر آنے لگتے۔

میں دوڑتا ہوا گھر آ کر لحاف میں لیٹ گیا اور سوچنے لگا زندگی آخر کیا ہے اس کی یادداشت اتنی کمزور کیوں ہے۔ اسے دیکھ کر چلنا کیوں نہیں آتا اس کو پرانی ٹھوکر کیوں بھول جاتی ہے۔ آخر زندگی کیا ہے؟ جب تک خود کو رعایتی نمبر دیتے رہو پاس ورنہ فیل نامکمل کا دُکھ اور مکمل سے اگلا قدم خلا آگہی سے پہلے بھی معمہ اور آگہی کے بعد بھی دوسرا سفر۔

اور پھر مجھے وہ یاد آئی جس کی آنکھوں میں کاجل مُسکراتا تھا باوجود شدید محبت کے بھی ہم دونوں اظہارِ محبت کی دہلیز پار نہ کر سکے تھے زندگی کا ایک ستم یہ بھی ہے تعبیر کے

خواب ہر آنکھ میں نہیں اُترتے۔

ماں میرے پاس آ کر بیٹھ گئی پُتر تیری طبیعت تو ٹھیک ہے ناں کیسے لحاف میں لیٹا ہوا ہے۔

ماں میں ٹھیک ہوں سوچ رہا ہوں زندگی کیا ہے؟ زیادہ نہ سوچا کر پُتر سو جا۔

نہیں ماں مجھے ابا کی کوئی بات بتاؤ ویسے تو کیا بتائے گی ابا نے تو زندگی بھر تم سے سیدھے منہ بات ہی نہیں کی۔ ہمیشہ غصے ہی میں آپ سے بات کی۔

نہیں پُتر ایسی بھی بات نہیں ہے ماں بولی۔

جب اُن کا آخری وقت آیا تو انہوں نے ایک ایسی بات کہی جس کو یاد کر کے نہ مجھ سے جیا جاتا ہے نہ مرا جاتا ہے۔

ماں کیا کہا تھا ابا نے۔

کہنے لگا نیک بخت میری زندگی کا آخری لمحہ ہے میں جھوٹ نہیں بول سکتا میں تم سے عمر بھر محبت کرتا رہا مگر اظہار نہ کر سکا۔

ماں نے میری آنکھوں میں آنسو دیکھے تو تڑپ اُٹھی بولی پُتر اولاد کی آنکھ میں آنسو ماں کی موت کا دوسرا نام ہوتا ہے نہیں ماں یہ خوشی کے آنسو ہیں مجھے زندگی کی سمجھ آ گئی ہے کہ زندگی کیا ہے۔

کیا ہے؟ ماں نے پوچھا

زندگی تاخیر سے بولے جانے والے سچ کی طرح جھوٹی ہے۔

پھر ماں اور بیٹا ساری رات روتے رہے تھے۔

۰۰۰

بسم اللہ الرحمٰن الرحیم

DR. A.Q.KHAN
NI & BAR.HI

Mountain View
207 Hillside Road
E-7, Islamabad.
Pakistan

یکم ستمبر ۲۰۱۳ء

"سوال کی موت" مصنفہ طارق بلوچ صحرائی۔

-تبصرہ-

نام طارق بلوچ اور پھر اس کے ساتھ صحرائی بھی منسلک۔ تعجب ہوا کہ ایک بلوچ نے کس طرح اتنے پایہ کے افسانے اتنی اچھی سلیس اردو زبان میں لکھ ڈالے۔ پھر افسانوں کے مطالعہ سے علم ہوا کہ اس شخص کو اللہ تعالیٰ نے اتنی عقل و فہم اور زورِ قلم دیا ہے کہ وہ قبیلوں یا سرحدوں کے تنگ دائروں سے باہر نکل پڑتا ہے اور صحرائی بن جاتا ہے اور ایک طرح کے "صحرا نورد" کی طرح دنیا کی خوبصورتی اور ادب کی گہرائیوں اور لوازمات کو تلاش کر لیتا ہے۔

جناب طارق بلوچ صحرائی کے افسانے نہایت دلچسپ اور جذبات کی نہایت اعلیٰ پیرایہ میں عکاسی کرتے ہیں۔ افسانوں کے معیار کا اندازہ ان کے ملک کے اعلیٰ ترین روزنامہ جنگ میں اشاعت سے ہو جاتا ہے۔ اگر یہ کہوں کہ یہ بھائی طارق بلوچ صحرائی کے افسانے "صحرا نورد کے خطوط" کی طرح دلچسپ اور دل کو موہ لینے والے ہیں تو بیجا نہ ہوگا۔ جناب طارق بلوچ صحرائی نے جس دردناک اور دل کو ہلانے والے الفاظ مثلاً نشتر صفحہ ۱۰۲ پر میرے بارے میں اپنی تکلیف اور دل دکھا دینے والے جذبات کا اظہار کیا ہے اس سے خود میری آنکھیں نم ہو گئی ہیں۔ یہ مسلمانوں کی تاریخ ہے کہ اپنے ہی غدار اپنے ہی محسنوں کا گلا کاٹتے ہیں، ان کو پھانسی پر لٹکا دیتے ہیں یا ملک بدر کر دیتے ہیں۔

اس کتاب کو سنگِ میل پبلیکیشنز نے نہایت خوبصورت پیرایہ میں شائع کر کے چار چاند لگا دیے ہیں۔ بھائی طارق بلوچ صحرائی کے لیے دعا کا یہ شعر حاضرِ خدمت ہے:

خط ان کا بہت خوب، عبارت بھی ہے اچھی
اللہ کرے زورِ قلم اور زیادہ

احقر۔ ڈاکٹر عبدالقدیر خان

Dr. Javid Iqbal
Former Senator
Retd: { JUDGE SUPREME COURT OF PAKISTAN
CHIEF JUSTICE LAHORE HIGH COURT

61- MAIN GULBERG
LAHORE - PAKISTAN
PHONES: 92 42 5762847
FAX: 92 42 5870960
CELL: 0300-9456844
E-MAIL: arisan@wol.net.pk

مورخہ ۵ دسمبر ۲۰۱۴

محترم طارق بلوچ صحرائی صاحب

السلام علیکم۔

آپ کے افسانوں کا مجموعہ "سوال کی موت" جو آپ نے مجھے عطا کیا، میں نے اسے فال فال دیکھا ہے۔ میرے خیال میں دراصل یہ افسانے نہیں بلکہ اخلاقیات اور مابعد الطبیعیات کے بارے میں سوال جواب یا مکالمے ہیں۔ بہر حال فکشن میں اس منطقی انداز کو اپنانے کیلئے میری طرف سے مبارکباد قبول کیجئے۔

علامہ اقبال فرماتے ہیں: "ایک مشہور شخصیت کیلئے کسی مجسمے کے بغیر زندہ رہنا زندگی نہیں، بلکہ پاؤں کے نیچے آگ کا جلنا مسلسل رہے تو زندگی ہے۔"

اللہ کرے زورِ قلم اور زیادہ۔

خیر اندیش

جاوید اقبال